पंचायती राज और कानून

पंचायती राज और कानून

भावना गुप्ता

इशिका पब्लिशिंग हाउस
जयपुर दिल्ली

इशिका पब्लिशिंग हाउस

ए -25, ''गणेश सदन'', गली न. 4, आदर्श बस्ती,
बी.एल. हाउस के पास, टोंक फाटक,
जयपुर-302018 (राजस्थान) भारत
फोन : 0141-2761280, Mob. 9887532741
Email: ishikapublishinghouse@yahoo.in

दिल्ली कार्यालय : 102, प्रथम मंजिल, 'सत्यम हाउस'
4324/3, अंसारी रोड़, दरियागंज, नई दिल्ली - 110 002
फोन : 011-45652440

ISBN: 9788189471040

टाइपसेटिंग : बी.एस. कम्प्यूटर्स, जयपुर

मुद्रक : थॉमसन प्रेस, नई दिल्ली

भूमिका

भारत गाँवों का देश है। इसकी लगभग 80 प्रतिशत आबदी गांवों में निवासकरती है जिसके जीविकोपार्जन का मुख्य साधन कृषि, कृषि-मजदूरी तथा अन्य छोटे-मोटे उद्योग हैं। यह कहना गलत नहीं होगा कि भारत में अधिकांश लोग गरीबी की रेखा से नीचे जीवन यापन कर रहे हैं। शिक्षित एवं अशिक्षित बेरोजगारी शीर्ष पर है। ऐसे व्यक्तियों के जीविकोपार्जन के लिए केन्द्रीय सरकार एवं राज्य सरकार ने समय-समय पर विभिन्न योजनायें प्रारम्भ की हैं।

इन योजनाओं का मुख्य उद्देश्य गांवों एवं व्यक्तियों का सर्वांगीण विकास करना रहा है। इन योजनाओं का सरोकार रोजगार, शिक्षा, चिकित्सा, स्वास्थ्य, जल, विद्युत, बचत, आवास आदि विविध क्षेत्रों से रहा है। यहाँ इन्हीं योजनाओं का संक्षेप में उल्लेख किया जा रहा है। ये योजनायें एवं कार्यक्रम समय-समय पर परिवर्तनशील हैं। इनकी अद्यतन् जानकारी के लिए केन्द्रीय एवं राजय सरकार द्वारा जारी अधिसूचनायें, सूचनायें, आदेश, परिपत्र आदि पठनीय हैं और वे ही प्राधिकृत हैं। इस नवीन योजना में समूह गतिविधि पर बल दिया गया है।

गरीबी रेखा के नीचे जीवन यापन करनेवाले चयनित 10 व्यक्तियों को मिलाकर एक समूह बनाया जायेगा तथा एक बड़ा लघु उद्योग स्थापित कर सकेंगे। ये समूह एक ही गाँव के व्यक्ति मिलकर या एक पंचायत के समान विचारधारा वाले व्यक्तियों को मिलाकर बनाया जावेगा।

प्रत्येक समूह द्वारा प्रारंभ के 6 माह में अपने स्तर पर बचत राशि एकत्रित करके उसका उपयोग किया जायेगा तथा सफल समूहों को रिवोल्विंग फण्ड के बतौर पर राशि उपलब्ध कराई जा सकती है। 6 माह तक सफल गतिविधि के बाद संबंधित बैंक द्वारा सामूहिक ऋण (अधिक सीमा नहीं है) दिया जायेगा। अनुदान योजना लागत का 50 प्रतिशत या 1.25 लाख रु., जो भी कम हो, देय होगा। ऐसे समूह में व्यक्तिगत रूप से भी ऋण दिये जाने का प्रावधान है। लघु सिंचाई की परियोजना के लिए गठित समूह का गठन 5 व्यक्तियों के लिए किया जा सकेगा। अन्य परियोजना में कम से कम 10 व्यक्तियों का समूह गठित किया जायेगा।

लेखक

अनुक्रमणिका

1

ग्रामीण विकास

भारत गाँवों का देश है। इसकी लगभग 80 प्रतिशत आबदी गांवों में निवासकरती है जिसके जीविकोपार्जन का मुख्य साधन कृषि, कृषि-मजदूरी तथा अन्य छोटे-मोटे उद्योग हैं। यह कहना गलत नहीं होगा कि भारत में अधिकांश लोग गरीबी की रेखा से नीचे जीवन यापन कर रहे हैं। शिक्षित एवं अशिक्षित बेरोजगारी शीर्ष पर है।

ऐसे व्यक्तियों के जीविकोपार्जन के लिए केन्द्रीय सरकार एवं राज्य सरकार ने समय-समय पर विभिन्न योजनायें प्रारमी की हैं। इन योजनाओं का मुख्य उद्देश्य गांवों एवं व्यक्तियों का सर्वांगीण विकास करना रहा है। इन योजनाओं का सरोकार रोजगार, शिक्षा, चिकित्सा, स्वास्थ्य, जल, विद्युत, बचत, आवास आदि विविध क्षेत्रों से रहा है। यहाँ इन्हीं योजनाओं का संक्षेप में उल्लेख किया जा रहा है।

ये योजनायें एवं कार्यक्रम समय-समय पर परिवर्तनशील हैं। इनकी अद्यतन् जानकारी के लिए केन्द्रीय एवं राजय सरकार द्वारा जारी अधिसूचनायें, सूचनायें, आदेश, परिपत्र आदि पठनीय हैं और वे ही प्राधिकृत हैं।

स्वर्ण जयंती ग्राम स्वरोजगार योजना

भारत सरकार द्वारा पूर्व में ए. ग्रा.वि.का., ट्राईसम, उन्.त टूलकिट, द्वाकरा गंगा कलयाण योजना एवं जीवनधारा योजनाओं को शामिल करके एक नवीन योजना स्वर्ण जयंती ग्राम स्वरोजगार योजना 1.4.99 से प्रारंभ की गई है।

योजना का उद्देश्य

ग्रामीण क्षेत्रों में ग्रामीण गरीब चयनित परिवारों की कार्यक्षमता पर आधारित लघु उद्योगों की स्थापना करना। वित्तीय संसाधन उपलब्ध करवा कर ऐसे व्यक्तियों को रोजगार उपलबध कराना तथा ऐसे लघु उद्योगों के माध्यम से निर्मित अथवा उत्पादित वस्तुओं का तकनीकी ज्ञान एवं विपणन इत्यादि को सम्मिलित किया गया है, जिससे कि गरीब परिवारों की मासिक आय 2000/- रु. जावे।

फंडिंग पेटर्न

योजना में भारत सरकार द्वारा 75 प्रतिशत राशि एवं राज्य सरकार द्वारा 25 प्रतिशत राशि उपलबध कराई जाती है।

पात्र व्यक्ति

वर्ष 1997 में चयनित बीपीएल गरीबी रेखा के नीचे जीवनयापन करने वाले परिवार जिनमें प्रतिवर्ष लाभांवित किये जाने वाले व्यक्तियों में 50 प्रतिशत एससी, एसटी तथा 40 प्रतिशत महिलाएँ एवं 3 प्रतिशत विकलांग होंगे। इस योजना में बीपीएल चयनित परविार के व्यक्तियों को अथवा स्वयं सहायता समूहों को बैंक ऋण एवं सरकारी अनुदान के माध्यम से ऋण उपलब्ध कराये जाने का प्रावधान है। प्रत्येक विकास खण्ड में स्थानीय उपलब्धता के आधार पर उपरोक्त मुख्य गतिविधियों का चयन किया गया है।

आवदने केसे करें

योजना में प्रत्येक चयनित व्यक्ति को व्यक्तिगत लोन उपलब्ध कराने का प्रावधान है। अतः चयनित परिवार का इच्छुक सदस्य स्थानीय ग्राम पंचायत के सरपंच या पं.सं. के विकास अधिकारी या पंचायत के ग्राम सचिव या क्षेत्र के बैंक मैनेजर या जिला ग्रामीण विकास अभिकरण से सम्पर्क कर नियमानुसार आवेदन कर सकता है।

अनुदान राशि

व्यक्तिगत लाभार्थी के मामले में परियोजना लागत का 30 प्रतिशत अधिकतम 7500/- रु. जबकि एससी, एसटी के परिवार के लिये परियोजना लागत का 50 प्रतिशत

अधिकतम राशि 10,000/– रु. है एवं स्वयं सहायता समूह के लिये परियोजना लागत का 50 प्रतिशत (अधिकतम 1.25 लाख रु.) है। परन्तु लघु सिंचाई परियोजना के लिए परियोजना लागत का 50 प्रतिशत अनुदान देय हे, जिसकी अधिकतम सीमा नहीं है। अनुदान राशि बैंक एंडिंग प्रणाली के अनुसार दिये जाने का प्रावधान है।

परियोजना प्रतिवेदन तैयार करना

प्रत्येक विकास खंड के लिए अनुमोदित गतिविधियों से संबंधित बैंकर्स की सहायता से परियोजना बनाई जाती है, जिसमें निर्धारित राशि का उल्लेख होता है।

समूह गतिविधि

इस नवीन योजना में समूह गतिविधि पर बल दिया गया है। गरीबी रेखा के नीचे जीवन यापन करनेवाले चयनित 10 व्यक्तियों को मिलाकर एक समूह बनाया जायेगा तथा एक बड़ा लघु उद्योग स्थापित कर सकेंगे। ये समूह एक ही गाँव के व्यक्ति मिलकर या एक पंचायत के समान विचारधारा वाले व्यक्तियों को मिलाकर बनाया जावेगा। प्रत्येक समूह द्वारा प्रारंभ के 6 माह में अपने स्तर पर बचत राशि एकत्रित करके उसका उपयोग किया जायेगा तथा सफल समूहों को रिवोल्विंग फण्ड के बतौर पर राशि उपलब्ध कराई जा सकती है। 6 माह तक सफल गतिविधि के बाद संबंधित बैंक द्वारा सामूहिक ऋण (अधिक सीमा नहीं है) दिया जायेगा। अनुदान योजना लागत का 50 प्रतिशत या 1.25 लाख रु., जो भी कम हो, देय होगा। ऐसे समूह में व्यक्तिगत रूप से भी ऋण दिये जाने का प्रावधान है।

लघु सिंचाई की परियोजना के लिए गठित समूह का गठन 5 व्यक्तियों के लिए किया जा सकेगा। अन्य परियोजना में कम से कम 10 व्यक्तियों का समूह गठित किया जायेगा।

प्रशिक्षण

योजना में लाभांवित होने वाले प्रत्येक स्वरोजगारी/समूह के लिए दो दिवसयी प्रशिक्षण दिया जायेगा। उक्त प्रशिक्षण के बाद ही नीतिगत ऋण उपलबध कराया जाता है।

सुनिश्चित रोजगार योजना

ग्रामीण अंचलों में गरीबी की रेखा से नीचे जीवन यापन करने वाले व्यक्तियों को रोजगार उपलब्ध कराने की दृष्टि से यह योजना प्रारम्भ की गई है। इस योजना में भारत सरकार द्वारा दिनांक 1 अप्रैल 1999 से कतिपय संशोधन किये गये हैं।

प्रथम उद्देश्य–ग्रामीण क्षेत्रों में गरीबी रेखा से नीचे जीवन यापन करने वाले परिवारों के व्यक्तियों के लिए श्रम रोजगार की कमी के समय अतिरिक्त श्रम रोजगार उपलब्ध कराना।

द्वितीय उद्देश्य–सतत रोजगार एवं विकास के सामुदायिक, सामाजिक एवं आर्थिक संसाधन सृजित करना।

फंडिंग पेटर्न–भारत सरकार 75 प्रतिशत, राज्य सरकार 25 प्रतिशत।

क्रियान्वयन एजेन्सी–जिला परिषद।

राशि की उपलब्धता–पंचायत समितियाँ 70 प्रतिशत, जिला परिषद 30 प्रतिशत।

वार्षिक कार्ययोजना

प्रतिवर्ष जिला परिषद द्वारा क्त योजना के अन्तर्गत कराये जाने वाले कार्यों की वार्षिक योजना (पंचायत समितियों एवं जिला परिषदों द्वारा कराये जाने वाले कार्यों के लिए पृथक-पृथक) तैयार की जायेगी।

कार्यों की प्राथमिकता

अपूर्ण कार्यों को पूर्ण कराया जाना प्रथम प्राथमिकता। तत्पश्चात नवीन कार्यों को किया जा सकेगा।

कार्यों की क्रियान्वयन अवधि

सामान्यतः एक वर्ष में पूर्ण हो सकने वाले कार्यों को ही कराया जाना है। अपवादस्वरूप अधिकतम दो वर्ष की अवधिक में पूर्ण हो सकने वाले कार्य लिये जा सकते हैं।

श्रम एवं सामग्री अनुपात

श्रम प्रधान कार्यों को ही कराया जाना है। श्रम एवं सामग्री का अनुपात पंचायत समिति/जिला स्तर पर 60 : 40 सुनिश्चित किया जाना है।

कार्यों का रख-रखाव

योजना के अन्तर्गत पूर्व में निर्मित कार्यों के रख-रखाव पर 15 प्रतिशत राशि व्यय की जा सकती है।

कार्यों की प्रकृति

अनुमोदित वार्षिक कार्य योजना के अतिरिक्त अन्य कार्यों को क्रियान्वयन पर प्रतिबंध है। योजना के दिशा-निर्देशों/ग्रामीण विकास विभाग द्वारा निर्धारित प्राथमिकता के अनुसार ही कार्य लिये जाने है। जलग्रहण विकास कार्यक्रम की परियोजनाओं को अब इस योजना के अन्तर्गत लिये जाने पर प्रतिबंध है।

प्रतिबंधित कार्य

धार्मिक उद्देश्य के लिये भवन, स्मारक, मूर्तियाँ, स्वागत द्वारा इत्यादि बड़े पुल, सरकारी कार्यालयों के भवन, ग्राम पंचायत भवन, चारदीवारियाँ एवं तालाब की मिट्टी निकलवाने का कार्य, उच्च माध्यमिक विद्यालय/महाविद्यालय भवन।

स्वीकृतियाँ

कार्यों की प्रशासनिक स्वीकृति जिला परिषद द्वारा एवं तकनीकी एवं वित्तीय स्वीकृतियाँ ग्रामीण कार्य निर्देशिका के प्रावधानों के अनुसार सक्षम अधिकार के द्वारा जारी की जायेगी।

मस्टर रोल रिकार्ड संधारण

प्रत्येक कार्य के लिये पृथक-पृथक मस्टर रोल संधारित की जावेगी। योजना के दिशा-निर्देशों के अनुसार सभी रिकार्ड संधारित किया जायेगा।

सामाजिक अंकेक्षण

कराये जाने वाले सभी कार्यों का ग्राम सभा द्वारा सामाजिक अंकेक्षण कराया जायेगा।

उपयोगिता प्रमाण पत्र

जिला परिषद निर्धारित प्रपत्र में उपयोगिता प्रमाण पत्र, जि. ग्रा. वि. अभिकरण को प्रस्तुत किया जायेगा।

इंदिरा आवास योजना

समाज के कमजोर एवं दलित वर्ग को आवास निर्माण में सहायता देने वाली यह एक लोकप्रिय योजना है। इस योजना में भारत सरकार द्वारा दिनांक 1 अप्रैल 1999 से कतिपय संशोधन किये गये हैं।

(क) नये आवास बनाने हेतु सहायता

उद्देश्य

इंदिरना आवास योजना का मुख्य उद्देश्य अनुसूचित जाति/अनुसूचित जनजाति, मुक्त बंधुआ मजदूरों के सदस्यों द्वारा मकानों के निम्रण में मदद करना तथा गैर अनुसूचित जाति/ अनुसूचित जनजाति के गरीबी रेखा से नीचे के ग्रामीण गरीब लोगों को अनुदान मुहैया कराकर मदद करना है।

लक्ष्य समूह

ग्रामीण क्षेत्र में गरीबी की रेखा से नीचे जीवन यापन करने वाले अनुसूचित जाति/ अनुसूचित जनजाति, मुक्त बंधुआ मजदूर वर्ग के लोग औरगेर अनुसूचित जनजाति के लोग हैं बशर्ते कि गैर अनुसूचित जनजाति के लोगों को मिलने वाला लाभ कुल आवंटन के 40 प्रतिशत से जयादा ही हो।

आवास आवंटन हेतु विशेष प्रावधान

भूतपूर्व सैनिकों, युद्ध में मारे गये रक्षा कर्मचारियों की विधवाओं या उनके संबंधियों के लिए उनकी आय संसंबंधी मापदण्ड पर विचार किये बिना योजना के दिशा-निर्देशों में दी गई अन्य शर्तों की पात्रता रखने पर, आवास आवंटन का प्रावधान रखा गया है।

लाभार्थियों का चयन

पंचायत स्तर पर लाभार्थियों का चयन गाम सभा की बैठक में किया जाना आतश्यक है।

लाभार्थियों के चयन में प्राथमिकता

चयन के लिये प्राथमिकता का क्रम निम्न प्रकार है-

1. मुक्त बंधुआ मजदूर।
2. अनुसूचित जाति/जनजाति परिवार, जो अत्याचारों से पीड़ित है।
3. अनुसूचित जाति/जनजाति परिवार, निजकी मुखिया विधवाएँ तथा अविवाहित महिलाएँ हें।
4. अनुसूचित जाति/जनजाति परिवार, जो बाढ़, आगजनी, भूकम्प, चक्रवात तथा इसी प्रकार की प्राकृतिक आपदाओं से पीड़ित हैं।

5. अनुसूचित जाति/जनजाति के अन्य परिवार।

6. गैर अनुसूचित जाति/जनजाति।

7. शारीरिक रूप से विकलांग।

8. युद्ध में मारे गए सुरक्षा सेनाओं के कार्मिक/अर्द्धसैनिक बलों की विधवायें/परिवार

9. विकासात्मक परियोजनाओं के कारण विस्थापित हुए व्यक्ति, खानाबदोश, अर्द्धखानाबदोश तथा निर्दिष्अ आदिवासी, विकलांग सदस्यों वाले परिवार और आंतरिक शरणार्थी, बशर्ते कि ये परिवार गरीबी की रेखा से नीचे हों।

मकानों का आवंटन

जिलों को आवंटित इंदिरा आवास के लक्ष्यों में से प्रत्येक पंचायत को (जिला स्तर पर रिजर्व पूल हेतु निर्धातरत लक्ष्यों को छोड़कर) लक्ष्य आवंटित किये जाते हैं, जिसमें न्यूनतम 3 आवास का लक्ष्य आवश्यक रूप से आवंटित किये जाने का प्रावधान है। इन तीन आवासों में से 2 आवास अनुसूचित जाति/जनजाति सवंवर्ग को आवंटित किये जाने का प्रावधान है। मकानों का आवंटन लाभार्थी परिवार के महिला सदस्य के नाम होना चाहिये। विकल्पत: इसे पति एवं पत्नि दोनों के नाम आवंटित किया जा सकता है।

आवास का स्थान एवं माप

आवास निर्माण स्वयं लाभार्थी द्वारा उसके पास उपलब्ध आवासीय भूमि पर किये जाने का प्रावधान है। स्थानीय सामग्री का उपयोग कर लाभार्थी को न्यूनतम 180 वर्गफीट प्लीन्थ एरिया में अपनी आवश्यकतानुसार आवास निर्माण कराया जाता है। आवास हेतु कोई विशेष डिजाइन निर्धारित नहीं है।

आवास निर्माण हेतु सहायता

निम्न प्रकार सहायता देय है–

		मैदानी क्षेत्र	पहाड़ी क्षेत्र
1.	मकान निर्माण हेतु	रु. 16,000	रु. 18,000
2.	निर्धूम चूल्हा हेतु	रु. 200	रु. 200
3.	स्वच्छ शौचालय हेतु	रु. 1,300	रु. 1,300

4. सामूहिक सुविधाओं हेतु रु. 2,500रु. 2,500

योग रु. 20,000 रु. 22,000

लाभार्थी को सहायता राशि की उपलब्धता

ग्राम पंचायत द्वारा लाभार्थी को 3 किश्तों में चैक द्वारा राशि का भुगतान करने की व्यवस्था है। प्रथम किश्त (25 प्रतिशत राशि) स्वीकृति के साथ द्वितीय किश्त (60 प्रतिशत राशि) लाभार्थी द्वारा लिन्टन (मठोठ) स्तर पर निर्माण हो जाने की सूचना देने एवं उसका सत्यापन मूल्यांकन समिति के द्वारा किये जाने के पश्चात् दिये जाने का प्रावधान है। अंतिम किश्त (15 प्रतिशत राशि) लाभार्थी द्वारा निम्रण कार्य पूरा किये जाने की सूचना देने एवं मूल्यांकन समिति द्वारा मूल्यांकन किये जाने के पश्चात् दिये जाने की व्यवस्था निर्धारित है। मूल्यांकन समिति में सरपंच, संबंधित वार्ड पंच एवं ग्रुप सचिवि को रखा गया है।

कच्चे आवास/अर्द्ध पक्के आवास को पक्के आवास में बदलने के लिए सहायता

दिनांक 1.4.1999 से भारत सरकार ने गरीबी रेखा के नीचे जवीन यापन करने वाले ऐसे परिवार को जिनके पास कच्चा आवास है या अर्द्ध पक्का आवास है, को पक्के आवास में परिवर्तित करने के लिये 10,000/- रु. की सहायता प्रदान करने के लिए यह नवीन योजना प्रारंभ की है। इसमें पात्रता, लाभार्थी का चयन तथा सहायताराशि देने इत्यादि का मानदण्ड इंदिरा आवास योजनान्तर्गत नये आवास निर्माण के लिये निर्धारित मापदंडों के समान ही है। दस हजार रुपये सहायता राशि में स्वच्छ शौखचल एवं निधूर्म चूल्हे के निम्रण की राशि भी सम्मिलित है। इस हेतु जिला ग्रामीण विकास अभिकरण ग्राम पंचायत को पृथक से लक्ष्य आवंटित करता है, जिसके अनुरूप ही ग्राम पंचायत द्वारा निध्ररित प्रक्रिया अपना कर स्वीकृतियाँ जारी किये जाने की व्यवस्था है।

आवास निर्माण हेतु ऋण युक्त अनुदान सहायता योजना

कम आय के वर्गों को आवास निर्माण हेतु ऋण सहित अनुदान सहायता उपलब्ध कराने वाली भारत सरकार की यह एक अनूठी योजना है। यह योजना 1 अप्रैल 1999 से प्रारम्भ की गई है।

इस नवीनतम योजना के अन्तर्गत ऐसे परिवार, जिनकी वार्षिक आय रू 21,000 से अधिक नहीं है, को आवास बनाने के लिए सहायता राशि 10,000/- रु. तक अनुदान के रूप में उपलब्ध कराये जाने का प्रावधान रखा तथा है तथा शेष राशि, जो प्रति परिवार अधिकतम रु. 40,000 रखी गई हे, ऋण के रूप में बैंक/वित्तीय संस्थाओं द्वारा उपलब्ध

कराने का योजना में प्रावधान रखा गया है7 इसके लिये प्रत्येक ग्राम पंचायत को जिला ग्रामीण विकास अभिकरण द्वारा पृथक से लक्ष्य आवंटित किये जाते हैं, जिसके अनुरूप ही पात्रता वाले इच्छुक लाभार्थियों के लिए आवेदन पत्र तेयार करसंबंधित बेंक/वित्तीय संस्था के माध्यम से प्रस्तुत किये जाने की प्रक्रिया निर्धारित है। बैंक/वित्तीय संस्था द्वारा स्वीकृति दिये जाने के पश्चात् ऋण के साथ-साथ अनुदान सहायता राशि, जिसकी अधिकतम सीमा 10,000 रुपये निर्धारित है, उपलब्ध कराये जाने का प्रावधान है।

उपरोक्त सभी प्रकार की योजनाओं में वर्ष के लिए आवंटित लक्ष्यों के आवास निर्माण की प्रक्रिया उसी वर्ष में पूर्ण की जानी चाहिये। ग्राम पंचायत को प्रदत्त राशि का उपयोग कर निर्धारित प्रपत्र में जिला ग्रामीण विकास अभिकरण को उपयोगिता प्रमाण पत्र प्रस्तुत करने पर ही अगले वर्ष की राशि उपलब्ध कराये जाने की प्रक्रिया निर्धारित है।

जवाहर ग्राम समृद्धि योजना

हमारे यहाँ लम्बे समय से 'जवाहर रोजगार योजना' चल रही है। इसका लक्ष्य गाँवों में निवास कर रहे निर्धन व्यक्तियों को जीवन यापन के लिए समुचित रोजगार उपलब्ध कराना रहा है। उसी योजना को दिनांक 1 अप्रैल, 1999 से 'जवाहर ग्राम समृद्धि योजना' के नाम से संशोधित एवं परिवर्तित रूप में लागू किया गया है।

योजना का उद्देश्य

ग्रामीण क्षेत्र में गांव की आवश्यकता अनुरूप इन्फ्रास्ट्रक्चर (ढांचागत संसाधनों) को विकसित करने ताकि ग्रामीण क्षेत्रों में अच्छे संसाधनों की उपलब्धता से गरीब व्यक्तियों के लिए जीवन यापन के लिए रोजगार के अवसरों में वृद्धि हो सके।

फंडिंग पेटर्न

योजना माद में भारत सरकार द्वारा 75 प्रतिशत व राज्य सरकार द्वारा 25 प्रतिशित की राशि उपलब्ध कराई जाती है।

राशि की उपलब्धता

प्रत्येक जिले में इस योजना के अन्तर्गत समस्त राशि सीधे ही ग्राम पंचायतों को उनके क्षेत्र में रह रहे एससी/एसटी के व्यक्तियों की संख्या को ध्यान में रखकर आवंटित की जाती है। इस योजना की शत-प्रतिशत राशि सीधे ही ग्राम पंचायत को उपलब्ध कराई जाती है।

कार्यकारी विभाग

इस नवीन योजना में केवल ग्राम पंचायतों द्वारा कार्य कराया जाता है।

वार्षिक कार्ययोजना

कार्यों के चयन हेतु प्रत्येक वर्ष के प्रारंभ में होने वाली ग्राम सभाओं के माध्यम से कार्यों की वार्षिक कार्ययोजना तैयार की जाती है और वर्षभर में कार्ययोजना में चिन्हित कार्यों में से कार्य कराये जाते हैं।

कार्यों की प्राथमिकता

अ. एससी/एसटी की आबादी के व्यक्तियों के लिए ढांचागत संसाधनों का विकास।

ब. एस. जी. एस. वी. योजना के लिये वांछित ढांचागत संसाधनों का विकास।

स. कृषि गतिविधियों के विकास के लिए वांछित ढांचागत संसाधनों का निर्माण।

द. शिक्षा, स्वास्थ्य, सड़कें एवं अन्य सामाजिक, आर्थिक व भौतिक इन्फास्ट्रक्चर।

क्रियान्वयन अवधि

योजना में सामान्यतः ऐसे ही कार्य हाथ में लेने चाहिए, जो उसी वर्ष में पूर्ण हो सकते हों या अगले वर्ष पूर्ण हो सकते हों।

श्रम एवं सामग्री अनुपात

इन कार्यों में जहाँ तक संभव हो श्रम सामग्री का अनुपात 60 : 40 ही रखा जाना चाहिये।

पूर्व के कार्यों के रख-रखाव पर व्यय

पूर्व में इन. आर. ई. पी./आर. एल. ई. जी. पी. तथा जवाहर रोजगार योजना के अन्तर्गत सृजित संसाधनों के रख-रखाव पर 15 प्रतिशत राशि व्यय की जा सकती हे।

योजना में प्रतिबंधित कार्य

योजना में निम्न कार्य नहीं लिये जा सकते हैं-

1. धार्मिक उद्देश्य जैसे-मंदिर, मस्जिद, गुरुद्वारा, चर्च इत्यादि के भवन।

2. स्मारक, मूर्तियाँ, स्वागत द्वार, स्मृति चिन्ह आदि।

3. बड़े पुल।

4. उच्च माध्यमिक विद्यालय/कालेज भवन।

5. तालाब, एनीकट में जमा मिट्टी निकालने का कार्य।

6. सड़क का डामरीकरण/सीमेंट का कार्य (गाँव के अन्दर की सड़क एवं गांवों को जोड़ने वाली सड़कों को छोड़कर)।

स्वीकृतियाँ

ग्राम सभा द्वारा अनुमोदित 50 हजार रु. तक के कार्यों के लिए किसी प्रशासनिक एवं तकनीकी स्वीकृति जारी करने की आवश्यकता नहीं है। उक्त कार्य ग्राम पंचायत द्वारा वार्षिक कार्ययोजना में सम्मिलित कार्यों में कराए जा सकते हैं।

उपयोगिता प्रमाण पत्र

ग्राम पंचायत द्वारा 50,000/- रु. तक के कार्यों पर किये गये व्यय को ग्राम सभा द्वारा अनुमोदित करवाकर स्वयं के द्वारा ही उपयोगिता प्रमाण पत्र प्रस्तुत किया जा सकता है।

श्रमिकों का नियोजन

उक्त योजना में बी.पी.एल. चयनित परिवारों को ही मस्टररोल पर मजदूर रखकर कार्य कराये जाने का प्रावधान है। ठेके पर कार्य कराए जाने पर पूर्ण प्रतिबंध है।

सांमाजिक अंकेक्षण

योजना के अन्तर्गत कराये जाने वालो सभी कार्यों का ग्राम सभा द्वारा सामाजिक अंकेक्षण कराया जाना आवश्यक है।

विशेष प्रावधान

ग्राम पंचायत को उपलब्ध कुल राशि में से 22.5% राशि को केवल एससी/एसटी के गरीबी रेखा से नीचे चयनित, व्यक्तिगत लाभार्थी पर व्यय करना आवश्यक है, जिसमें निम्नांकित कार्यों हेतु व्यक्तिगत लाभार्थी को लाभांवित किया जा सकता है।

अ. सरकारी भूमि/भूदान भूमि/सिलिंग सरप्लस भूमि के आवंटियों की भूमि को विकसित करने का कार्य।

ब. लाभार्थी की स्वयं की जमीन पर लकड़ी व घास हेतु पौधरोपणका कार्य।

स. लाभार्थी की उपजाऊ भूमि पर फलदार पौधे लगाने का कार्य।

द. स्वर्ण जयंती स्वरोजगार योजना के लाभार्थी हेतु इन्फ्रास्ट्रक्चर हेतु कराये जाने वाले कार्य।

य. बोरवेल/ओपन वेल सिंचाई सुविधा के कार्य।

र. पोण्ड खुदाई/पुनः खुदाई के कार्य।

ल. सैनेटरी लेट्रिन व स्मोकलेस चूल्हा लगाने हेतु।

ग्राम पंन्रायत उपलब्ध कुल राशि में से 7.5% राशि अथवा अधिकतम 7500/- रु. प्रतिवर्ष अपने प्रशासनिक व्यय हेतु व्यय कर सकती है।

राशि की कटौती

प्रत्येक वर्ष में (एक अप्रैल से 31 मार्च) मिलने वाली कुल राशि को पूर्ण रूप से व्यय करना होगा। अगर कुल प्राप्त राशि की 15% राशि वर्ष के अनत में शेष रह जाती है, तो उस ग्राम पंचायत को मिलने वाली राशि में कटौती कर दी जायेगी।

माडा योजना एवं बिखरी जनजाति योजना

ये दोनों योजनायें जनजाति एवं आदिम जनजाति क्षेत्रों में अत्यन्त लोकप्रिय है। 'माडा योजना' जनजाति उपयोजना क्षेत्र के बाहर निवास कर रहे जनजाति के लोगों तथा 'बिखरी जनजाति योजना' जिलों में आदिम जनजाति के बिखरे रूप में निवास करने वाले लोगों के लाभार्थ चालू की गई है-

योजनाओं में क्रियान्वित किये जा रहे मुख्य कार्यक्रम निम्नानुसार हैं-

(क) कृषि

1. बैफ सेन्टर

यह कार्यक्रम भारतीय एग्रो इण्डस्ट्रीज फाउण्डेशन के माध्यम से क्रियान्वित किया जा रहा है। देशी किस्कम के दुधारू पशुओं की नस्ल सुधारने के लिए बैफ द्वारा केन्द्र से 15 किलोमीटर की परिधि में आने वाले सभी गाँवों में घर-घर पहुँच कर निःशुल्क सेवा प्रदान की जा रही है। नस्ल सुधार से रूध की मात्रा में वृद्धि होती है। प्रति केन्द्र 1 लाख प्रतिवर्ष सहायता जनजाति क्षेत्रीय विकास विभाग द्वारा वहन की जाती है।

2. हिस्सा पूंजी अंशदान

जनजाति व्यक्ति को सहकारी समिति का सदस्य बनने हेतु !0 रु. के अधिकतम 10 अंश खरीदने के लिये अधिकतम 100/- रु. की सहायता ही जाती है। इससे जनजाति परिवार खाद, बीज, उपभोक्ता ऋण आदि प्राप्त कर सकते हैं तथा लघु वन उपज व कृषि उपज का विक्रय कर सकते हैं।

(2) लघु सिंचाई

1. ब्लास्टिंग द्वारा कुएँ गहरे कराना

यह कार्यक्रम जनजाति कृषकों के सिंचित कृषि क्षेत्र में वृद्धि करने के उद्देश्य से चलाया जा रहा है। इसके अन्तर्गत ऐसे कुएँ, जिनमें पर्याप्त मात्रा में पानी नहीं है और वह लघु कृषिक सीमान्त कृषक की श्रेणी में आता है एवं जिनकी वार्षिक आय 20,000/- रु. से कम हो, के कुएँ को भू-जल विभाग के माध्यम से विस्फोट द्वारा गहरा करवाया जाता है। अधिकतम 72 होल की 45/- रु. प्रति होल की दर से 3,240/- अनुदान के रूप में दिये जाते हैं। कुएँ से मलबा निकालनेका कार्य कृषक को स्वयं करवाना पड़ता है।

2. सामूहिक डीजल पम्पसैट वितरण

इस कार्यक्रम में 3 से 5 आदिवासी कृषकों के समूह को एक डीजल पम्पसैट 5, 6.5 अथवा 8 हॉर्स पाँवर का दिया जाता है। चयनित/लघु/सीमांत कृषक जिसकी वार्षिक आय 20,000/- रु. से कम हो व जिनका निजी/शामलाती कुआँ होना चाहिये। डीजल पम्पसैट हेतु अधिकतम सहायता 18,000/- रु. प्रति समूह को दी जाती है। डीजल पम्पसैट के साथ उस समूह को आवश्यक उपकरण जैसे पाइप, फुटबाल आदि भी निःशुल्क उपलब्ध कराये जाते हैं। पम्पसैट का स्वामित्व दो वर्ष तक विभाग का होता है। समूह के प्रत्येक सदस्य को पम्पसैट की मरम्मत व रख-रखाव के लिए कार्यकारी पूंजी के रूप में 100/- रु. अंशदान देना होता है। पम्पसैट केसंचालन/रख-रखाव व मरममत की जिम्मेदारी पूरे समूह की होती है। पम्पसैट की मरम्मत के लिए समूह के एक सदस्य को मुखिया नियुक्त किया जाता है। सुविधा का बंटवारा, सिंचाई के समय का निर्धारण व सिंचाई, लागत की वसूली का निर्धारण समूह द्वारा मिलकर किया जाता है। इस योजना से समूह के सदस्य की सिंचाई, क्षमता में वृद्धि होती है, जिससे उनकी पैदावार बढ़ती है।

(3) विद्युतीकरण

जनजाति बस्तियों में

जनजाति/आदिवासी अधिकतर टेकरियों व पहाड़ियों अथवा गांव से दूर रहते हैं,

सो विद्युत विभाग गाँव में तो बिजली पहुँचा देता है, परनतु उनके घरोंमें जहाँ पर वे निवास करते हैं, बिजली नहीं पहुंचाई गई है। उनके घरों/बस्तियों तक बिजली लाइन पहुँचाने के लिए यह योजना हाथ में ली गई है। इस योजनान्तर्गत कुछ विद्युत खंभे तो विभाग द्वारा उनके मउपदण्ड के अनुसारलगाए जाते हैं तथा शेष खम्भों व तारों पर जो भी व्यय होता है, विभाग द्वारा वहन किया जाता है।

(4) सामाजिक एवं सामुदियकि सेवाएँ

1. आश्रम छात्रावास संचालन

माडा क्षेत्र में बस्सी में (झर), आमेर में (ढण्ड), चाक्सू में (मीठा ठीकरियान), ज. रामगढ़ में दन्ताला मीणा में आश्रम छात्रावास संचालित किये जा रहे हैं। इन छात्रावासों में आवासियों को पोशाक, भोजन, आवास तथा अन्य सुविधाएँ निःशुल्क उपलब्ध कराई जाती हें। इन सुविधाओं के लिए प्रति छात्र 675/- रु. प्रतिमाल व्यय किए जाते हैं। छात्रावास में खेलकूद की सामाग्री, पत्र-पत्रिकाएं तथा टी. वी. सेट्स उपलब्ध कराये गये हैं। यह योजना जनजाति परिवारों में शिक्षा की अभिवृद्धि के लिये महत्त्वपूर्ण है।

2. मेधावी छात्रों को छात्रवृत्ति

माडा बिखरी जनजाति योजनान्तर्गत अनुसूचित जनजाति के छात्र/छात्राओं जिन्होंने माध्यमिक शिक्षा बोर्ड सैकेण्डरी/हायर सैकेण्डरी परीक्षा तथा विश्वविद्यालय की परीक्षा प्रथम श्रेणी में उत्तीर्ण की हो व इस वर्ष अध्ययनरत हों, उन छात्र/छात्राओं को इनके आवेदन पत्र जिला शिक्षा अधिकारी/प्राचार्य महाविद्यालय के मार्फत मंगवाकर निम्नानुसार राशि जिला शिक्षा अधिकारी/प्राचार्य महाविद्यालय को भिजवाई जाती है-

क्र. सं.	उत्तीर्ण परीक्षा प्रथम श्रेणी में	छात्रवृत्ति देय राशि
1.	माध्यमिक परीक्षा	2500/- रु. प्रति छात्र
2.	उच्च माध्यमिक परीक्षा	3500/- रु. प्रति छात्र
3.	विश्वविद्यालय परीक्षा	4000/- रु. प्रति छात्र

उक्त छात्रवृत्ति की राशि संबंधित छात्र को वितरण कर रसीद प्रमाणित शुदा मंगवाई जाती है।

3. हैण्डपंप स्थापना

जनजाति बस्तियों को शुद्ध पेयजल उपलबध कराने के लिए उनकी बस्तियों में हैण्डपंप स्थापित कराये जाते हैं। वर्तमान में एक हैण्डपंप के लिए 45,000/- रु. स्वीकृत हैं।

4. शैक्षणिक भ्रमण

आश्रम छात्रावास में आवासीय छात्रों को वर्ष में एक बार उनकी इच्छानुसार शैक्षणिक भ्रमण पर तीन दिन के लिये ले जाया जाता है। प्रति छात्रावास के लिये अधिकतम 30,000/- निर्धारित हैं।

5. उच्च शिक्षा प्रोत्साहन

जनजाति की बालिकाओं में उच्च शिक्षा को बढ़ावा देने के लिये प्रोत्साहन राशि दी जाती है। हायर सैकेण्डरी/महाविद्यालय में पढ़ने वाली छात्रा, जो कि उत्तीर्ण हो, उसे 3500/- रु., प्रथम श्रेणी उत्तीर्ण होने वाली छात्रा को 4500/- रु. प्रोत्साहन राशि दी जाती है।

7. सांसद स्थानीय क्षेत्र विकास योजना

वर्ष 1993-1994 में भारत सरकार द्वारा प्रारम्भ की गई यह एक अद्वितीय योजना है। इस योजना का मुख्य उद्देश्य स्थानीय आवश्यकता के अनुरूप विकास कार्य करना है।

इस योजना में प्रतयेक संसद सदस्य को अपने क्षेत्र में विकासोन्मुखी एवं जनोपयोगी कार्यों की स्वीकृति हेतु भारत सरकार द्वारा 2 करोड़ रु. प्रतिवर्ष आवंटित किये जाते हैं। सांसद द्वारा की गई अनुशंषा के आधार पर प्रस्तावों का परीक्षण कर समान्यत: 45 दिन की अवधि में स्वीकृति प्रदान कर जाती है।

योजनान्तर्गत राजस्व कार्य के लिए स्वीकृति नहीं दी जा सकती है, प्राय: 10,00,000 से बड़ी लागत का कार्य नहीं लिया जा सकता है। स्वीकृत कार्यों का क्रियान्वयन सरकार की स्थापति प्रक्रियाओं के अनुसार राजनकीय विभागों तथा प्रतिष्ठित मान्यता प्राप्त गैर सरकारी संस्थाओं के माध्यम से करवाया जाता है।

सांसद स्थानीय क्षेत्र विकास योजना के अन्तर्गत कराए जा सकने वाले कार्यों की दृष्टांत सूची

1. विद्यालयों, छात्रावासों, पुस्तकालयों के लिए भवनों और शिक्षण संस्था के अन्य भवनों का निर्माण, जो सरकार अथवा स्थानीय निकायों के अधीन हों। ऐसे भवन यदि सहायता प्राप्त संस्थाओं के भी हों तो उनका निर्माण कराया जा सकता है।
2. गांवों, कस्बों अथवा नगरों में लागों को पेयजल उपलब्ध करवाने के लिए नलकूपों और पानी की टंकियों का निम्रण अथवा ऐसे अन्य निर्माण का निष्पादन जो इम्स दृष्टि से सहायक हो।

3. गाँवों और कस्बों तथा नगरों में सड़कों का निर्माण जिसमें पार्ट-सड़कें, सम्पर्क सड़कें, लिंक सड़कें आदि भी शालिम हैं। अति विशिष्ट उन कच्चे मार्गों का भी निर्माण करवाया जा सकता है, जिनकी स्थानीय लोगों द्वारा आवश्यकता महसूस की जा रही जरूरत पूरी करने के लिये संबद्ध सदस्य और जिला प्रधान सहमत करें।

4. उपर्युक्त सड़कों और अन्यत्र टूटी सड़कों, नलकूपों की नहरों पर पुलिया/पुलों का निम्रण।

5. वृद्धों अथवा विकलांगों के लिए सामान्य आश्रय गृहों का निम्रण।

6. मान्यता प्राप्त जिला या राज्य स्तर के खेलकूद संघों की सांस्कृतिक तथा खेलकूद संबंधी गतिविधियों अथवा अस्पतालों के लिए स्थानीय निकायों के भवनों का निर्माण। व्यायाम केन्द्रों, खेलकूद संघों, शारीरिक शिक्षा-प्रशिक्षण संस्थानों आदि में विभिन्न कसरतों की सुविधाएँ (मल्टीजिम फैसीलिटीज) उपलब्ध कराने की भी अनुमति है।

7. सरकारी तथा सामुदायिक भूमियों अथवा अन्य प्रदतत भूखण्डों पर सामाजिक वानिकी, फर्म वानिकी, बागवानी, चारागाहों, पार्कों एवं उद्यानों की व्यवस्था।

8. गाँवों-कस्बों और शहरों में तालाबों की सफाई करवाना।

9. सार्वजनिक सिंचाई और सावर्जनिक जल निकास सुविधाओं का निर्माण।

10. सामुदायिक उपयोग एवं संबद्ध गतिविधियों के लिए गोबर गैस संयंत्रों, गैर परम्परागत ऊर्जा प्रणालियों/साधन उपय्रों का निर्माण।

11. सिंचाई तटबंधों अथवा लिफ्ट सिंचाई अथवा वाटर टेबल रीचार्जिंग सुविधाओं का निर्माण।

12. सार्वजनिक पुस्तकालय एवं वाचनालय।

13. शिशुगृह एवं आंगनबाड़ियाँ।

14. ए. एन. एम. आवासीय मकानों के साथ-साथ परिवार कलयाण उपकेन्द्रों सहित सार्वजनिक स्वास्थ्य निगरानी भवनों का निर्माण। सहायता प्राप्त संस्थाओं के ऐसे भवनों का भी निर्माण किया जा सकता है।

15. शवदाह/श्मशान भूमि पर शवदाह गृहों और ढांचों का निर्माण।

16. सार्वजनिक शौचालयों और स्नान-गृहों का निर्माण।

17. नाले और गटर।

18. पैदल पथ, पगडंडिबों और पैदल पुलों का निर्माण।

19. शहरों, कस्बों तथा गाँवों की गंदी बस्ती वाले क्षेत्रों में और अनुसूचित जाति/अनुसूचित जनजाति के निवास क्षेत्रों में बिजली, पानी, पगडंडियों, सार्वजनिक शौचलयों आदि जैसी नागरिक सुविधाओं की व्यवस्था। गंदी बस्ती क्षेत्रों में तथाकारीगरों हेतु सामान्य कार्यशाला गृहों का प्रावधान।

20. आदिवासी क्षेत्रों में आवासीय विद्यालय।

21. सार्वजनिक परिवहन यात्रियों के लिए बस पड़ाव/रोडों का निर्माण।

22. पशु चिकित्सा सहायता केन्द्र, कृत्रिम गर्भाधान केन्द्र और प्रजनन केन्द्र।

23. सरकारी अस्पतालों के लिए एक्स-रे मशीन, एम्बुलेंस जैसी सुविधाओं और अस्पताल उपकरणों की खरीद करना तथा सरकार/पंचाती राज संस्थानों द्वारा आदिवासी क्षेत्रों में चलते-फिरते दवाखानों की व्यवस्था करना। एम्बुलेंस की सुविधाएँ रेडक्रॉस, रामकृष्ण मिशन आदि जैसी प्रतिष्ठित सेवा संस्थाओं को प्रदान की जा सकती है।

24. इलेकट्रानिक परियोजनाएँ (कृपया पैरा 2.2 का भी संदर्भ लिया जाये)-

1. सूचना फुटपाथ 2. उच्च विद्यालयों में हैम कल्ब

3. सिटीजन बैंक रेडियों 4. ग्रन्थ सूची डाटा बेस परियोजना

सांसद स्थानीय क्षेत्र विकास योजना के अन्तर्गत न कराए जा सकने वाले कार्यों की सूची

1. केन्द्रीय अथवा राज्य सरकारों के विभागों, अबिकरणों या संगठनों से संबंधित कार्यालय भवन, आवासीय गृहों अथवा अन्य भवनों का निर्माण।

2. वाणिज्यिक संगठनों, न्यासों, पंजीकृत सोसाइटियों, निजी संस्थानों अथवा सहकारी संस्थानों से संबंधित कार्य।

3. किसी भी टिकाऊ परिसम्पतित के संरक्षण/उन्नयन के लिए विशेष मरम्मत कार्य को कोड़कर किसी भी प्रकार की मरम्मत एवं अनुरक्षण संबंधी कार्य।

4. अनुदान और ऋण।
5. स्मारक या स्माकर भवन।
6. किसी भी प्रकार की वस्तु सामान की खरीद अथवा भंडार।
7. भूमि के अधिग्रहण अथवा अधिगृहित भूमि के लिए कोई भी मुआवजा राशि।
8. व्यक्तिगत लाभ के लिए परिसम्पत्ति, उन परिसम्पत्तियों को छोड़कर, जो अनुमोदित योजनाओं के भाग हैं।
9. धार्मिक पूजा के लिए स्थान।

विधायक स्थानीय क्षेत्र किवास कार्यक्रम

जिस प्रकार केन्द्र द्वारा असांसद स्थानीय क्षेत्र विकास कार्यक्रम योजना बनाई गई है उसी प्रकार राजय सरकार द्वारा भी सन 1999-2000 से 'विधायक स्थानीय क्षेत्र विकास कार्यक्रम योजना' तैयार की गई है। इसका मुख्य उद्देश्य राजस्थान राज्य के प्रत्येक विधानसभा क्षेत्र में स्थानीय आवश्यकता के अनुरूप सम्बन्धित विधायक की अनुशंसा पर जनोपयोगी निर्माण कार्य हेतु सहायता देना है। प्रतयेक विधायक इस योजना के अन्तर्गत 40 लाख रुपये तक के निर्माण कार्य की अनुंशसा कर सकता है।

विशेषताएँ

1. राज्य की ग्रामीण/शहरी क्षेत्र में लागू है।
2. निर्माण कार्य पंचायत राज/स्थानीय विकास/राज्य सरकार के संबंधित विभाग द्वारा कराया जायेगा।
3. वार्षिक आवंटन का 20 प्रतिशत राशि के प्रस्ताव पूर्व निर्मित सामुदायिक उपयोग की परिसम्पत्तियों की मरम्मत कराने हेतु प्रस्तावित किया जा सकेगा।
4. स्वैच्छिक संस्थाओं/ट्रस्ट/पंजीकृत सहकारी संस्थाओं के द्वारा कार्य क्रियान्वयन पर संस्था द्वारा कम से कम 30 प्रतिशत राशि की भागीदारी देनी होगी।
5. यह योजना राजय वित्त पोषित योजना है तथा जिला स्तर पर जिला परिषद् नोडल एजेन्सी है एवं योजना के तहत कार्यों की स्वीकृति जिला

परषिद् द्वारा जारी करने का प्रावधान है।

योजनान्तर्गत कराये जाने वाले कार्य

राज्य ग्रामीण/शहरी क्षेत्र में सामुदायिक उपयोग में लिये जाने वाले कार्य जो जवाहर रोजगार/ई. ए. एस. की मार्गदर्शिका के अन्तर्गत स्वीकृत हों, जन स्वास्थ्य अभियांत्रिकी विभाग द्वारा सक्षम स्तर पर अनुमोदित पेयजल किसी ग्राम/नगर की आबादी सीमा में सड़क (ग्रेवल/मेटल/डामर/सीमेंट), खरंजा व नाली निर्माण, शहरी क्षेत्रों में सीवरेज का कार्य राजकीय शिक्षण संस्थानों हेतु ीवन-निम्रण, तालाबों की सफाई/डिसिल्टिंग कार्य/पारम्परिक जल स्रोतों के विकास, सम्पर्क सड़क/पुलिया/रपट निर्माण/पय्रटन स्थानों के लिए आधारभूत सुविधाओं, पशुधन के लिए पीने का पानी, पशु स्वास्थ्य चिकित्सालय, राजकीय चिकित्सालय हेतु चिकित्सा उपकरण, श्मशान/कब्रिस्तान की चारदीवारी/पुस्तकालय भवन/बस स्टेण्ड/धर्मशाला/विश्राम ग्रह/स्टेडियम/वाल्मिकी भवन/सामुदायिक भवन, विद्युतीकरण, सार्वजकिन/सरकारी स्वामित्व के भवन निर्माण के मरम्मत कार्य चारदीवारी कार्य, स्पोर्ट्स काम्पलेक्स, अन्य जनोपयोगी कार्य कराने एवं शिक्षण संस्थाओं में कम्प्यूटर शिक्षा हेतु कम्प्यूटर कार्य कराये जा सकेंगे।

राष्ट्रीय सामाजिक सहायता कार्यक्रम-1995

सन् 1995 में केन्द्रीय सरकार द्वारा निर्धन, असहाय, वृद्ध, मृतक के परिजनों आदि के लिए विभिन्न सहायता योजनायें प्रारंभ की गई हैं, जिनमें निम्नांकित मुख्य हैं-

अ. राष्ट्रीय पारिवारिक सहायता योजना

योजना के तहत चयनित परिवार के मुख्य कमाऊ व्यक्ति की मृत्यु हो जाने पर 10,000 रु. की एकमुश्त देय है।

पात्रता

1. परिवार का गरीबी रेखा के नीचे चयनित होना आवश्यक है।

2. मुख्य कमाऊ व्यक्ति उस परिवार का पुरुष या महिला सदस्य होगी, जिसकी आय परिवार में सबसे अधिक हो।

3. मुख्य कमाऊ व्यक्ति की आयु 18 से 64 वर्ष के बीच हो।

आवेदन

निर्धारित प्रारूप में आवेदन ग्रामीण क्षेत्रों हेतु ग्राम पंचायतों तथा शहरी क्षेत्रों हेतु नगरपालिका/परिषद में करें।

स्वीकृत एवं भुगतान प्रक्रिया

ग्रामीण क्षेत्रों हेतु विकास अधिकारी, पंचायत समिति स्वीकृति जारी कर मनीआर्डर/चैक से आवेदक को भुगतान करेंगे तथा शहरी क्षेत्रों हेतु अधिशाषी अधिकारी नगरपालिका की अभिशंसा पर उपखण्ड अधिकारी स्वीकृति जारी करेंगे तथा भुगतान नगरपालिका द्वारा दिया जायेगा।

ब. राष्ट्रीय प्रसूति सहायता कार्यक्रम

इस योजना के तहत गर्भवती महिला को प्रथम दो प्रसव तक प्रत्येक प्रसव हेतु 500/- रु. की एकमुश्त सहायता दी जाती है।

पात्रता

1. गर्भवती महिला चयनित परिवार की सदस्यता हो।
2. उसकी आयु 19 वर्ष या अधिक हो।
3. महिला का नजदीक के अस्पताल/स्वास्थ्य केन्द्र में पंजीयन होना आवश्यक है।

आवेदन, स्वीकृति एवं भुगतान प्रक्रिया

ग्रामीण क्षेत्रों मेंग्राम पंचायत/शहरी क्षेत्र में नगरपालिका के अतिरिक्त आंगनबाड़ी/स्वास्थ्य केन्द्रों इत्यादि से आवेदन पत्र प्राप्त कर संबंधित पंचायत/नगरपालिका में जमा करायें। ग्रामीण क्षेत्रों में सरंपच ग्राम पंचायत एवं शहरी क्षेत्रों में अधिशाषी अधिकारी नगरपालिका द्वारा स्वीकृति जारी की जाकर सीधे लाभार्थी को मर्नीआर्डर द्वारा भुगतान किया जायेगा।

स. राष्ट्रीय वृद्धावस्था पेंशन योजना

इस योजना के तहत 200/- रु. प्रतिमाह (75 रु. केन्द्र सरकार + 125 रु. राज्य सरकार द्वारा) पेंशन राशि वृद्धजनों को दी जाती है।

पात्रता

1. आवेदक (पुरुष/महिला) की आयु 65 वर्ष या अधिक हो।
2. आवेदक दीन-हीन हो अर्थात् उसकी समस्त स्रोतों से वार्षिक आय 1500/- रु. से अधिक न हो।
3. यदि पति एवं पत्नी दोनों अलग-अलग पात्रता रखते हैं तो दोनों अलग-अलग पेंशन पाने के हकदार हैं।

आवेदन, स्वीकृति एवं पेंशन भुगतान प्रक्रिया

ग्रामीण क्षेत्रों में ग्राम पंचायत को एवं शहरी क्षेत्रों में नगरपालिका में आवेदन प्रस्तुत करें। ग्रामीण क्षेत्रों में पांचायत के माध्यम से आवेदन पत्र प्राप्त कर विकास अधिकारी पं. सं. द्वारा स्वीकृति जारी की जायेगी। शहरी क्षेत्रों हेतु अधिशाषी अधिकारी की अभिशंसा पर उपखण्ड अधिकारी द्वारा स्वीकृति जारी की जायेगी। स्वीकृत अधिकारी की स्वीकृति के आधार पर कोषाधिकारी द्वारा भुगतान आदेश जारी कर निर्धारित समयांतराल पर नियमित रूप से पेंशन राशि का भुगतान मनीआर्डर से किया जायेगा।

बालिका समृद्धि योजना

योजना के तहत केन्द्र सरकार द्वारा गर्भवती महिला के प्रथम दो बालिकाओं के जनम तक प्रत्येक बालका के जनम पर 500/- रु. की एकमुश्त सहायता उसकी माता को दी जाती है।

पात्रता

1. परिवार गरीबी रेखा से नीचे चयनित हो।

2. यह लाभ प्रथम दो बालिकाओं के जनम तक ही सीमित है। चाहे परिवार के बच्चों कीसंख्या कितनी ही हो।

आवेदन, स्वीकृति एवं भुगतान प्रक्रिया

आवेदन संबंधित ग्राम पंचायत में भरकर प्रस्तुत करना होगा। इसके बाद पंचायत के द्वारा स्वीकृति जारी कर राशि का भुगतान बालिका की माता को किया जायेगा।

आवासीय भूखण्ड आवंटन

20 सूत्री कार्यक्रम के सूत्र संख्या 14 के अन्तर्गत राजय के ग्रामीण क्षेत्रों के कमजोर वर्गों के परिवार को रियायती दर पर आवासीय भूखण्ड उपलबध कराया जाता है, जिनकी वार्षिक आय रु. 20,000/- से अधिक नहीं हो तथा ग्राम में स्थायी निवास कर रहे हों तथा जिनके पास स्वयं के गृहस्थल/गृह नहीं हों। अनुसूचित जाति/अनुसूचित जनजाति, स्वच्छकारों एवं पिछड़ा वर्गों का परिवार, ग्रामीण कारीगर, श्रम मजदूरी पर आधारित भूमिहीन परिवार, स्वीकृत ग्रामीण विकास कार्यक्रम में चयनित परिवार, गाड़िया लुहार, घुमक्कड़ जातियों के परिवार, विकलांग परिवार एवं ऐसे बाढ़ग्रस्त परिवार जिनके गृह बह गये हों या गृहस्थल बाढ़ के कारण भावी निवास हेतु अयोग्य हो गये होंगे। पात्र परिवारों के उन परिवारों को प्राथमिकता दी जानी है, जिन्होंने परिवार नियोजन स्थाई रूप से अपना लिया है।

रियायत दरें

प्राप्त आवंटितों से 1991 की जनगणना के आधार पर1000 से कम 1001 से 2000 एवं 2001 से अधिक की आबादी वाले गाँवों में क्रम से 2/– रु., 5/– रु. एवं 10/ – रु. प्रति वर्गमीटर की दर से वसूल की जाती है।

उन्नत चूल्हा कार्यक्रम

योजना के अन्तर्गत ग्रामीण क्षेत्रों में चिमनी सहित (उदय/सुखद) प्रकार के चूल्हों का निम्रण कराया जा रहा है। चूल्हों का निर्माण प्रशिक्षित स्वयं नियोजित कार्यकर्त्ताओं के माध्यम से कराया जाता है।

वित्तीय सहायता

1. फिक्स टाइप उदय/सुखद चूल्हों के लिए अधिकतम 40 रु. प्रति चूल्हा अनुदान दिया जाता है।

2. स्व नियोजित कार्यकर्त्ता को चिमनीयुक्त चूल्हा निर्माण हेतु 20 रु. प्रति चूल्हा मानदेय के रूप में दिया जाता है।

3. उक्त प्रकार के चूल्हों के निर्माण में लाभार्थी से कम से कम 10 रु. का अशंदान अनिवार्य रूप से लिया जाता है।

अपना गाँव-अपना काम योजना

ग्रामीण क्षेत्रों की यह एक चिर–परिचित योजना है। इस योजना का मुख्य उद्देश्य है–

(i) ग्रामीण अंचल के लोगों के स्वावलम्बन एवं आत्मनिर्भरता का भाव पैदा करना,

(ii) विकास कार्यों में जनमा व सरकार की भागीदारी सुनिश्चित करना,

(iii) जन साधारण की आवश्यकताओं के अनुरूप विकास कार्यों का चयन करना, आदि

यह योजना राजय सरकार द्वारा दिनांक 1 जनवरी, 1991 से प्रारंभ की गई है।

योजना की विशषताएँ

1. प्रस्तावित कार्य का वित्त पोषण निम्नानुसार होगा–

अ. जन सहयोग : न्यूनतम 30 प्रतिशत

ब. योजना मद : अधिकतम 50 प्रतिशत

स. अन्य योजना मद : अन्तर राशि

2. जनजाति उपयोजना क्षेत्र की पंचायतों या ऐसे गाँव जहाँ अनुसूचित जाति की जनसंख्यागाँव की कुल जनसंख्या के 50 प्रतिशत से अधिक हो या ऐसे गाँव जहाँ अनु. जनजाति की संख्या कुल जनसंख्या का 50 प्रतिशत से अधिक हो, में जनसहयोग कार्य की लागत का न्यूनतम 20 प्रतिशत अपेक्षित होगा।

3. जन सहयोग की राशि सामग्री अथवा मूल्यांकित काय्र के रूप में भी दी जा सकती है।

4. यह योजना राज्य वित्त पोषित योजना है तथा जिला स्तर पर जिला परिषद नोडल एजेन्सी है एवं योजना के तहत कार्यों की स्वीकृति जिला परिषद द्वारा जारी करने का प्रावधान है।

योजनान्तर्गत करोय जाने वाले कार्य

इस योजनान्तर्गत सडक नीति के अनुसार सड़क निर्माण, शाला भवन निर्माण, राजकीय आयुर्वेदिक एलोपैथिक व पशु चिकित्सालयों का निर्माण, गांवों को जोड़ने वाली पुलिया, बालबाड़ी भवन, आंगनबाड़ी भवन, महिला मंडल भवन, वाचनालय, सामुदायिक केन्द्र भवन, आबादी की सीमा में सड़क/खरंजा/नाली निर्माण, जन स्वास्थ्य अभियांत्रिकी विभाग द्वारा सक्षम स्तर से अनुमोदित पेयजल के कार्य तथा जे. आर. वाई/ ई. एस. एस में अनुगत होने वाले कार्य कराये जा सकते हैं। शाला भवन, सामुदायिक भवन, पंचायत भवन, पशु चिकित्सा भवन, स्वासयि केन्द्र भवन व अपना गांव-अपना काम योजना के तहत पूर्व वर्षों में सृजित सामुदायिक उपयोग की परिसम्पत्तियों की मरम्मत का कार्य।

बायोगैस योजना

ग्रामीण इलाकों में ईंधन व खाद की समस्या को हल करने के लिए बायोगैस संयंत्र अति उत्तम उपाय है। राज्य सरकार इस संयंत्र को विशेष यप से प्रोत्साहन दे रही है। गोबरगैस से खाना पकाने की गैस प्राप्त होने के साथ-साथ उत्तम किस्म की खाद भी मिलती है तथा इससे रोशनी की व्यवस्था भी की जा सकती है।

बायोगैस संयंत्र के लाभ

1. बायोगैस संयंत्र से प्राप्त गैस का उपयोग ईंधन के रूप में कर लकड़ी, मिट्टी के तेल एवं कोयले की बचत की जा सकती है।

2. गैस द्वारा लैम्प जलाकर बिजली की बचत की जा सकती है।

3. गैस द्वारा डीजल इंजन चलाकर कुएँ से पानी निकाला जा सकता है।

4. गैस से खाना बनाने के बर्तन काले नहीं होते तथा खाना भी जल्दी बनता है।

5. संयंत्र से प्राप्य गोबर के घोल को खद के काम में लाया जाता है। इससे फसल की उपज बढ़ाई जा सकती है।

6. गोबर गेस से मक्किखयाँ व कीड़े-मकोड़े, खर-पतवार आदि नहीं होते हैं।

7. इसके प्रयोग से गृहिणियों को आँखों व फेफड़ों की बीमारी नहीं होती है।

संयंत्र लगाने हेतु पात्रता

गाँव या शहर में रहने वाला कोई भी किसान, दुग्धशाला चलाने वाला या पाठशाला/छात्रावास/कार्यालय या अन्य कोई भी व्यक्ति जिनके पास 2-3 खूंटे पर बंधे रहने वाले जानवर हों, गोबर गैस के लिये आसपास पर्याप्त खाली मीन हो तथा पर्याप्त पानी उपलब्ध हो यह संयंत्र लगा सकता है।

गैस संयंत्र के प्रकार : गोबर गैस संयंत्र दो प्रकार के होते हैं-

1. खादी कमशीन का संयंत्र (लोहे के ड्रम वाला संयंत्र)
2. डोम आकारका संयंत्र

बायोगैस संयंत्र हेतु अनुदान

केन्द्र सरकार राज्य सरकार

1. सामान्य द्वारा अनुदान द्वारा अनुदान

1 घन मीटर से 10 घनमीटर 2000 + 1000 = 3000

2. अनुसूचित जाति/जनजाति/सीमांत/

लघु/भूमिहीन2500 + 1000 = 3500

1 घन मीटर से 10 मीटर

आवेदन की प्रक्रिया

बायोगैस संयंत्र निर्माण के लिए आवेदन पत्र विकास अधिकारी के माध्यम से तेयार करवाया जाता है। अनुदान प्रार्थना पत्र विकास अधिकारी क मार्फत जिला परिषद को भिजवाया जाता है। जिला परिषद द्वारा नियमानुसार अनुदान स्वीकृत किया जाता है।

बंधक श्रमिक पुनर्वास योजना

एंसे गरीबी व्यक्ति जिनके द्वारा लिये गये ऋण की अदायगी के रूप में उन्हें इच्छा के विरुद्ध जबरदस्ती मजदूरी करने के लिए बाध्य किया जाता है। उन्हें बंधक श्रमिक की श्रेणी में रखा जाता है। बंधक श्रमिकों को आर्थिक शोषण से मुक्तकरवाने हेतु बंधक श्रमिक अधिनियम, 1995 लागू किया गया है। योजना के अन्तर्गत बंधक श्रमिकों को मुक्त करवाया जाता है व जीविकोपार्जन के लिए आर्थिक सहायता उपलब्ध करवाई जाती है।

बंधक श्रमिकों को मिलने वाली सुविधाएँ

1. बंधक श्रमिकों को मुक्त करवाने पर उनकी सम्पतित वापस दिलवाई जाती है।

2. बंधक श्रमिकों द्वारा लिया गया त्रण भी माफ करवाया जाता है।

3. बंधक श्रमिकों को मक्त करवाने पर अनाज एवं बर्तन हेतु 1000/- रु. की तात्कालिक सहायता देय होती है।

4. मुक्त बंधक श्रमिकों की जान-माल की सुरक्षा की जाती है।

5. बंधक श्रमिकों को रोजगार स्थापित करने के लिए 1000/- रु. की पुनर्वास सहायता दी जाती है।

6. मुक्त करवाये गये बंधुआ मजदूरों को इंदिरा आवास प्राथमिकता से उपलब्ध करवाया जाता है।

लाभ प्राप्त करने की प्रक्रिया

1. स्वयं बंधक श्रमिक द्वारा अथवा अन्य किसी व्यक्ति द्वारा बंधक होने की सूचना संबंधित उपखण्ड अधाकरी को दी जाती है।

2. उपखंड अधिकारी समरी ट्रायल कर बंधक श्रमिक मुक्ति प्रमाण-पत्र जारी करतेहैं।

3. बंधक श्रमिक की मुक्ति की सूचना मिलते ही जिला परिषद द्वारा तुरन्त तात्कालिक सहायता उपलब्ध करवाइ जाती है।

4. बंधक मुक्ति प्रमाण-पत्र प्राप्त होने पर जिला परिषद द्वारा श्रमिकों से व्यक्तिगत सम्पर्क कर उनकी इच्छा के अनुसार परियोजना रिपोर्ट तैयार करवाई जाकर राज्य सरकार से स्वीकृति प्राप्त कर पुनर्वास सहायता उपलब्ध करवाई जाती है।

पोप योजना (पैकेज ऑफ प्रोग्राम)

इस योजना में उद्योग, सेवा अथवा व्यवसाय के लिए आर्थिक सहायता प्रदान की जाती है। इन व्यवसायों की अधिकतम इकाई लागत 50,000/- रु. होती है। व्यवसाय हेतु ऋण बैंक द्वारा प्रदान किया जाता है तथा अनुदान प्रोजेक्ट मैनेजर, अनुसूचित जाति विकास निगम द्वारा स्वीकृत कर बैंक के माध्यम से उपलब्ध करवाया जाता है। अनुदान राशि अधिकतम 6000/- रु. अथवा इकाई लागत की 50 प्रतिशत, जो भी कम हो, देय होती है।

पात्रता

1. लाभार्थी गरीबी रेखा से नीचे जीवन यापन करने वाला अनुसूचित जाति का व्यक्त होना चाहिए।

2. व्यक्ति उस स्थान/क्षेत्र का निवासी होना चाहिए।

3. लाभार्थी बैंक का अवधिपार ऋणी नहीं होना चाहिए।

क्रियान्वयन की प्रक्रिया

प्रार्थी संबंधित नगरपालिका के माध्यम से ऋण प्रार्थना-पत्र प्रस्तुत करता है। प्रार्थना पत्र के साथ प्रार्थी आय प्रामाण पत्र एवं अनुसूचित जाति का प्रामण पत्र एवं बैंक का ऋण बकाया न होने का प्रमाण प्रस्तुत करता है। समस्त प्रक्रिया पूर्ण होने पर प्रार्थी को ऋण एवं अनुदान स्वीकृत किया जाता है।

ऑटो रिक्शा योजना

अनुसूचित जाति के ऑटो रिक्शा के ड्राइविंग लाइसेंसधारियों को ऑटो रिक्शा दिलवाकर स्थाई आय का साधन उपलब्ध करवाया जाता है। पोप योजना के लिए पात्र व्यक्ति इस योजना के भी पात्र होंगे। ऑटो रिक्शा हेतु इकाई लागत 55,000/- रुपये है। ऑटो रिक्शा के लिए निगम की ओर से 25 प्रतिशत तक मार्जिन मनी ऋण एवं 6000/- रु. अनुदान दिया जाता है, शेष राशि बैंक द्वारा ऋण के रूप में उपलब्ध करवाई जाती है।

स्काइट योजना

इस योजना के अन्तर्गत गरीबी की रेखा से नीचे जीवन यापन करने वाले अनसूचित जाति के 18 वर्ष से 15 वर्ष तक की आयु के व्यक्तियों को तथा 45 वर्ष तक की विधवा/अपाहिजों को विभिन्न व्यवसायों में प्रशिक्षण दिलवाया जाता है। कुछ विशेष प्रशिक्षण कार्यक्रमों को छोड़कर साधारणतया इन प्रशिक्षणार्थियों के लिए किसी प्रकार की योग्यता निर्धारितनहीं है। प्रशिक्षण की अधिकतम अवधि 6 महा होती है। प्रशिक्षण मान्यता प्राप्त संस्थाओं के द्वारा दिलवाया जा सकता है। यह योजना अब ग्रामीण क्षेत्रों में भी लागू है।

प्रशिक्षणार्थियों को प्रतिमाह निम्न रूप से भत्ता देय होता है-

1. वृत्तिका (स्टाई फण्ड) 350/- रु. प्रतिमाह
2. संस्था को मानदेय 200/- रु. प्रतिमाह प्रति प्रशिक्षणार्थी
3. कच्चा माल 75/- रु. प्रतिमाह प्रति प्रशिक्षणार्थी
4. टूल किट कुल 800/- रु. प्रति प्रशिक्षणार्थी

अस्वच्छ कार्य से मुक्त हरिजनों की पुनर्वास योजना

मैला ढ़ोने जेसे घिनौने कार्य में लगे हुए हरिजनों को मुक्त कराने हेतु उन्हें विभिन्न व्यवसायों में प्रशिक्षण दिलवाकर रोजगार की वैकल्पिक व्यवस्था कर मदद की जाती है। 15 से 50 वर्ष तक की आयु वर्ग के युवक-युवतियों को आवश्यक प्रशिक्षण दिलवाने हेतु कोई शैक्षणिक योग्यता निर्धारित नहीं है। इस कार्य मेंलगे हुए युवक-युवतियों का सर्वे नगर पालिका अथवा नगर परिषद द्वारा किया जाता है। परिवार के जिने भी व्यक्ति इस धंधे में लगे होते हैं, उन्हें अलग से इकाई मानते हुए लाभान्वित किया जाता है। त्रण प्रार्थना पत्र नागरपालिका, नगर परिषद द्वारा उपलबध करवाया जाता है एवं विभिन्न व्यवसायों हेतु 4 प्रतिशत ब्याज दर पर बैंक द्वारा ऋण उपलब्ध करवायाजाता है। इस हेतु अधिकतम अनुदान दर 10,000/- रु. होती है। इस योजना में चयनित स्वयं ही पात्र होते हैं। यदि एक परिवार में दो व्यक्ति कार्य में लगे हुए हों तो दोनों को समान रूप से अलग-अलग 10,000/- रु. अनुदान देय होगा। इसी कार्य में लगे हुए व्यक्तियों को ऋण एवं अनुदान सूअर पालन, झाडू बनाना, टोकरी बनाना, बासं की वस्तु निर्माण, चूना भट्टा, ईंट-भट्टा, सीमेंट कंकरीट ब्लांक, टाइपिंग, बिजली की दुकान, सैनेटरी की दुकान, ऑटो रिक्शा/साइकिल की दुकान, आयर रिपेयर, पानी टंकी निर्माण, स्टोक्रेशर, टैन्ट हाउस, फोटो कॉपियर आदि व्यवसायों हेतु देय होता है।

सम्बल योजना

सम्बल योजना मुख्य रूप से अनुसूचित जाति के लोगों की 50 प्रतिशत से अधिक की आबादी वाले चयनित गांवों में गरीबी की रेखा से नीचे जीवन यापन करने वाले परिवारों को सम्बल प्रदान करने के लिए बनाई गई है। इस योजना के अन्तर्गत प्रत्येक जिलें में प्रतिमाह एवं गाँव को शत-प्रतिशत रूप से लाभान्वित कर उसका सर्वांगीण विकास किया जाता है।

प्रक्रिया

संबंधित जिले के परियोजना निर्देशक, जिला ग्रामीण विकास अभिकरण विभिन्न अधिकारियों के साथ सम्बल गांव में जाजम बैठक आयोजित करते हैं, जिसकी सूचना एक माह पूर्व विकास से संबंधित सभी अधिकारियों को भिजवाई जाती हे। निश्चित किये गये समय, स्थान एवं दिन की सूचना पटवारी, ग्रामसेवक, अध्यापक, सरपंच, महिला संस्थान आदि को भेज दी जाती है। जाजम बैठक के लिए दरी, पेट्रोमेक्स, लाइट आदि की व्यवस्था निमग के बजट से की जाती है। जाजम बैठक हेतु अधिकतम 500/- रु. प्रति बैठक व्यय किया जा सकता है। बैठक में अधिक से अधिक अनु. जाति के परिवार शामिल हों, ऐसी व्यवस्था सुनिश्चित की जाती है।

समूह बनाना

जाजम बैठकों में विभिन्न व्यवसायों एवं जातियों के समूह चिन्हित किये जाते हैं जैसे-कृषक, बुनकर, पशुपालक, मेला ढोने वाले परिवार, मजदूर महिलाएँ आदि। सम्बल गाँव की समस्याओं को ध्यान में रखते उक्त बैठकों में समूहों को संचालित की जा रही विभिन्न योजनाओं के बारे में जानकारी दी जाती है एवं सर्वेक्षण हेतु तिथि निर्धारित की जाती हे।

सर्वेक्षण

सम्बल योजना के अन्तर्गत चयनित गाँव में गरीबी की रेखा से नीचे जीवन यापन करने वाले शत-प्रतिशत परिवारों का सर्वेक्षण कर उनकी रुचि के अनुसार योजनाओं का चयन किया जाकर उन्हें तदनुसार लाभांवित किया जाता है। राष्ट्रीय अनुसूचित जाति विकास वित्त निगम (एन. एस. एफ. डी. सी.) के परिप्रेक्ष्य में गरीबी की रेखा से नीचे जीवन यापन करने वाले परिवारों को डबल टू पावर्टी लाइन के आधार पर ऋण उपलब्ध करवाये जाने की कार्यवाही की जाती है। एन. एस. एफ. डी. सी. के परिप्रेक्ष्य में गरीबी की रेखा की सीमा से दुगुने के 31,952 रु. के आधार पर प्रति व्यक्ति को ऋण दिलवाने हेतु कार्यवाही की जाती है।

शिविर

सर्वेक्ष.ण के पश्चात् निर्धारित दिनांक व स्थान पर शिविर का आयोजन कर विभिन्न योजनाओं के प्रपत्र भरवाये जाते हैं एवं पटवारी तथा ग्रामसेवक से सत्यापन करवाकर संबंधित बैंक अथवा एन1 एस. एफ. डी. सी. से लाभांवित करवाया जाता है।

पात्रता

1. लाभार्थी अनुसूचित जाति का व्यक्ति होना चाहिए।

2. लाभांवित परिवार की वार्षिक आय 20,000/- रु. से अधिक नहीं होनीचाहिए।

3. लाभार्थी बैंक का अवधिपार ऋणी नहीं होना चाहिए।

4. लाभार्थी द्वारा पूर्व पूर्वमें 6000/-रु. अनुदान प्राप्त नहीं किया गया हो।

5. लाभार्थी संबंधित क्षेत्र का मूल निवासी होना चाहिए।

अनुदान

इकाई लागत का 50 प्रतिशत अथवा अधिकतम 6000/- दोनों में से जो भी कम हो, अनुदान दिया जाता है।

योजनाएँ

1. आई. आर. डी. पी. के अन्तर्गत व्यक्तिगत लाभ की योजनाएँ जैसे पम्पसैट, कुआँ गहरा करना, दुकान, शिल्पी शाला, उन्नत कृषि यंत्र, कुक्कट पालन, पशुपालन, उद्योग, विद्युत कनेक्शन, ऑटो रिक्शा आदि।

2. प्रशिक्षण दिलवाकर नौकरी उपलब्ध करवाना अथवा रोजगार करने योग्य बनाना जैसे कम्प्यूटर प्रशिक्षण कोर्स, बी. एड., एस1 टी. सी., नर्सिंग, सेनिटरी इन्सेपेक्टर, गलीचा बुनाई, होजरी प्रशिक्षण आदि।

विशेष योजनाएँ

विशेष योजनाओं के अन्तर्गत निम्न योजनाओं हेतु ऋण उपलब्ध करवाया जाता है-

1. फुटवीयर योजना (जूते में पी. वी. सी. सोल चिपकाकर मशीन से प्रेस कर जूता निर्माण करना)।

2. दुधारू पशु योजना
3. थ्री व्हीलर क्रय करना
4. भूमि सुधार योजना
5. गृह उद्योग योजना
6. गलीचा, होजरी व कलात्मक दरी बुनाई आदि।
7. मत्स्य पालन।
8. खादी ग्रामोद्योग कमीशन की योजनाएँ।

सामूहिक पम्पसैट योजना

अनुसूचित जाति के लघु/सीमान्त कृषकों को 3 से 5 के समूह में सिंचाई सुविधा उपलब्ध करवाने के लिए यह योजना बनाई गई है। इस योजना के अन्तर्गत कृषक समूह के पास स्वयं का कुआँ होना चाहिए तथा न्यूनतम 3 हैक्टेयर व अधिकतम दस हैक्टेयर भूमि होनी चाहिए। इन काश्तकारों को 5 से 8 अश्वशक्ति का डीजल पम्पसैट मय ऐसेसरीज दिया जाता है। पम्पसैट की इकाई लागत 15,000/– रु. से 18,000/– रु. होती है। इससे अधिक लागत आने पर प्रार्थी को स्वयं वहन करनी पड़ती है। पम्पसैट राजस्थान स्टेट एग्रो इण्डस्ट्रीज़ के माध्यम से दिलवाया जाता है। यदि कुएं पर विद्युत कनेक्शन है तो विद्युत पम्पसैट भी दिलवाया जा सकता है, परन्तु इकाई लागत पूर्व के समान ही होगी।

व्यक्तिगत पम्पसैट योजना

अनुसूचित जाति के गरीबी रेखा से नीचे जीवन यापन करने वाले एवं सीमान्त कृषकों को अपनी भूमि पर सिंचाई के साधन विकसित करने की दृष्टि से 5 से 8 अश्वशक्ति के पम्पसैट मय सहायक सामग्री के उपलब्ध कराये जाते हैं। निगम द्वारा इस योजनान्तर्गत इकाई लागत का 50 प्रतिशत या रु. 6000/– जो भी कम हो, अनुदानस्वरूप उपलब्ध कराया जाता है, शेष बैंक ऋण के रूप में उपलब्ध कराया जाता है। प्रार्थना पत्र विकास अधिकारी के माध्यम से प्रस्तुत किये जाते हैं।

बोरिंग एवं ब्लास्टिंग योजना

जिन अनुसूचित जाति के काश्तकारों के स्वयं के कुएँ हैं एवं उनकी गहराईकम है तो बोरिंग अथवा ब्लास्टिंग से गहराई बढ़ाई जा सकती है। कुएँ की गहराई बढ़ाने से जल स्तर बढ़ जाता है। इस योजना के अन्तर्गत बोरिंग अथवा ब्लास्टिंग काकार्य भू जल

विभाग अथवा राजस्थान एग्रो इण्डस्ट्रीज कारपोरेशन के माध्यम से करवाया जा सकता है। ब्लास्टिंग की इकाई लागत 7200/- रु. प्रति कूप है तथाबोरिंग की इकाई लागत 4590/- रु. से 29860/- रु. तक हो सकती है। योजना के अन्तर्गत इकाई लागत का 50 प्रतिशत अथवा 6000/- जो भी कम हो, अनुदान के रूप में देय होता है। अनुदान के अतिरिक्त शेष राशि बैंक ऋण से उपलबध करवाई जाती है अथवा लाभार्थी द्वारा स्वयं अपने साधनों में जुटाई जाती है।

शिल्पी शला योजना/बुनकर शाला योजना

अनुसूचित जाति के शिल्पकारों एवं बुनकरों की कार्यक्षमता में वृद्धि के लिए इस योजना के अन्तर्गत उनकी स्वयं की भूमि पर शिल्पी शाला/बुनकर शाला (11 9 10 फीट साइज) बनाने की स्वीकृति दी जाती है। इसकी इकाई लागत 18,000/- रु. है। अनुदान के रूप में 6000/- रु. देय होते हैं। अनुदान के अतिरिक्त शेष राशि बैंक ऋण से अथवा स्वयं के साधनों से व्यय की जाती है।

उन्नत कृषि यंत्र योजना

योजना के अन्तर्गत अनुसूचित जाति के कृषकों को कृषि कार्य हेतु कृषि यंत्र उपलब्ध करवाये जाते हैं। इस योजना में विशेष खाद्यान्न उत्पादन कार्यक्रम एक अथवा एक से अधिक कृषि यंत्रों हेतु अधिकतम 6000/- रु. अथवा यंत्रों के मूल्य का 50 प्रतिशत, जो भी कम हो, अनुदाय देय होगा।

कुक्कुट पालन योजना

यह योजना पशुपालन विभाग के माध्यम से चलाई जाती है। इस योजना के अन्तर्गत अनुसूचित जाति के गरीबी की रेखा से नीचे जीवन यापन करने वाले परिवारों की आमदनी में वृद्धि करने हेतु गौण व्यवसाय के रूप में कुक्कुट पालन हेतु 200 मुर्गियों की इकाई दी जाती है। इनकी लागत 18,000/- रु. जिसमें से 6000/- रु. अनुदान राशि व शेष राशि बैंक ऋण द्वारा अथवा लाभार्थी स्वयं द्वारा उपलब्ध करवाई जाती है।

दुग्ध विकास योजना

(अ) उन्नत नस्ल की गाय उपलब्ध करवाना-इस योजना के अन्तर्गत अनुसूचित जाति के गरीब परिवारों को स्थानीय उन्नत नस्ल की 4 गायें उपलब्ध करवाई जाती हैं, जिसकी इकाई लागत 35,000/- रु. है। 6000/- रु. अनुदान तथा रोष राशि बैंक ऋण के रूप में उपलब्ध करवाई जाती है।

(ब) उन्नत नस्ल की भैस उपलब्ध करवाना-इस योजना के अन्तर्गत गाय योजना की सभी शर्तें लागू होती हैं। इस योजना के अन्तर्गत प्रथम चरण में साढ़े छः लीटर दूध प्रतिदिन उपलब्ध करवाये जाने वाली भैंस उपलब्ध करवाई जाती है तथा 8 महीने पश्चात् द्वितीय भैंस उपलब्ध करवाई जाती है। तथा 8 महीने पश्चात् द्वितीय भैंस उपलब्ध करवाई जाती है। भैंस की इकाई लागत 36,000/- रु. है, जिसमें से 6000/- रु. अनुदान के अतिरिक्त शेष राशि बैंक ऋण द्वारा अथवा स्वयं द्वारा वहन की जाती है।

विद्युतीकरण योजना

अनुसूचित जाति के लघु/सीमान्त कृषकों के कुओं पर सहायता देने के उद्देश्य से यह योजना प्रारंभ की गई है। राजस्थान राज्य विद्युत मण्डल द्वारा साधारणतः 22,500/- रु. ग्रहण कर विद्युत कनेक्शन दिया जाता है। योजना के अन्तर्गत चयनित प्रत्येक कृषक को विद्युतीकरण पर लागत का 50% अथवा 6000/- रु. जो भी कम हो, अनुदान दिया जाता है। योजना का शेष व्यय कृषक स्वयं द्वारा वहन किया जाता है।

प्रधानमंत्री रोजगार योजना

पात्रता की शर्तें

1. आयु - 18 से 35 वर्ष (अनुसूचित जाति/जनजाति, भू. पू. सैनिक, विकलांग एवं महिलाओं के लिए 18 से 45 वर्ष

2. शैक्षणिक योग्यता -आठवीं पास (कम से कम आठवीं पास अथवा सरकार द्वारा प्रायोजित कम से कम छ माह की तकनीकी प्राप्त)

3. पारिवारिक आय--समस्त स्त्रोतों से 24000/- रु. वार्षिक से अधिक न हो।

4. निवासी-कम से कम जिले का 3 वर्ष से निवासी हो।

योजना की विशेषताएँ

1. व्यापार हेतु 1 लाख एवं अन्य उद्योग सेवा हेतु अधिकतम दो लाख की परियोजना हेतु ऋण सुविधा।

2. ऋण राशि का 15% (अधिकतम 7,500/- रु. अनुदान)

3. मार्जिन मनी 5% से 16.25% योजना लागत का (अनुदान व मार्जिन मनी का योग 20% के बराबर से अधिक न हो।

4. किसी भी राष्ट्रीयकृत बैंक/वित्तीय संस्था/सहकारी बैंक का ऋण अदायगी का दोषी (डिफाल्टर) युवा योजना में पात्र नहीं माना जावेगा।

5. योजना में महिलाओं एवं कमजोर वर्गों को प्राथमिकता के आधार पर एवं अनुसूचित जाति/जनजाति के आवेदकों के लिए 22.5% और पिछड़े वर्गों के आवेदकों के लिए 27% आरक्षण की व्यवस्था है।

6. एक लाख तक की परियोजनाओं पर कोलेटरल सिक्यूरिटी की बैंक द्वारा मांग नहीं की जायेगी।

7. योजना में ऋण रिजर्व बैंक द्वारा निर्देशित ब्याज दर से ब्याज का प्रावधान है।

योजना में निर्धारित प्रारूप में आवेदन पत्र मय आयु, शैक्षणिक योगयता, निवासी-प्रमाणपत्र, जाति प्रमाण पत्र आदि के साथ जिला उद्योग केन्द्र कार्यालय में प्रस्तुत करने पर टास्कफोर्स कमेटी द्वारा युवा का साक्षात्कार लिया जाकर चयनोपरान्त आवेदन पत्र हेतु वाणिज्यिक बैंकों को अग्रेषित किये जाते हैं। बैंक द्वारा ऋण स्वीकृति के बाद जिला उद्योग केन्द्र द्वारा निर्धारित प्रशिक्षण दिलाया जाता है, तत्पश्चात् बैंक द्वारा युवा को ऋण वितरण किया जाता है।

मुख्यमंत्री जीवन रक्षाकोष योजना

राजस्थान सरकार की गरीबों की जीवन रक्षा हेतु एक अभूतपूर्व पहल कर प्रथम बार प्रारंभ की गई है। यह एक अनूठी योजना है, जिसके अन्तर्गत गरीबी रेखा से नीचे जीवन्र यापन करने वाले व्यक्तियों को, असहाय लोगों को गंभीर रोगों की जांच व अन्यत्र उपचार की सुविधा एवं आर्थिक सहायता प्रदान कराने के लिए राजस्थान के मुख्यमंत्री श्री अशोक गहलोत द्वारा 'मुख्यमंत्री जीवन रक्षा कोष' की स्थापना की गई है।

यह योजना पात्र गरीब रोगियों को विशिष्ट चिकित्सालयों में अतिविशिष्ट चिकित्सा सेवाएँ उपलब्ध कराने व चिन्हित चिकित्सा संस्थानों में चिकित्सा सुविधा हेतु राशि का आवंटन य राशि द्वारा भुगतान की गई राशि का पुनर्भरण कराने व रोगी व उसके एक परिचायक हेतु विश्राम भत्तों की राशि के आवंटन के उद्देश्य से लागू की गई है।

इस योजना के अन्तर्गत पात्रता रखने वाले रोगियों को चिकित्सा सुविधा एवं आर्थिक सहायता प्राप्त करने के लिये संबंधित पंचायत समिति के विकास अधिकारी' 'शहरी क्षेत्र में अधिशाषी अधिकारी' 'आयुक्त नगरपालिका' 'नगर परिषद् से गरीबी रेखा से नीचे अथवाअनुसूचित जाति' 'जनजाति से संबंध रखने का प्रामाण पत्र प्राप्त कर जिला चिकित्सालय के मुख्य चिकित्साधिकारी को प्रार्थना पत्र प्रस्तुत करने पर प्रमुख चिकित्साधिकारी निर्धारित परिपत्र में अपनी टिप्पणी के साथ अनुमान को प्रमाणित कर मुख्यमंत्री जीवन रक्षा कोष समिति कीप्रबंध कार्यकारिणी को भेजेंगे। अधिकारी जानकारी के लिये प्रमुख चिकित्सा अधिकारी, जयपुर से सम्पर्क करें।

चिकित्सा एवं स्वासयि योजनायें

चिकित्‌ा एवं स्वासयि के क्षेत्र में भी सरकार द्वारा समयञ-समय पर .विभिन्न योजनायें प्रारमी की गई हैं, जैसे-

परिवार कल्याण कार्यक्रम,

जनमंगल कार्यक्रम,

राजलक्ष्मी योजना,

पल्स पोलियों कार्यक्रम आदि।

परिवार कल्याण कार्यक्रम

इस कार्यक्रम के अन्तर्गत-दंपत्ति जिनके दो यो दो से अधिक बच्चे हैं तथा जिन्होंने और अधिक बच्चों की इच्छा व्यक्त की है तथा जिन्होंने परिवार नियोजन का स‌ाधन भी नहीं अपना रखा है ऐसे प्रतिरोधी दम्पत्तियों को परिवार कल्याण कार्यक्रम के लाभों की जानकारी देकर कोई न कोई साधन अपनाने के लिये प्रेरित किया जाता है।

जनमंगल कार्यक्रम

इस कार्यक्रम का मुख्य उद्देश्य महिला एवं शिशु स्वास्थ्य को सम्बल प्रदान करना है। इस संदर्भ में जनमंगल कार्यक्रम महिलाओं को अधिक बच्चों को जनम, दो बच्चों के जन्म के मध्य कम अन्तर एवं कम उम्र में महिलाओं को प्रसव उत्पीड़न से मुक्त करने का प्रयास है। इसके अतिरिक्त यह कार्यक्रम ग्रामीण परिवेश में लैंगिक समानता, पति-पत्नि में परिवार नियोजन हेतु आपसी संवाद को प्रोत्साहन एवं प्रजनन जागरूकता के माध्यम से सीमित परिवार हेतु अन्तराल साधनों की मांग को बढ़ाने तथा उसे पूर्ण करने के लिए अग्रसर है।

1 अप्रैल, 1997 से राजय के समस्त जिलों के ग्रामीण क्षेत्रों में यह कार्यक्रम लागू है। इस योजना के अन्तर्गत 500 से 2000 की जनसंख्या वाले गांव से एक जनमंगल दम्पत्ति एवं उससे अधिक जनसंख्या वाले गांवों में दो जनमंगल दम्पत्यिों का चयन ग्राम की आम सहमति व सरपंच, पंच महोदय के सानिध्य में किया जाता है।

जनमंगल जोड़ा/कार्यकर्त्ता क्या है?

1. 25 से 35 की आयु के दम्पत्ति।
2. संबंधित गाँव का स्थायी निवासी।

3. कार्यक्रम के लिए स्वैच्छा से समर्पण की भावना रखता हो।

4. जोड़ा स्वयं परिवार कल्याण का साधन (अन्तराल विधियाँ) उपयोग करता हो तथाजिसका परिवार छोटा हो।

5. व्यवहार कुशल हो, जिसे जिसे स्थानीय समुदाय की स्वीकृति प्राप्त हो।

6. मित्र/सहेली जैसा व्यवहार करता हो।

7. सम्प्रेषण (वाकपटुता) की कला जिसमें हो।

8. पढ़े-लिखे को प्राथमिकता दी जा सकती हो, लेकिन शिक्षित होने की बंदिश नहीं है।

जनमंगल जोड़ों के कार्य (ज.म.जोड़ों द्वारा योग्य दमपत्तियों को)

1. अन्तराल साधनों (गर्भनिरोधक गोली एवं निरोध) आयरन गोली, ओआरएस का वितरण करना तथा हिसाब रखना।

2. खाने की गर्भ निरोधक गोली एवं निरोध के लाभ और हानि की जानकारी देना।

3. विशेषत: गर्भ निरोधक गोलियो के दुष्प्रभाव एवं किन-किन स्थितियों में गोली नहीं लेनी चाहिये, की जानकारी प्रदान करना।

4. प्रजजन जागरूकता (स्त्री और पुरुष दोनों को)

माहवाही (अ) प्राकृतिक गर्भ निरोधक साधनों की जानकारी देना। चक्र के माध्यम से सुरक्षित काल विधि की जानकारी देना। स्तनपान अवधि में महावारी बंद रहने से गर्भ निरोध की जानकारी देना।

(ब) प्रजनन अंगों की बनावट/क्रिया की जानकारीदेना।

(स) गर्भ में लिंग निर्धारण की प्रक्रिया की जानकारी देना।

5. वाक् चातुर्य (सम्प्रेषण) के माध्यम से गर्भ निरोधक साधन अपनाने की प्रेरणा व सुझाव देना।

6. लिंग संवेदनशीलता एवं स्त्री-पुरुष में विभेद के बारे में समझ विकसित करना।

7. प्राथमिकता स्वास्थ्य केन्द्रों पर दो माह में एक बार आयोजित 'मिलन बैठक' में भाग लेना।

राजलक्ष्मी योजना

राजस्थान सरकार ने राजलक्ष्मी बॉण्ड योजना 1 अक्टूबर 1992 से प्रारंभ की है। यह योजना बालिकाओं के कल्याण व उत्थान के लिए है। इस योजना से बाल विवाह, अशिक्षा, दहेज प्रथा, बालिका भ्रूण हत्या जैसी सामाजिक कुरीतियों पर नियंत्रण किया जा सकता है। वहीं छोटे परिवार की प्रेरणा व नागरिकों को सुखी-जीवन की ओर कदम बढ़ाने का संदेश है। राजस्थान सरकार द्वारा इस योजना में भारतीय यूनिट ट्रस्ट के सहयोग से रु. 1500/- का बालिका के नाम का निवेश

उद्देश्य

1. समाज में लड़का-लड़की के भेद को समाप्त करना।
2. बालिकाओं को उच्च शिक्षा सरलता एवं सुगमता से प्राप्त हो सके।
3. विवाह एवं गृहस्थ जीवन सुखमय हो।
4. मातृत्व के सम्पूर्ण दायित्व को सुगमता से निर्वाह कर सके।

पात्रता की शर्तें

1. किसी भी आयु में दम्पत्ति द्वारा एक या दो संतानों पर नसबंदी करानेपर।
2. ऑपरेशन के समय पत्नी गर्भवती न हो।
3. दम्पत्ति के पांच वर्ष से कम उम्र की बेटी को/दोनों संतान 5 वर्ष से कम की बेटियाँ होने पर दोनों संतानों केनाम 1500/- रु. का एक-एक बॉण्ड राजस्थान सरकार द्वारा यू. टी. आई. में निवेश किया जाता है।
4. सभी जाति/वर्गों हेतु समान राशि 1500/- रु. का बॉण्ड।

निवेशित राशि रु. 1500/- प्रति बालिका बीस वर्ष में यूनिटधारक बालिक को परिपक्वता दर से निम्नानुसार मिलेगी-

निवेश के समय बालिका की आयु परिपक्वता पर देय राशि

(20 वर्ष की आयु होने पर)

एक वर्ष तक21 हजार रुपये

दो वर्ष तक 18 हजार रुपये

तीन वर्ष तक 15 हजार रुपये

चार वर्ष तक 13 हजार रुपये

पाचं वर्ष तक 11 हजार रुपये

इसके अतिरिक्त भारतीय यूनिट ट्रस्ट द्वारा समय-समय पर घाषित बोनस भी प्रत्येक राजलक्ष्मी यूनिट धारक को परिपक्वता राशि के साथ मिलेगा।

यूनिट सर्टिफिकेट प्राप्त करने के लिए क्या करें ?

यदि किसी दम्पत्ति ने नसबंदी करा ली है और वे पात्रता की सभी शर्तें पूर्ण करते हैं तो उन्हें एक बॉण्ड प्रार्थना पत्र भरवाना होता है, जो उस चिकित्सा संस्थान, जहाँ नसबंदी की सुविधा ली गई है, के चिकित्सा अधिकारी अथवा खण्ड प्रा. स्वा. केन्द्र पर अन्य समस्त आवश्यक प्रमाण-पत्रों सहित उपलब्ध रहते हैं। इनके मार्फत ही उप मुख्य चिकित्सा एवं स्वा. अधिकारी (प. क.), जयपुर को भिजवाये जाते हैं, जो अतिरिक्त निर्देशक (प. क.) राजस्थान को वास्ते निवेश हेतु अग्रेसित करते हैं।

राजलक्ष्मी यूनिट के लिए पात्रता की श्रेणी में आने वाले व्यक्तियों को अपनी पात्रता के लिए निम्न प्रमाण-पत्र प्रस्तुत करने होंगे-

1. नसबंदी कराने का प्रमाण-पत्र।

2. ऑपरेशन के समय पत्नी गर्भवती नहीं होने का प्रमाण-पत्र (ये दोनों प्रमाण पत्र उस केन्द्र के चिकित्सा अधिकारी से लिया जा सकता है जहाँ नसबंदी कराई है)।

3. सन्तान की संख्या एवं उनकी आयु का प्रमाण पत्र-विकास अधिकारी/तहसीलदार/नगरपालिका/राजपत्रित अधिकारी राशन कार्ड के आधार पर सरपंच द्वारा।

राजलक्ष्मी यूनिट, भारतीय यूनिट ट्रस्ट द्वारा सीधे ही बालिका के नाम रजिस्टर्ड डाक द्वारा भिजवाये जाते हैं। इस प्रक्रिया में थोड़ी दरे हो सकती है। अतः यूनिट सर्टिफिकेट कुछ समय तक प्राप्त न हो तो परेशान होने की जरूरत नहीं है। राज्य सरकार ने लाभावित परिवार के लिए नसबंदी शिविर में/चिकित्सा संस्थान में राजलक्ष्मी यूनिट योजना का प्रमाण-पत्र संबंधित चिकत्सिा अधिकारी स्तर से जारी किये जाने की व्यवस्था दी हुई है। इससे लाभार्थी परिवार को यूनिट प्रमाण-पत्र मिलने से उसका संतोष व विश्वास बना रहेगा।

यदि किसी कारणवश राजलक्ष्मी यूनिट सर्टिफिकेट गुम हो जाता है तो निर्धारित प्रपत्र में केन्द्र के चिकित्सा अधिकारी के माध्यम से आवेदन करने पर डुप्लीकेट बॉण्ड जारी किये जाने का प्रावधान भी यू. टी. आई. द्वारा किया हुआ है।

पल्स पोलियों कार्यक्रम

पोलियों रोग हमारे देश, प्रदेश एवं जिले के लिये अभिशाप हे। पोलियों बच्चों की एक घातक जानलेवा बीमारी है। यह हमारे देश में अपंगता का एक प्रमुख कारण है, परन्तु पोलियों जैसा पंगु बनाने वाले रोग नारकीय अभिशाप ही है, जिस किसी परिवार में ऐसे सर्वनाशी रोग की काली छाया पड़ जाती है, वह इसकी घोर यंत्रणाा से जीवन भर पीड़ित रहता है।

नवीन सहस्त्राब्दी (21वीं सदी) की शुरुआत तक भारत को पोलियों से पूर्ण मुक्ति दिलाने हेतु वर्ष 1995 से निरन्तर प्रतिवष्र पलस पोलियों टीकाकरण अभियान चलाया जाता रहा हे, जिसमें प्रतिवर्ष दो चरणोंमें एक निश्चित दिवस को पहले 3 वर्ष व बाद में 5 वर्ष तक के सभी बच्चों को बूथ पर पोलियों की अतिरिक्त खुराकें पिलाई जाती हैं, जिससे पोलियों रोग से ग्रसित होने वाले रोगियों की संख्या में काफी गिरावट आई है।

समेकित बाल विकास सेवाएँ

आंगनवाड़ी केन्द्रों के माध्यम से बच्चों के स्वासयि, पोषण, शिक्षा आदि की यह एक विलक्षण योजना है। इसका संचालन महिला एवं बाल विकास विभाग द्वारा किया जाता है।

उद्देश्य

इस कार्य क्रम मुख्य उद्देश्य निम्नलिखित है–

1. 6 वर्ष की आयु वर्ग के बच्चों का पोषण एवं स्वासयि की स्थिति सुधारना।

2. बाल मृतयु रुग्णता, कुपोषण व स्कूल छोड़ने वाले बच्चों की संख्या में कमी करना।

3. बच्चों में उचित मनोवैज्ञानिक, शारीकिर व सामाजिक विकास की नीवं डालना।

4. बाल विकास को प्रोत्साहन देने के लिए विभिन्न विभागों में परस्पर नीति एवं उनके क्रियान्वयन में प्रभावकारी समन्वय स्थापित करना।

5. उचित पोषाहार एवं पौष्टिक आवश्यकताओं की देखभाल के लिए माताओं को योग्य बनाना।

सुविधाएँ

इन उद्देश्यों की प्राप्ति हेतु समेकित बाल विकास सेवाओं के अन्तर्गत आंगनबाड़ी केन्द्रों के माध्यम से निम्न सुविधाएँ प्रदान की जाती हैं-

1. स्वास्थ्य जांच,
2. बच्चों का टीकाकरण,
3. पोषाहार एवं स्वास्थ्य संबंधी शिक्षा,
4. 300 दिवस के लिये बच्चों व महिलाओं को पोषाहार,
5. बच्चों एवं महिलाओं के स्वास्थ्य की जांच करना,
6. अनौपचारिक स्कूल पूर्व शिक्षा की व्यवस्था करना।

प्रक्रिया

प्रत्येक जिले में ग्राम स्तर पर आंगनबाड़ी केन्द्रों का संचालन आंगनबाड़ी कार्यक्रर्त्ता एवं आंगनबाड़ी सहायक के माध्यम से किया जाता है एवं केन्द्रों पर प्रतिदिन समेकित बाल विकास गतिविधियाँ क्रियान्वित की जाती हैं। इस हेतु राज्य सरकार की ओर से कार्यकर्त्ताओं को मेडिकल किट, दवाइयाँ, बच्चों को तोलने की मशीन एवं धात्री महिलाओं के लिए आहार आदि के वितरण की व्यवस्था की जाती है।

कार्यों के सुपरविजन हेतु महिला सुपरवाइजर भी नियुक्त की जाती है तथाआंगनबाड़ी कार्यकर्त्ताओं एवं सहायिकाओं को समय-समय पर प्रशिक्षित किया जाता है। प्रत्येक परियोजना स्तर पर संचालित किये जा रहे समस्त कार्यों की देखभाल बाल विकास परियोजना अधिकारी द्वारा की जाती है।जिला स्तर पर कार्यक्रम को समन्वित करने की जिम्मेदारी क्षेत्रीय उप निदेशक द्वारा निर्वाह की जाती है।

महिला विकास कार्यक्रम

महिलाओं में चेतना पेदा करने एवं उन्हें विकास की मुख्य धारा से जोड़ने के लिए वर्ष 1984 में राजस्थान सरकार द्वारा यूनिसेफ के सहयोग से 5 जिलों में प्रायोगिक तौर पर महिला विकास कार्यक्रम प्रारंभ किया गया था। कार्यक्रम की अभूतपूर्व सफलता को देखते हुए कार्यक्रम का धीरे-धीरे विस्तार किया गया एवं वर्तमान में महिला विकास

कार्यक्रम राज्य के सभी जिलों में जिला महिला विकास अभिकरण के माध्यम से संचालित किया जा रहा है।

महिला विकास कार्यक्रम के उद्देश्य

1. महिलाओं एवं बच्चों को शिक्षा हेतु प्रेरित करना।

2. महिलाओं एवं बच्चों को स्वास्थ्य एवं पोषण के प्रति जागरूक करना।

3. महिलाओं की आर्थिक स्थिति को सुधारने के लिए उन्हें विकास के विभिन्न कार्यक्रमों से जोड़ना।

4. विभिन्न एजेंसियों से समन्वयन स्थापित कर महिलाओं एवं बच्चों को शिक्षा, स्वास्थ्य एवं रोजगार सेवाएं उपलब्ध करवाना।

5. महिला विकास के महत्त्वपूर्ण व प्रत्यक्ष कार्यक्रमों की पहचान करना तथा महिलाओं के लाभार्थ इन कार्यक्रमों को गति देना। महिलाओं के लिए आर्थिक एवं सामाजिक विकास के कार्यक्रमों का आयोजन करना।

6. महिलाओं को सर्वांगीण विकास कर समाज में उनका अस्तित्व स्थापित करना।

कार्यक्रम की प्रक्रिया

महिला विकास कार्यक्रम के उद्देश्यों की प्राप्ति हेतु ग्राम स्तर पर महिला समूहों का गठन किया जाता है। इन महिला समूहों को कार्यक्रम के अन्तर्गत संचालित विभिन्न गतिविधियों के माध्यम से आर्थिक, सामाजिक और राजनैतिक सशक्तिकरण प्रदान किया जाता है।

महिला विकास सुपरवाइजर 'प्रचेता' नियमित रूप से इन महिलाओं से सम्पर्क स्थापित कर महिला समूहों की विभिन्न गतिविधियाँ संचालित करवाने में सहायताप्रदान करती है तथा महिला समूहों को दिशा-निर्देश प्रदान करती है। जिला स्तर पर कार्यक्रम से संबंधित समस्त प्रशासनिक कार्य परियोजना निर्देशक द्वारा निर्वहन किये जाते हैं।

आयोज्य कार्यक्रम

महिला विकास अभिकरण के माध्यम से महिलाओं को शिक्षा, स्वास्थ्य एवं रोजगार से संबंधित विभिन्न विषयों पर जानकारी उपलब्ध करवाने एवं विभिन्न प्रकार की सहायता उपलब्ध करवाकर समाज में उनका अस्तित्व स्थापित करने के उद्देश्य के कई प्रकार के कार्यक्रम आयोजित करवाये जाते हैं, जिनमें से प्रमुख निम्नानुसार हैं-

1. जाजम बैठक

2. शिविर आयोजन

3. कार्यशाला आयोजन

4. महिलाहओं के सामाजिक एवं आर्थिक विकास हेतु विभिन्न प्रकार के प्रशिक्षण का आयोजन।

5. महिला विकास कार्यक्रम से संबंधित विभिन्न विषयों पर विभिन्न विभागों, जनप्रतिनिधियों, अन्य एजेंसियों का आमुखीकरण।

6. महिला विकास से संबंधित मुद्दों पर सकारात्मक वातावरण निम्रण हेतु रैली, नुक्कड़-नाटक, सांस्कृतिक कार्यक्रम आदि का आयोजन।

7. बाल विवाह, बेमेल विवाह, दहेज प्रथा, मृत्यु भोज, पदार्थ प्रथा आदि सामाजिक कुरीतियों के निवारण हेतु अभियान संचालन।

8. लैंगिक असमानता के निवारण हेतु कार्यक्रम आयोजन।

9. बाल अधिकारी संरक्षण हेतु कार्य्क्रम आयोजन।

10. पर्यावरण, एड्स, साक्षरता एवं अन्य विभिन्न राष्ट्रीय कार्यक्रमों का आयोजन।

सामूहिक विवाह प्रोत्साहन कार्यक्रम

विवाहों पर होने वाला व्यय आम आदमी के लिए अत्यन्त कष्टप्रद है। इस व्यय को रोकने के लिए निर्धन व्यक्तियों को विवाह-व्यय में राहत प्रदान करने के लिए सन् 1996-97 से यह कार्यक्रम प्रारम्भ किया गया है।

पात्रता

1. 10 जोड़ों के सामूहिक विवाह पर पंजीकृत संगठनों, संस्थाओं, आयोजकों को अनुदान देय होगा।

2. विवाह जोड़ों में लड़की की उम्र कम से कम 18 वर्ष तथा लड़के की उम्र कम से कम 21 वर्ष होनी चाहिए।

आवेदन की प्रक्रिया

1. आवेदन दो प्रतियों में निर्धारित प्रपत्र में भरा जाकर आयोजन से कम से कम 1 दिन पूर्व जिला कलेक्टर को प्रस्तुत किया जाता है।

2. जिला कलेक्टर द्वारा प्रस्ताव परियोजना निदेशक, जिला महिला विकास अभिकरण को सत्यापन हेतु प्रेषित किया जाता है।

3. आयोजन के प्रश्चात् परियोजना निदेशक द्वारा प्रस्ताव सत्यापित कर अनुशंषा सहित जिला कलेक्टर को प्रस्तुत जाता है।

अनुदान की स्वीकृति

1. प्रत्येक आयोजनकर्त्ता/संस्था/संगठन/आयोजक को सामूहिक विवाह में सम्मिलित दम्पत्तियों की संख्या के अनुसार प्रति दम्पत्ति 1000रु. धनराशि देय होती है, परन्तु प्रत्येक आयोजन पर अधिकतम 50,000 रु. की धनराशि से अधिक देय नहीं है।

2. उक्त अनुदान राशि ड्राफ्ट/चैक के माध्यम से आयोजन के पश्चातृ देय होगी।

3. अनुदान राशि की स्वीकृत जिला कलेक्टर के द्वारा दी जाती है।

4. अनुदान राशि जिला महिला विकास अभिकरण के माध्यम से देय होती है।

विधवा की पुत्रियों के विवाह हेतु अनुदान

ऐसी विधवा महिलाएँ, जिनकी आय रु. 1000 मासिक से अधिक न हो, की पुत्रियों के विवाह के लिये अधिकतम दो पुत्रियों तक रु. 5000-5000 प्रति पुत्री के विवाह के लिये विभाग द्वारा अनुदान स्वीकृत किया जाता है।

पात्रता

विभाग द्वारा निर्धारित प्रारूप में आवेदन पत्र नि:शुल्क उपलब्ध कराया जाता है, जिसे भरकर पुन: विभाग में देना होता है।

आवेदिका को आवेदन पत्र में निम्न पूर्ति करानी चाहिये।

1. पति की मृत्यु का प्रमाण पत्र

2. आय प्रमाण पत्र

3. पुत्री की उम्र का प्रमाण पत्र (18 वर्ष से कम न हो)

4. वर की उम्र का प्रमाण पत्र (21 वर्ष से कम न हो)

5. आवेदन पत्र में निर्धारित कॉलम में जिला परिषद सदस्य/सरपंच/पार्षद से प्रमाणीकरण करावें।

6. कॉलम 5 को पूर्ति के बाद विधेयक/प्रधान की अभिशंषा करावें।

7. राशि का भुगतान डिमांड ड्राफ्ट द्वारा किया जायेगा।

8. आवेदन विाह के एक माह पूर्व करें।

विकलांग विवाह अनुदान

विकलांग व्यक्ति से विवाह हेतु प्रोत्साहन दिये जाने बाबत सुखद जीवन योजना के अन्तर्गत रु. 5000 का अनुदान विकलांग विवाह पर दिया जाता है, जिसमें वर या बधू दोनों में से एक का विकलांग होना आवश्यक है।

पात्रता

1. इस विवाह हेतु प्रस्तावित व्यक्ति किसी भी जाति से संबंधित हो सकते हैं।

2. आवेदक का विकलांगता प्रमाण पत्र संलग्र करें तथा आवेदन पत्र सादे कागज पर प्रस्तुत किया जा सकता है।

3. विवाह की प्रामाणिकता सरपंच/जिला परिषद् सदस्य/पार्षद/प्रधान/विधायक आदि में से किसी एक से करायी जा सकती है।

4. प्रस्तावित जोड़े की उम्र बधू 18 वर्ष एवं वर 21 वर्ष का होना चाहिये, का प्रमाण-पत्र संलग्न करें।

5. इस अनुदान की स्वीकृति निदेशायल, जयपुर से की जाती है, अत: निदेशालय से प्राप्त स्वीकृत एवं डिमांड ड्राफ्ट की प्राप्ति के बाद ही लाभांवित किया जायेगा।

लोक जुम्बिश

यह एक जन आन्दोलन का नाम है। शब्द 'लोक' का अर्थ है 'जन' तथा 'जुम्बिश' का अर्थ है 'आन्दोलन'। इस आन्दोलन का मुख्य ध्येय बालक-बालिकाओं को समुचित रूप से प्राथमिक शिक्षा उपलब्ध कराना रहा है।

लोक जुम्बिश की गतिविधियाँ

लोक जुम्बिश को गतिविधियाँ तथा उनको क्रियान्वित करने का तरीका निम्नानुसार हे-

1. **महिला विकास**-लोगों में महिलाओं के बारे में, विशेषकर बालिकाओं की शिक्षा के बारे में सकारात्मक सोच उभरे, इसके लिए गांवों में महिला समूहों का गठन

किया जाता है। ग्राम सभा में बातचीत की जाती है तथा पुरुषों को समझाने की कोशिश की जाती है। महिलाएँ पुरुष के बराबर कार्य करती हैं, जिम्मेंदारी संभालती हैं तथा ऐसा कोई कारण नहीं है कि उन्हें पुरुषों के मुकाबले कमजोर अथवा असमान समझा जाये।

2. **शाला मानचित्र**-गांव में प्रेरक दल का गठन किया जाता हे, जिसके 8-10 सदस्यों में एसक-तिहाई महिला सदस्य होती हैं। यह प्रेरक दल गांववार तथा परिवार सर्वे करता है, जिसके आधार पर कोशिश की जाती है कि उन सभी गांवों, ढाणियों, मंजरों, चकों, पुलों आदि में, जहाँ विद्यालय नहीं है, वहाँ प्राथमिक विद्यालय, शिक्षाकर्मी शाला अथवा अनौपचारिक शिक्षा केन्द्र खोलने के लिए मानदंड तक किये जायें।

3. **सूक्ष्म नियोजन**-हर परिवार के बालक-बालिकाओं के नामांकन, नियमित उपस्थिति व प्राथमिक स्तर की शिक्षा पूरी करने की ओर प्रतिबद्धता से ध्यान देने के लिए शाला मानचित्र तैयार करने के साथ-साथ हर परिवार को उनके बच्चों को शिक्षा के लिए उनकी अपनी जिम्मेदारी का अहसास करवाया जाता है।

4. **शिक्षक को उचित सम्मान देना**-लोक जुम्बिश में शिक्षकों के लिए भर्त्सना के वातावरण को समाप्त कर शैक्षिक नियोजन तथा क्रियान्वयन के हर पहलू पर उनकी भागीदारी प्राप्त करने की कोशिश की जाती है।

5. **प्राथमिक शिक्षा स्तर को ऊँचा उठाना**-

क. शाला भवनों का सुधार

ख. शिक्षकों का प्रशिक्षण

ग. न्यूनतम अधिगम स्तर लागू करना

घ. पाठ्य पुस्तकें दिलवाना

ड़. शाला उपकरण उपलबध करवाना

च. **अनौपचारिक शिक्षा**- 6 से 14 वर्ष की आयु वर्ग के बच्चे, जो किन्हीं अपरिहार्य कारणों से अनौपचारिक रूप से शिक्षा ग्रहण नहीं कर पाते हैं, उनके लिए अनौपचारिक शिक्षा के माध्यम से शिक्षा की व्यवस्था करना।

छ. अनुसूचित जाति/जनजाति के लिए विशेष कार्यक्रम।

लोक जुम्बिश का विशेष प्रयत्न है कि इन जातियों की बच्चियों की शिक्षा में आ रही कठिनाइयों को दूर कर इन्हें अन्य वर्गों के बालक-बालिकाओं के बराबर शिक्षा की

सुविधा उपलब्ध करवाना तथा जरूरत पड़ने पर निःशुल्क परिधान तथा छात्रावास एवं आश्रम शालाएँ चलाने की व्यवस्था करना।

परियोजना के चरण

लोक जुम्बिश परियोजना सन् 1992 से शुरू होकर विभिन्न चरणों में क्रियान्वित होकर सन् 2000 तक राजस्थान के सभी हिस्सों में पहुँच जाएगी।

सरस्वती योजना

"सरस्वती योजना" ग्रामीण क्षेत्र में बालिकाओं के लिए शिक्षा के सार्वजनीकरण हेतु नवीनतम कड़ी है। ग्रामीण क्षेत्र की आठवीं कक्षा उत्तीर्ण महिला कम से कम दस बालिकाओं को लेकर अपने निवास अथवा स्थानीय स्तर पर सरस्वती विद्यालय प्रारंभ करती है। सरस्वती विद्यालय चलाने वाली महिला को सरस्वती बहिन कहा जाता है।

वित्तीय प्रावधान

सरस्वती विद्यालय चलाने वाली सरस्वती बहिन को 600/- रु., विद्यालय सामग्री हेतु प्रदान किये जाते हैं। मानदेय के रूप में सरस्वती बहिन को तीन साल के लिए 4000/- रु. दिये जाते हें जो क्रमशः 1000/- रु., 1500/- रु. तथा 1500/- रु. प्रथम, द्वितीय एवं तृतीय किश्त के रूप में दिये जाते हैं।

प्रशासनिक व्यवस्था

उपजिला शिक्षा अधिकारी तथा पंचायत समिति के शिक्षा प्रसार अधिकारी इनका परिवीक्षण कर सकते हैं। सरस्वती बहिन दस अथवड उसके अधिक बालिकाओं के केन्द्र परपढ़ाती है। कक्षा प्रथम एवं द्वितीय की परीक्षा सरस्वती बहिन अपने स्तर पर लेती है तथा कक्षा तीन से पांच तक की परीक्षाएँ समान परीक्षा योजना के तहत नजदीकी प्राथमिक विद्यालय में बालिकाओं को नामांकित करवा कर सम्पन्न करवाती है। सरस्वती बहिन, बालिकाओं को पढ़ाने की फीस लेने के लिए स्वतंत्र होती है।

नवोदय विद्यालय

राष्ट्रीय एकता को प्रोत्साहित करने तथा प्रतिभाशाली छात्रों को अपनी पूर्ण क्षमता विकसित करने के अवसर प्रदान करने के लिए भारत सरकार ने प्रत्येक जिलें में एक आवासीय विद्यालय 'नवोदय विद्यालय' के नाम से प्रारंभ किया है। संबंधित जिले के छात्र-छात्राओं को चयन उपरांत अधिकतम 80 विद्यार्थियों को कक्षा 6 में प्रवेश दिया जाता है। प्रवेश हेतु चयन परीक्षा आयोजित की जाती है। 75% स्थान ग्रामीण क्षेत्र के बालक-बालिकाओं के लिए निर्धारित हैं। अनुसूचित जाति/जनजाति के विद्यार्थियों के

लिए भी आरक्षण व्यवस्था है। इन विद्यालयों में अध्ययनरत विद्यार्थियों को शिक्षा, आवास, पोशाक, पाठ्यपुस्तकें, लेखन सामग्री, आने व जाने का रेल/बस किराया आदि नि:शुल्क उपलबध करवाया जाता है। इन विद्यालयों में कक्षा 6 से 12 के विद्यार्थियों की अध्ययन व्यवस्था है।

राजीव गांधी स्वर्ण जयन्ती पाठशाला

प्रारम्भिक शिक्षा के सार्वजनीकरण की दिशा में अनेक प्रयासों के बावजूद हम इसके निर्धारित लक्ष्यों को प्राप्त नहीं कर पा रहे थे। राजकीय विद्यालयों के साथ-साथ लेक जुम्बिश, शिक्षा कर्मी योजना, डीपीईपी, अनिवार्य शिक्षा, अनोपचारिक शिक्षा, साक्षरता, आंगनबाड़ी और न जाने कितने नाम पथथमिक शिक्षा के सार्वजनीकरण के लक्ष्यों के प्राप्ति की दिशा में जुड़ते रहे हैं, किन्तु परिणाम कुछ विशेष उल्लेखनीय नहीं निकले।

राजस्थान स्थापना की स्वर्ण जयन्ती के सुअवसर पर राज्य सरकार ने इन उद्देश्यों की पूर्ति हेतु दृढ़ संकल्प से बालकों को शाला में लाने की बजाय शालाओं को बालकों के घरों तक ले जाने की निर्णय लिया, जिसके फलस्वरूप राजस्थान राज्य आज शालामय हो गया है। ढ़ाणी-ढ़ाणी, बस्ती-बस्ती, मजरे, मोहल्लों, वार्डों, का चयन कर प्राथमिक शिक्षा सुविधा उपलब्ध कराने का राज्य सरकार ने निर्णय कर 16000 शिक्षा केन्द्र खोलने की घोषणा की एवं इन शिक्षा केन्द्रों का नाम ''राजीव गांधी स्वणँ जयंती पाठशाला'' रखा गया। पूर्व की स्थितित एवं अनुभवों के आधार पर यह भी निर्णय लिया गया कि इन पाठशालाओं में शिक्षण कार्य करने की स्वीकृति दी जाये ताकि बालक/बालिकाओं का नियमित कार्य चलता रहे।

राजीव गांधी स्वर्ण जयंती पाठशाला कहाँ-कहाँ-ऐसे विद्यालय-विहीन ग्राम, ढ़ाणी, मजरे, बस्ती, मोहल्ले में जहां-

सामान्य क्षेत्र 200 की आबादी वाले ग्राम-ढ़ाणियों में 6 से 11 वर्ष की आयु वर्ग के 40 बच्चे उपलब्ध हों, एवं जिसकी एक किलोमीटर की परिधि में किसी प्रकार की शिक्षहण सुविधा उपलब्ध न हो।

मरुस्थलीय/जनजाति/मगरा/डांग क्षेत्रों में 150 की आबदी वाले ग्राम/ढ़ाणी/मजरों 6-11 आयु वर्ग के 25 बच्चे उपलब्ध हों एवं जिसकी एक किलोमीटर की परिधि में शिक्षण सुविधा उपलब्ध न हो।

राजीव गांधी स्वर्ण जयंती पाइशाला-स्थान का चयन कैसे-प्रत्येक ग्रांम पंचायत में सर्वप्रथम 2 अध्यापकों को क्षेत्र का सर्वे कराने हेतु लगाया गया जिसमें शिक्षा के क्षेत्र

से जुड़ी समस्त शिक्षण संस्थाओं का विस्तृत विवरण तेयार कर निर्धारित मापदण्ड की पूर्ति वाले स्थान एवं शिक्षा सहयोगियों के चयन व प्राथिमिकताओं को सुनिश्चित किये गए जो दिनांक 30.04.99 तक कर लिया गया।

दिनांक 1.5.99 को एक साथ राज्यभर में ग्राम सभा का आयोजन किया गया। इसमें अधिक से अधिक स्थानीय निवासी भाग लें यह सुनिश्चित किया गया। इस सभा में अध्यापक द्वारा तैयार विवरण एवं प्राथमिकताों को पढ़कर सुनाया गया, जिसमें से ग्राम सभा द्वारा उक्त प्राथमिकताओं में से सर्वोच्च प्राथमिकता वो स्थान का पाठशाला खोनले हेतु चयन किया गया।

जिन ग्राम, ढाणी, बस्ती में उक्त राजीव गांधी स्वर्ण जयंती पाठशालाएँ खोली जानी थीं उन वार्ड के वयस्क निवासियों द्वारा उसी दिन आम सभाका आयोजन किया गया, जिनमें उक्त प्रस्तावानुसार सूचना देने केउपरानत यह सुनिश्चित किया गया कि वहाँ पर 6-11 आयु वर्ग के 40/25 बालक/बालिकाएँ उपलब्ध हैं एवं एक किलोमीटर की परिधि में कोई शिक्षण सुविधा नहीं है। इस सभा का संचालन पंचायत समिति के अधिकृत प्रतिनिधि द्वारा किया गया।

आम सभा में शिक्षा सहयोगी के चयन के बारे में निर्धारित योग्यता, वरीयता, सेवा शर्तों की घोषणाएँ की जाकर योग्य आशार्थियों के आवेदन पत्र उसी आम सभा में प्राप्त कर उनका परीक्षण कर वरीयता सूची तैयार की गई तथा 1200 रुपये प्रतिमाह के मानदेय पर शिक्षा सहयोगी का चयन किया जाकर उनके वचन पत्र भरवाया जायेगा।

शाला भवन की व्यवस्था-कैसे-वार्ड सभा के प्रस्ताव में ही शाला भवन के स्थान का चयन किया गया। सार्वजकिन भूमि उपलब्ध न होने की स्थिति में दानदाताओं से भी भूमि इस हेतु ली गई। भवन पूर्णरूपेण यदि कोई दानदाता दे तो प्राथमिकता ऐसे प्रस्ताव को देने का भी प्रावधान है।

सावर्जनिक स्थान पर भवन निम्रण हेतु धनराशि का प्रावधान दसवें वित्त आयोग/राज्य वित्त आयोग की राशि में से किया गया एवं मजदूरी पर व्यय अकाल राहत के अन्तर्गत स्वीकृत किया गया। भवनों का निम्रण स्वीकृत विभागीय अनुसार किया गया है। लोक जुम्बिश, डीपीईपी अन्तर्गत स्वीकृत भवन निम्रण उस परियोजना कार्यक्रम के अनुमोदित नक्शे के अनुसार हुए हैं।

शिक्षण कार्य-किसके द्वारा-इन पाठशालाओं में स्थानीय निवासियों को ही प्राथमिकता दी जाकर राजय सरकार द्वारा इनसे शिक्षण कार्य करवाने का निर्णय लिया गया ताकि पाठशालओं में इनकी लगातार उपस्थिति के फलस्वरूप बालक/बालिकाओं

के नामांकन एवं ठहराव में वृद्धि हो सके। यह शिक्षक स्वयं के लिए ''शिक्षा सहयोगी'' कहलाते हैं।

शिक्षा सहयोगी–कौन कैसे–शिक्षा सहयोगी हेतु न्यूनतम शैक्षणिक योग्यता सीनियर सैकण्डरी/हायर सैकण्डरी होगी। दुर्गम, दूरस्थ रेगिस्तानी एवं जनजातीय क्षेत्रों/स्थानों पर न्यूनतम योग्यता आठवीं पास है परन्तु संबंधित वर्ग में अधिकतम योग्य आशीर्थी का चयन किया गया है। ये शिक्षा सहयोगी उसी ढाणी, बस्ती, ग्राम वार्ड के निवासी हैं जहाँ राजीव गांधी स्वर्ण जयंती पाठशाला खोली गई है।

अनुसूचित जाति/जनजाति/अन्य पिछड़ा वर्ग/महिला की श्रेणी हेतु जो कोई वार्ड आरक्षित है वहाँ उसी वर्ग के शिक्षा सहयोगी का चयन करने का प्रावधान है जिसमें महिलाओं में विधवा/परित्यक्ता को प्राथमिकता दी जाती है। आरक्षित श्रेणी में योग्य आशार्थियों के उपलब्ध न होने की स्थिति में अन्य श्रेणी के आशार्थियों का चयन किया जा सकता है।

शिक्षा सहयोगगियों का चयन–किनके द्वारा–इस हेतु चयन समिति का गठन निम्नानुसार किया गया–

1.	सरपंच	अध्यक्ष
2.	ग्राम सेवक	सचिव
3.	वार्ड पंच	सदस्य
4.	नजदीकी विद्यालय का प्रधानाध्यापक	सदस्य
5.	वार्ड में कार्यरत महिला कर्मचारी जिसका मनोनयन विकास अधिकारी करेगा	सदस्य
6.	विकास अधिकारी का प्रतिनिधि	सदस्य

चयन समिति द्वारा मूल प्रमाणपत्रों की जांच भली प्रकार कर शिक्षा सहयोगियों को 1200/– रुपये प्रतिमाह मानदेयग्राम पंचायत पर किया गया है। शिक्षा में गुणवत्ता की दृष्टि से अप्रशिक्षित शिक्षा सहयोगियों को एक माह का शिक्षण–प्रशिक्षण भी दिया गया है तथा एक सप्ताह का अभिमुखीकरण प्रशिक्षण भी दिया गया है।

शिक्षण समाग्री–इन पाठशालाओं हेतु न्यूनतम आवश्यक शि ़ाण सामग्री की उपलब्धता हेतु 4550 रुपये प्रति पाठशाला का प्रावधान रखा गया है।

राष्ट्रीय बचत योजनाएँ

अधिकांश व्यक्ति अपनी दैनिक आवश्यकताओं की पूर्ति करने के साथ अपनी आय में से थोड़ी-थोड़ी बचत करते हैं। आज के संदर्भ में भावी जीवन की अनिश्चितताओं को ध्यान में रखते हुए बचत अनिवार्य अंग बन गया है। प्रतिस्पर्धा के इस युग में व्यक्ति को जीवन में हर कदम पर धन कीआवश्यकता होती है, जिसकी पूर्ति आय में से नियमित बचत से ही संभव है। यही बचत भविष्य की आवश्यकतओं को पूरा करके एक सुखद जीवन प्रदान करती हे।

वैसे तो बचत के अनेक उपाय हैं जेसे-डाकघर, शेयर बाजार,बैंक में जमा कराना, जीवन बीमा आदि। किन्तु इनमें से डाकघर अल्प बचत योजनाएँ सर्वश्रेष्ठ हैं। इन योजनाओं में धनराशि सुरक्षित रहने का साथ ही पूंजी बाजार विषयक जोखिम नहीं रहती, साथ ही आकर्षक बयाज, आयकर में राहत, बनोस व बीमा सुविधा भी उपलब्ध है। साथ ही इन योजना में जममा राशि का 80% दीर्घकालीन ऋण के रूप में केन्द्र सरकार से राज्य सरकार को उपलब्ध होता है, जो किप देश के विकास कार्यों में काम आती है। अल्प बचत की कई योजनाएँ हैं, जिनमें अपनी सुविधानुसार राशि जमा कराई जा सकती है।

1. किसान विकास पत्र

किसान विकास पत्र किसी भी उप डाकघर से एक आवेदन पत्र प्रस्तुत कर प्राप्त किये जा सकते हैं। ये 500, 1000, 5000, 10,000 एवं 50,000 रु. मूल्य वर्ग में उपलब्ध हो सकते हैं। इनमें जमा राशि साढ़े छः वर्ष में दुगुनी होती है तथा ढ़ाई वर्ष बाद भी जमा राशि ब्याज सहित वापस प्राप्त ही जा सकती है। किसान विकास पत्र में कोई भी व्यक्ति स्वयं के नाम से अथवा संयुक्त नाम से कितनी भी राशि जमा

2. डाकघर आवर्ती जमा खाता

डाकघर आवर्ती जमा खाता किसी भी डाकघर में न्यूनतम 10/- रु. तथा इसके पश्चात् 5/- रु1 की गुणक राशि में कितनी भी राशि से खोला जासकता है। जितनी राशि से खाता खोला गया है उतनी राशि.प्रमिमाह डाकघर में 5 वर्ष तक जमा करानी होगी। इस खाते पर 10.5% वार्षिक दर से ब्याज देय है। 100/- रु. के खाते पर 5 वर्ष बाद रु. 7896 देय होते हैं।

3. डाकघर मासिक आय योजना

इस योजना में न्यूनतम रु. 6000/- तथा इसके गुणक में राशि जमा कराई जा सकती है। कोई भी व्यक्ति एकल नाम से 3 लाख रु. व संयुक्त जमा से 6 लाख रु. तक

जमा करा सकता है। जमा राशि पर 11% वार्षिक की दर से प्रतिमाह ब्याज डाकघर से प्राप्त किया जा सकता है। जैसे 6000 रु. की जमा राशि पर 55 रु. प्रतिमहा ब्याज देय है। इसके अतिरिक्त जाम राशि पर 6 बर्ष पश्चात् 10% बोनस देय है। आवश्यकता पड़ने पर एक वर्ष पश्चात् 5% कटौती करके व तीन वर्ष बाद पूरी जमा राशि वापस प्राप्त की जा सकती है। सेवानिवृत्त व्यक्तियों के लिये एक आदर्श योजना है।

4. राष्ट्रीय बचत पत्र (आठवां निर्गम)

राष्ट्रीय बचत पत्र में मा राशि पर आयकर की धारा 88 एवं 88 एल के अन्तर्गत आयकर में छूट प्रदत्त हैं। राष्ट्रीय बचत पत्र किसी भी उप डाकघर से आवेदन पत्र भरकर 100, 500, 1000, 5000, 10,000 के मूल्य वर्ग में प्राप्त किये जा सकते हैं। इसमें जमा राशि पर 11% वार्षिक की दर से बयाज देय है। रु. 1000 का छः वर्ष पश्चात् 1901.20 रु. देय है।

5. डाकघर बचत खाता

डाकघर बचत खाता किसी भी डाकघर में खोला जा सकता है। इस पर 4.5% प्रतिवर्ष की दर से जमा राशि पर बयाज देय है। चैक सुविधा उपलब्ध है तथा जमा राशि पर बयाज पूर्णतः कर मुक्त है।

6. डाकघर सावधि जमा खाता

अल्प समय के लिए डाकर विनियोजन हेतु 1, 2, 3 व 5 वर्षीय सावधि जमा खाते में राशि जमा कराई जा सकती है। उस खाते में जमा राशि पर तिमाही आधार पर बयाज प्रतिवर्ष देय है। वर्तमान में इस खाते में जमा राशि में जमा पर बयाज की देरें निम्न प्रकार हैं–

(1) एक वर्षीय सावधि जमा खाता 85%

(2) दो वर्षीय जमा खाता 9%

(3) तीन वर्षीय सावधि जमा खता 10%

(4) पांच वर्षीय सावधि जमा खाता 10.5%

7. पन्द्रह वर्षीय लोक भविष्य निधि खाता

आयकरदाताओं के लिए एक आदर्श योजना है। इस योजना में प्रतिवर्ष न्यूनतम 100 रु. व अधिकतम 60,000 रु. तक जमा कराए जा सकते हैं। जमा राशि पर आयकर की धारा 88 के अन्तर्गत छूट उपलबध है। जमा राशि पर 11% वार्षिक की दर से बयाज

देय है, जो कि पूर्णतः कर मुक्त है। खाते में जमा राशि में से तीन वर्ष पश्चात् ऋण लेने की सुविधा है तथा छः वर्ष प्रश्चात् प्रतिवर्ष खातें में एक बार राशि निकलावाने की भी सुविधा है।

8. राष्ट्रीय बचत योजना–1992

इसमें जमा राशि पर 10.5% वार्षिक की दर से ब्याज देय हे तथा जमा राशि चार वर्ष के बाद निकाली जा सकती है तथा जमा राशि पर आयकर की धारा 99 के अन्तर्गत छूट उपलबध है। इसके अतिरिक्त उक्त अलप बचत योजनाओं पर धनराशि जमा कराने पर राज्य सरकार द्वारा समय–समय पर जारी उपहार कूपन योजनाओं एवं अन्य प्रोत्साहन योजनाओं के लाभ भी प्राप्त किए जा सकते हें।

योजना का क्रियान्वयन

अल्प बचत की योजनाओं का क्रियान्वयन पोस्ट ऑफिस के माध्यम से समस्त उपखण्ड अधिकारियों, तहसीलदारों, विकास अधिकारियों एवं जिला अल्प बचत अधिकारी जिलाधीश कार्यालय द्वारा किया जाता है। इन योजनाओं एवं कार्यक्रमों के अलावा और भी अनेक योजनायें एवं कार्यक्रम हैं जो जनहित में चलाये जा रहे हैं।

2

ग्रामीण विकास में अर्थव्यवस्था

कृषि विकास के लिए नई कृषि नीति को अपनाया गया जिससे देश में हरित क्रान्ति का प्रादुर्भाव हुआ। इस हरित क्रान्ति में कृषि तथा उससे सम्बद्ध क्षेत्र के विकास के लिए कार्यक्रम बनाए गए।

1. आर्थिक सुधारों के कार्यक्रम—जुलाई, 1991 से भारत में आर्थिक सुधारों के कार्यक्रमों को अपनाया गया है जिसके अन्तर्गत आर्थिक उदारीकरण का मार्ग अपनाया गया है। सरकार निजीकरण, बाजारीकरण व अन्तर्राष्ट्रीयकरण पर बल देने लगी है। औद्योगिक क्षेत्र, विदेशी व्यापार क्षेत्र, राजकोषीय क्षेत्र, वित्तीय व बैंकिंग क्षेत्र में उदार नीतियाँ अपनायी जाने लगी हैं। प्रतिस्पर्धा व कार्यकुशलता बढ़ाने पर बल दिया जा रहा है।

2. कृषिगत उत्पादन में वृद्धि—कृषिगत उत्पादन में वृद्धि भी भारत की विकासशील अर्थव्यवस्था का सूचक है। योजनाकाल के प्रथम तीन दशकों में कृषिगत उत्पादन 2.7% वार्षिक दर से बढ़ा तथा यह लगभग दुगुना हो गया। खाद्यान्नों का उत्पादन 1950-51 में 5.1 करोड़ टन से बढ़कर 1999-2000 में 20.9 करोड़ टन

हो गया है। भारत खाद्यान्नों में आत्मनिर्भरता के स्तर तक जा पहुँचा है, हालांकि सूखे व अकाल के वर्षों में खाद्यान्नों का आयात करना पड़ता है ताकि इनकी कमी न रहे। योजनाकाल में कपास का उत्पादन चार गुना, जूट व मेस्टा का तिगुना व गन्ने का 4.5 गुना हो गया है।

3. कृषि का आधुनिकीकरण—भारतीय कृषि अब परम्परागत स्तर से हटकर व्यावसायिक कृषि की ओर मुड़ी है। किसान अब बाजार के लिए फसलें उगाने लगे हैं। हरित क्रान्ति की शुरुआत से कृषि में एक बड़ा परिवर्तन आया है। अधिक उपज देने वाली किस्मों के उपयोग, सिंचाई का विस्तार, साख की मात्रा में वृद्धि, यन्त्रीकरण, कीटनाशक दवाइयों के उपयोग व रासायनिक उर्वरकों के बढ़ते उपभोग ने कृषि की काया पलट कर दी है। सिंचित क्षेत्र 1950-51 में 2.5 करोड़ हैक्टेयर से बढ़कर 1999-2000 में 8.47 करोड़ हैक्टेयर तक जा पहुँचा है। प्रति हैक्टेयर उत्पादन में वृद्धि हुई है। भविष्य में देश के पूर्वी भागों व सूखे क्षेत्रों में कृषि की पैदावार बढ़ाने के प्रयास चल रहे हैं। देश द्वितीय हरित क्रान्ति के दौर में प्रवेश कर रहा है।

4. राष्ट्रीय आय में वृद्धि—गत वर्षों में राष्ट्रीय आय की वृद्धि भारत की विकासशील अर्थव्यवस्था की क्षमता की सूचक है। योजनाकाल में राष्ट्रीय आय में (1980-81 के मूल्यों पर) प्रथम योजना में 3.6 प्रतिशत की वृद्धि हुई थी, जो आठवीं योजना में 6.7 प्रतिशत हो गई। योजनाकाल में पहले की तुलना में तीव्र गति से आर्थिक विकास हुआ है। राष्ट्रीय आय (स्थिर मूल्यों पर) 1999-2000 में 1950-51 की तुलना में 7.64 गुनी तथा प्रति व्यक्ति आय इसी अवधि में 2.77 गुनी हो गई है। 1999-2000 में स्थिर भावों पर राष्ट्रीय आय लगभग 10,112 अरब रुपये व प्रति व्यक्ति आय 10,204 रुपये रही।

5. बचत व विनियोगों में वृद्धि—भारत में सकल घरेलू बचत राष्ट्रीय आय का 1950-51 में 8.9% (नयी सिरीज) थी, जो 1999-2000 में बढ़कर 22.3% हो गई है। यह एक महत्त्वपूर्ण उपलब्धि है। पूँजी-निर्माण या विनियोग की समायोजित दर इसी अवधि में 8.7% से बढ़कर 23.3% हो गई है। इस प्रकार भारत में अधिकांश विकास घरेलू बचतों का उपयोग करके किया गया है। योजनाकाल में बचत व विनियोग की दरों की वृद्धियाँ भारत में विकासशील अर्थव्यवस्था को प्रगट करती है।

6. सामाजिक व आर्थिक आधारभूत ढाँचे का विकास—सामाजिक आधार ढाँचे में शिक्षा, चिकित्सा वगैरह आते हैं तथा आर्थिक आधार-ढाँचे में विद्युत, परिवहन, बैंकिंग वगैरह आते हैं। योजनाकाल में साक्षरता की दर बढ़ी है। यह 2001 में 65.38% रही है जो पहले से अधिक होते हुए भी काफी नीची है।

शक्ति की प्रस्थापित क्षमता 1950-51 में 23 लाख किलोवाट से बढ़कर 1999-2000 में 1130 लाख किलोवाट (लगभग 49 गुनी) हो गयी है। गाँवों के विद्युतीकरण, पम्प सेटों के विस्तार एवं रेल व सड़कों के विस्तार से कृषि व उद्योगों को लाभ पहुँचा है। रेल मार्गों की लम्बाई वर्तमान में 62.9 हजार किमी. से अधिक होने का अनुमान है।

7. औद्योगिक विकास—योजनाकाल में भारत के औद्योगिक विकास में भी वृद्धि हुई है। योजनाकाल में औद्योगिक उत्पादन में काफी विविधता आयी है। कई प्रकार के नये उद्योगों का विकास हुआ है। योजनाकाल में औद्योगिक उत्पादन लगभग छह गुना हो गया है। भारत में तैयार इस्पात का उत्पादन 1950-51 में 10.4 लाख टन से बढ़कर 2000-01 में 2 करोड़ 73 लाख टन, क्रूड तेल का 3 लाख टन से बढ़कर 3 करोड़ 24 लाख टन व कोयले का (लिग्नाइट सहित) 3.2 करोड़ टन से बढ़कर 33.26 करोड़ टन हो गया है।

योजनाकाल में भारत में औद्योगिक ढाँचे का स्वरूप बदल गया है। इसमें उपभोक्ता-वस्तुओं के स्थान पर आधारभूत व पूँजीगत वस्तुओं का स्थान ऊँचा हो गया है। निर्यातों में औद्योगिक माल का अंश बढ़ा है। इस प्रकार भारत में औद्योगीकरण की दिशा में काफी प्रगति हुई है, सार्वजनिक क्षेत्र में विनियोग बढ़ा है तथा निजी क्षेत्र का काफी विस्तार हुआ है।

हाल के वर्षों में भारतीय अर्थव्यवस्था में परिवर्तन—वर्तमान में भारतीय अर्थव्यवस्था ने विकास, आधुनिकीकरण, आत्मनिर्भरता व सामाजिक न्याय की दिशा में कदम बढ़ाये हैं। यह विकासशील देशों में सबसे अधिक विकसित अर्थव्यवस्था मानी जाने लगी है। देश में इंजीनियरों, प्रबन्धकों व उद्यमकर्त्ताओं के नये दल तैयार हुए हैं। कृषि व उद्योग को उधार देने के लिए नये वित्त व विकास निगमों की स्थापना की गई है एवं देश का विदेशी व्यापार (आयात व निर्यात) बढ़े हैं। इस प्रकार अर्थव्यवस्था के विभिन्न क्षेत्रों में हुए परिवर्तनों को देखते हुए यह कहा जा सकता है कि भारत एक पिछड़ा हुआ व अल्पविकसित देश होते हुए भी एक विकासशील देश है। जुलाई, 1991 से आर्थिक सुधारों के फलस्वरूप विदेशी विनिमय कोष 1 अरब डालर से बढ़कर 13 जुलाई, 2001 को 40.8 अरब डालर हो गया है। इसका उचित उपयोग किया जाना आवश्यक है।

भारत में उदारीकरण को बढ़ावा दिया जा रहा है। भारत विकास का मध्यम मार्ग अपनाकर आगे बढ़ रहा है। आर्थिक उदारीकरण की नीति के तहत निजी क्षेत्र को बढ़ावा दिया जा रहा है। बाजार-संयंत्र का अधिक उपयोग किया जा रहा है तथा

देश की अर्थव्यवस्था को विश्व की अर्थव्यवस्था से जोड़ने का प्रयास चल रहा है। भारतीय अर्थव्यवस्था की उपर्युक्त विशेषताओं के कारण इसे एक विकासशील अर्थव्यवस्था कहा जा सकता है।

अक्सर कहा जाता है कि भारत एक धनी देश है, लेकिन भारतवासी निर्धन हैं। इसका अभिप्राय यह है कि प्रकृति ने भारत को अपने उपहार उदारतापूर्वक प्रदान किये हैं, लेकिन उनका ठीक से विदोहन, उपयोग व संरक्षण न कर सकने के कारण देश आर्थिक दृष्टि से निर्धन रह गया है। इस प्रकार भारत में प्राकृतिक सम्पन्नता के बीच निर्धनता व्याप्त है।

प्राकृतिक साधनों की दृष्टि से भारत एक धनी राष्ट्र

प्राकृतिक साधनों की दृष्टि से भारत एक धनी राष्ट्र है, इसका विवेचन निम्नलिखित बिन्दुओं के अन्तर्गत किया जा सकता है–

1. उत्तम भौगोलिक स्थिति—भारत अपनी भौगोलिक स्थिति के कारण धनी है। उत्तरी गोलार्द्ध के पूर्वी देशान्तरों में भारत की मध्यवर्ती स्थिति के कारण यह विश्व के प्रमुख व्यापारिक मार्गों पर पड़ता है। कर्क रेखा के देश के बीचों-बीच गुजरने से भारत में उष्ण व शीतोष्ण जलवायु का श्रेष्ठ संयोग विविध फसलों के उत्पादन एवं उपभोग का अवसर प्रदान करता है।

2. विशाल भू-भाग—भारत की सम्पन्नता इस दृष्टि से भी है कि यह विश्व का एक विशाल भू-भाग है जो विश्व के कुल क्षेत्रफल का 2.4% भाग है, जिसमें विश्व की लगभग 16.87% जनसंख्या रहती है।

3. उपयुक्त धरातल—भारतीय भू-भाग की प्राकृतिक धरातलीय बनावट भी इसे धनी बनाती है। जहाँ एक ओर इसके पर्वतीय एवं पठारी भाग, नदियों के उद्‌गम स्थल, वन सम्पदा व खनिजों के भण्डार हैं, वहाँ दूसरी ओर इसके मैदानी व तटीय भाग कृषि क्षेत्र की दृष्टि से उपयोगी हैं। धरातल की बनावट की भिन्नता विविध फसलों के लिए उपयोगी है।

4. विस्तृत उपजाऊ मैदान—भारत की सम्पन्नता उसके विस्तृत उपजाऊ मैदानों में निहित है जो उसकी विशाल जनसंख्या के जीवनयापन एवं रोजगार का साधन होने के साथ-साथ कृषि की समृद्धि का आधार है। उत्तरी भारत में गंगा, ब्रह्मपुत्र एवं सतलज का 2400 किमी. लम्बा और 250-300 किमी. चौड़ा विश्व का सबसे उपजाऊ मैदान है, जिसमें मुख्यत: चावल, कपास, जूट व गेहूँ आदि फसलें पैदा होती हैं। समुद्रतटीय मैदान भी उपजाऊ है।

5. विपुल खनिज भण्डार—खनिज सम्पत्ति की दृष्टि से भारत एक धनी राष्ट्र है। भारत में कच्चे लोहे का भण्डार संसार में सबसे अधिक है। अभ्रक की दृष्टि से भारत विश्व में सबसे बड़ा उत्पादक देश है। मैंगनीज के उत्पादन में भारत का विश्व में दूसरा स्थान है। इस्पात को कठोर बनाने वाली धातुओं में क्रोमियम, टिटेनियम आदि भी भारत में पर्याप्त मात्रा में पाये जाते हैं। एल्यूमीनियम बनाने के लिए बहुत बड़ी मात्रा में बाक्साइट पाया जाता है। मोनोजाइट तथा बेरिल आदि काफी मात्रा में पाये जाते हैं। जिप्सम भी, जिससे रासायनिक उर्वरक और गन्धक का तेजाब बनाया जाता है, बड़ी मात्रा में पायी जाती है। असम में प्राकृतिक गैस बहुतायत से पायी जाती है। इस प्रकार खनिज पदार्थों के भण्डार की दृष्टि से भारत एक धनी राष्ट्र है। जहाँ 1947 में लगभग 64 करोड़ रुपये मूल्य के 22 प्रकार के खनिज पदार्थ निकाले जाते थे, वहीं अब लगभग 43,524 करोड़ रुपये मूल्य के 65 खनिज पदार्थ निकाले जाते हैं।

6. प्रचुर वन-सम्पदा—भारत के 6.7 हैक्टेयर क्षेत्र में वन फैले हुए हैं जो उसके कुल क्षेत्रफल का 22.6% भाग है। इन वनों से अनेक प्रकार की उपयोगी लकड़ी, तेल, गोंद, लाख, चन्दन मिलता है। वनों से कागज, दियासलाई, रबर, रेशम एवं प्लाईवुड आदि उद्योगों के लिए कच्चा माल भी मिलता है। ये पर्यटकों के आकर्षण केन्द्र तथा जंगली जानवरों के आश्रय स्थल हैं।

7. अनुकूल जलवायु—जलवायु की दृष्टि से भारत की अच्छी स्थिति है। भारत में समग्र रूप से अर्द्ध उष्ण प्रदेशीय मानसूनी जलवायु पायी जाती है। अनुकूल जलवायु से विविध प्रकार की फसलों के उत्पादन व उपभोग का अवसर मिलता है।

8. अपार जल-स्त्रोत—भारत में जल काफी मात्रा में विद्यमान है। नदियों का जल सिंचाई के काम आ सकता है। अभी तक उसका काफी कम अंश ही सिंचाई में प्रयुक्त किया जा रहा है, शेष जल बहकर समुद्र में चला जाता है। अतः भविष्य में सिंचाई की काफी सम्भावनाएँ हैं।

9. पर्याप्त शक्ति के साधन—भारत की सम्पन्नता इस तथ्य में भी है कि यहाँ शक्ति के प्राप्य साधनों के पर्याप्त भण्डार हैं। पर्याप्त कोयला भण्डारों, समुद्र तटों, आसाम, कच्छ एवं मरुस्थल में व्याप्त खनिज तेल भण्डारों, स्वच्छ आकाश से सौर ऊर्जा तथा अणु शक्ति के यूरेनियम एवं थोरियम खनिज भण्डारों के विकास एवं विदोहन में भारत तेजी से आगे बढ़ सकता है। इस प्रकार देश में थर्मल विद्युत के विकास के उत्तम अवसर विद्यमान हैं।

10. विशाल जनसंख्या—भारत की 10.45 करोड़ से अधिक जनसंख्या उसकी बहुमूल्य उत्पादन शक्ति है। मेधावी एवं कुशल श्रम शक्ति विकास का आधार है।

11. उपयोगी पशु सम्पदा—भारत में सर्वाधिक 35.5 करोड़ पशु सम्पत्ति है जो दूध, खाद, चमड़ा, घी एवं हड्डियाँ प्रदान करते हैं और यातायात एवं कृषि कार्य में उपयोगी हैं।

भारत में निर्धन लोग निवास करते हैं

उपर्युक्त तथ्यों से यह स्पष्ट हो गया है कि भारत एक धनी एवं सम्पन्न राष्ट्र है, किन्तु उसके उपलब्ध साधनों का पर्याप्त विकास एवं विदोहन न हो सकने से भारत में गरीबी बनी हुई है। भारतीयों की आय का स्तर नीचा है, कुशलता एवं रोजगार का अभाव है और वे गरीबी के कुचक्र में फँसे हुए हैं। ''भारत में गरीब लोग निवास करते हैं'', इस कथन की पुष्टि निम्नलिखित तथ्यों से होती है-

1. प्रति व्यक्ति आय का निम्न स्तर—भारत के निवासियों की प्रति व्यक्ति आय विकसित देशों की तुलना में काफी कम है। 1999 में भारत में प्रति व्यक्ति आय जहाँ 450 डालर थी, वहाँ अमरीका, ब्रिटेन तथा जापान की क्रमशः 30,600 डालर, 22,640 डालर तथा 32,350 डालर थी।

2. निम्न जीवन स्तर—औसत भारतीय का जीवन स्तर भी विकसित देशों की तुलना में नगण्य है। भारत में अभी भी 26.1% जनसंख्या निर्धनता की रेखा के नीचे जी रही है; उन्हें भरपेट भोजन तक नहीं मिल पा रहा है। भारत में जहाँ लोगों को प्रतिदिन मात्र 2000 से 2200 कैलोरीयुक्त भोजन ही मिल पाता है, वहीं अमरीका के लोगों को प्रतिदिन 3400 कैलोरीज युक्त भोजन मिलता है।

3. ऊँची जन्म एवं मृत्यु दरें—भारत की ऊँची जन्म एवं मृत्यु दरें भी भारत की निर्धनता की पुष्टि करती हैं। 1991-2001 की अवधि में भारत में औसत जनसंख्या वृद्धि दर जहाँ 1.95% रही, वहाँ अमेरिका व इंगलैण्ड में क्रमशः 0.75% तथा 0.20% ही रही।

4. निम्न औसत आयु—भारतीयों का औसत जीवन काल विकसित देशों की तुलना में काफी कम है। जहाँ अमेरिका में औसत आयु 78 वर्ष है, वहाँ भारत में वह मात्र 62 वर्ष है।

5. व्यापक बेरोजगारी—भारत की गरीबी उसकी बेरोजगारी में दिखाई देती है। भारत में बेरोजगारों की संख्या दिन-पर-दिन बढ़ती जा रही है। जहाँ 1951 में यह संख्या 45 लाख थी, वह बढ़कर अब लगभग 6.5 करोड़ हो गई है।

6. बचत एवं पूँजी निर्माण का निम्न स्तर—भारत के निवासियों की निर्धनता इस बात में भी झलकती है कि यहाँ बचत एवं पूँजी निर्माण की गति बहुत धीमी है। जहाँ जापान में पूँजी निर्माण की दर 40% है, वहाँ भारत में पूँजी निर्माण की दर लगभग 26.9% है।

7. भारी ऋणग्रस्तता—भारत में निरन्तर बढ़ती जा रही ऋणग्रस्तता भी उसकी निर्धनता का परिचायक है।

8. अन्य तथ्य—भारत की निर्धनता को परिलक्षित करने वाले अन्य तथ्य यह हैं-

(i) भारतीय जनता अभी भी कृषि, उद्योग, यातायात एवं अन्य सभी क्षेत्रों में परम्परागत एवं पिछड़ी तकनीक पर निर्भर हैं।

(ii) भारत विदेशी ऋण के बोझ से दबा हुआ है। 31 मार्च, 2001 तक भारत को विदेशों से 182743 करोड़ रुपये की विदेशी सहायता मिली है और लगभग 444560 करोड़ रुपये ऋण भार था। औसतन प्रत्येक भारतीय नागरिक पर विदेशों का 4500 रुपये ऋण भार है।

(iii) देश की लगभग 26.1% जनसंख्या गरीबी रेखा से नीचे है।

उपर्युक्त विवेचन से स्पष्ट होता है कि भारत प्राकृतिक साधनों के भण्डार तथा मानवीय संसाधनों की दृष्टि से तो सम्पन्न है, किन्तु देश में उपलब्ध प्रचुर प्राकृतिक साधनों एवं जनशक्ति का यथोचित विदोहन एवं विकास न होने से भारत की जनता निर्धन एवं बेरोजगार है।

1. अल्प विकसित अर्थव्यवस्था—भारत एक अल्प-विकसित देश है। भारत में वे सभी विशेषताएँ पायी जाती हैं, जो विश्व के अल्प-विकसित राष्ट्रों में पायी जाती है। भारत की जनसंख्या का एक बड़ा भाग निर्धनता से पीड़ित है। इसके साथ ही भारत में अनेक अप्रयुक्त प्राकृतिक संसाधन विद्यमान हैं। अल्प-विकसित अर्थव्यवस्था का अर्थ भूतकाल में आर्थिक तथा सामाजिक कठिनाइयों के कारण प्राकृतिक संसाधन का समुचित उपयोग न होना है, परन्तु वर्तमान काल में इन कठिनाइयों को दूर करने का निरन्तर प्रयास करते रहने से भविष्य में आर्थिक उन्नति की तीव्र आशा होना है।

भारत में सामाजिक तथा आर्थिक अवरोधों को दूर करने के निरन्तर प्रयास किये जा रहे हैं। विभिन्न योजनाबद्ध कार्यक्रमों के द्वारा देश में व्याप्त निर्धनता, बेरोजगारी, निम्न जीवन-स्तर, अशिक्षा, अन्धविश्वास, रूढ़िवादिता, पूँजी निर्माण की कमी तथा सामाजिक गतिरोधों को दूर करने के उपरान्त हम भारत में अप्रयुक्त संसाधनों का अधिकाधिक प्रयोग कर सकेंगे। इस प्रकार भारत की गणना अल्प-विकसित राष्ट्रों में की जाती है।

2. कृषि की प्रधानता—भारत एक कृषि-प्रधान देश है। भारत की जनसंख्या का लगभग 70 प्रतिशत भाग प्रत्यक्ष व अप्रत्यक्ष रूप से कृषि व्यवसाय में जुटा हुआ है। भारत में कृषि की प्रधानता निम्नलिखित तथ्यों से स्पष्ट हो जाती है—

(i) **राष्ट्रीय आय का प्रमुख स्त्रोत**—सन् 1974-75 में भारत की कुल राष्ट्रीय आय में कृषि का भाग 41.2 प्रतिशत था जो बढ़कर सातवीं पंचवर्षीय योजना के अन्त में 48% हो गया। कृषि से राष्ट्रीय आय का 30% से 35% भाग प्राप्त होता है।

(ii) **रोजगार की दृष्टि से**—सन् 1991 की जनगणना रिपोर्ट के आधार पर भारत में कृषि व्यवसाय में लगभग देश की 69% जनसंख्या लगी हुई है। उद्योग धन्धों में कुल जनसंख्या का लगभग 12 प्रतिशत भाग तथा अन्य कार्यों में जनसंख्या का लगभग 18 प्रतिशत भाग लगा हुआ है। इस प्रकार भारत में अधिकांश व्यक्तियों का जीवन निर्वाह कृषि तथा पशुपालन सम्बन्धी व्यवसायों से होता है। 1991 में मुख्य श्रमिकों में कृषकों का अनुपात 38.4% तथा खेतिहर श्रमिकों का 26.4% रहा। इस प्रकार कृषि में संलग्न श्रमिकों का अनुपात कुल श्रमिकों में 64.8% रहा।

(iii) **कृषि का पिछड़ापन**—भारत में कृषि व्यवसाय अत्यन्त पिछड़ा हुआ है। भारतीय किसान अभी पुराने हल, कमजोर बैल, घटिया बीज तथा अनुपयुक्त खाद का ही प्रयोग करते हैं। इसके परिणामस्वरूप भारतीय कृषि की उत्पादकता बहुत कम है।

(iv) **ग्रामीण अर्थतन्त्र**—सन् 1991 की जनगणना रिपोर्ट के अनुसार भारत में लगभग 5 लाख 76 हजार गाँव हैं। सन् 2001 में ग्रामीण जनसंख्या 72.21% तथा शहरी जनसंख्या 27.78% प्रतिशत के लगभग थी। सन् 2001 की जनगणना के अनुसार, भारत में लगभग 72 प्रतिशत जनसंख्या गाँवों में निवास करती थी। विकसित राष्ट्रों में कुल जनसंख्या का बहुत कम भाग

गाँवों में निवास करता है। भारत में ग्रामीण अर्थतन्त्र आर्थिक पिछड़ेपन का परिचायक है।

(v) **प्रतिकूल भूमि-श्रम अनुपात**—भारत में भूमि-श्रम अनुपात अनुकूल नहीं है। प्रति व्यक्ति भूमि बहुत कम है अथवा प्रति हैक्टेयर व्यक्तियों की संख्या अधिक है।

3. मानसून पर अधिक निर्भरता—भारतीय अर्थव्यवस्था मानसून पर अधिक निर्भर रहती है। मानसून की पर्याप्तता देश में आर्थिक समृद्धि की परिचायक होती है। मानसून की असफलता उद्योग-धन्धों, व्यापार तथा कृषि व्यवसाय पर बुरा प्रभाव डालती है। देश में राष्ट्रीय आय कम हो जाती है तथा बेरोजगारी की स्थिति उत्पन्न हो जाती है। भारतीय अर्थव्यवस्था को मानसून का जुआ कहकर पुकारा जाता है। मानसून की पर्याप्तता से देश में पर्याप्त खाद्यान्न, कपास, तिलहन, गन्ना, पटसन आदि उत्पन्न होते हैं। इससे अनेक उद्योग-धन्धों, जैसे-वस्त्र, जूट, चीनी, तेल, चाय आदि का विस्तार होता है, जिनमें लाखों व्यक्तियों को रोजगार प्राप्त होता है। इस प्रकार मानसून भारतीय अर्थव्यवस्था को सर्वाधिक रूप से प्रभावित करने वाला घटक है।

4. अप्रयुक्त प्राकृतिक संसाधन—भारत एक धनी देश है, परन्तु यहाँ के निवासी अत्यन्त निर्धन हैं। भारत में प्राकृतिक संसाधनों का बाहुल्य पाया जाता है। इन प्राकृतिक संसाधनों का देश की अर्थव्यवस्था के अनुकूल विदोहन नहीं हुआ है। भारत में पर्याप्त उपजाऊ भूमि, जल विद्युत उत्पन्न करने की पर्याप्त क्षमता तथा विशाल खनिज भण्डार उपलब्ध हैं। खनिज पदार्थों की दृष्टि से भारत की गणना विश्व के चार बड़े देशों में की जाती है। भारत में अभी तक प्राकृतिक संसाधनों का समुचित उपयोग सम्भव नहीं हो पाया है।

5. जनसंख्या का दबाव—सन् 2001 की जनगणना रिपोर्ट के आधार पर गत दस वर्षों में भारत की जनसंख्या में कुल वृद्धि 18.1 करोड़ हुई है। जनसंख्या की वार्षिक वृद्धि की दर लगभग 1.93 प्रतिशत रही है। जनसंख्या की इस वार्षिक वृद्धि के लिए हमें प्रतिवर्ष ।.7 करोड़ नये व्यक्तियों के लिए भोजन, आवास तथा अन्य सुविधाओं का प्रबन्ध करना पड़ता है। 2001 की जनगणना के अनुसार भारत की जनसंख्या 102.7 करोड़ रही है, जबड़क 1991 में यह 84.6 करोड़ रही थी। भारत में जनंसख्या की वृद्धि के अनुपात में प्रति व्यक्ति उत्पादकता अत्यधिक कम है। भारत में विश्व की 15% जनसंख्या है, किन्तु उसका क्षेत्रफल विश्व के क्षेत्रफल का 2.4% ही है। कुछ विद्वानों का मत है कि तीव्र आर्थिक विकास की प्रारम्भिक अवस्था में मृत्यु-दर तो चिकित्सा व स्वास्थ्य की सुविधाएँ बढ़ाने से घटने लगती

हैं लेकिन जन्म-दर के कम होने में समय लगता है। इस बीच जनसंख्या का दबाव और भी बढ़ जाता है। इस प्रकार वर्तमान में जनसंख्या की समस्या भारत के आर्थिक विकास में बाधक हो रही है। जनसंख्या बढ़ने से ग्रामीण क्षेत्रों में बेरोजगारी व अल्प रोजगार की समस्या और भी अधिक बढ़ जाती है।

6. बेरोजगारी व अर्द्धबेरोजगारी—भारतीय जनसंख्या में तीव्र गति से वृद्धि निरन्तर रूप से बेरोजगारी तथा अर्द्ध बेरोजगारीह की वृद्धि में सहायक सिद्ध हुई है। प्रथम पंचवर्षीय योजना के आरम्भ में भारत में 45 लाख व्यक्ति बेरोजगार थे, वह अब बढ़कर 6.5 करोड़ होने की सम्भावना है, जबड़क योजनाओं में लगभग 21.5 करोड़ अतिरिक्त लोगों को रोजगार प्रदान किया गया है। भारत में अर्द्ध-बेरोजगारी भी व्यापक रूप से पायी जाती है। भारत में कई करोड़ किसान वर्ष में केवल 6 माह तक ही काम करते हैं तथा शेष समय बेकार रहते हैं।

7. निम्न जीवन-स्तर—विश्व बैंक ने 136 देशों की प्रति व्यक्ति वार्षिक आय की सूची प्रकाशित की है, जिसमें 110 देशों की प्रति व्यक्ति राष्ट्रीय आय भारत में प्रति व्यक्ति राष्ट्रीय आय से अधिक है। भारत में आधे से अधिक व्यक्ति प्रायः आधे भूखे तथा अर्ध-नग्न अवस्था में रहते हैं। इस प्रकार भारतवासियों का जीवन-स्तर निम्न होने के साथ-साथ इनकी कार्यकुशलता भी अन्य देशों की तुलना में कम है।

8. प्राविधिक ज्ञान का अभाव—भारतीय अर्थव्यवस्था में प्राविधिक ज्ञान का सदैव अभाव रहा है। भारत को प्राविधिक ज्ञान के लिए विदेशों पर निर्भर रहना पड़ता है। भारतीय कृषि तथा उद्योग-धन्धों में पुरातन तथा परम्परागत विधियों का उपयोग किया जाता है। भारत में 75 प्रतिशत खेत आकार में बहुत छोटे हैं, स्वचालित यन्त्रों का उपयोग सम्भव नहीं होता है। भारत में लगभग 15 प्रतिशत कारखानों में ही स्वचालित यन्त्रों का उपयोग किया जाता है। स्वचालित यन्त्रों का उपयोग नहीं होने से उत्पादन प्रक्रिया में समय तथा श्रम अधिक लगता है, जिससे उत्पादन लागत अधिक आती है। भारतीय श्रमिक की अपेक्षा सूती वस्त्र का उत्पादन अमेरिका में छह गुना, फिनलैण्ड में तीन गुना तथा हांगकांग में दुगुना होता है।

9. अविकसित पूँजी तथा मुद्रा बाजार—भारतीय अर्थव्यवस्था में पूँजी तथा मुद्रा बाजार अत्यन्त अविकसित दशा में है। भारत में लगभग 6 लाख गाँव तथा लगभग तीन हजार नगर हैं, जिनमें बैंकों की लगभग 80 हजार शाखाएँ हैं। अभी भी ग्रामीण क्षेत्र में अधिकांश निवासियों को अपनी वित्तीय आवश्यकता की पूर्ति हेतु साहूकार तथा महाजनों पर निर्भर रहना पड़ता है। लघु तथा वृहद् उद्योग-धन्धों में भी कतिपय पूँजीपतियों का ही सहारा लेना पड़ता है। भारत में स्थापित वित्त निगम भारतीय कृषक

की आर्थिक आवश्यकताएँ पूरी करने में सफल नहीं हो पाया है। मुद्रा तथा पूँजी बाजार की निरन्तर कमी से देश में कृषि तथा औद्योगिक क्षेत्र में वित्तीय अभाव का वातावरण बना रहता है।

10. मुद्रा स्फीति तथा निरन्तर मूल्य वृद्धि—भारतीय अर्थव्यवस्था की यह महत्त्वपूर्ण विशेषता है कि यहाँ पर वस्तुओं की कीमतों में निरन्तर वृद्धि हुई है तथा मुद्रा स्फीति भी अत्यधिक बढ़ी है। निरन्तर मूल्य वृद्धि तथा मुद्रा स्फीति का सबसे बड़ा दुष्परिणाम यह हुआ है कि भारतीय रुपये के मूल्य में तीव्र गति से गिरावट आती जा रही है। कभी भारतीय रुपये का मूल्य सूचकांक 100 पैसे था जो अब गिरकर लगभग 20 पैसे के बराबर रह गया है।

11. आर्थिक असमानताएँ—भारतीय अर्थव्यवस्था की यह महत्त्वपूर्ण विशेषता है कि यहाँ पर आर्थिक विषमता अत्यधिक रूप में व्याप्त है। यहाँ धन और आय के वितरण में भारी असमानता पायी जाती है। राष्ट्रीय व्यावहारिक अर्थ शोध परिषद् के एक सर्वेक्षण के अनुसार, देश में कुल जनसंख्या के केवल 30% लोगों के पास कुल आय का 55% भाग केन्द्रित है, जबड़क कुल जनसंख्या के 60% व्यक्ति ऐसे हैं, जिनकी दैनिक आय 50 पैसे या उससे कम है। धन के वितरण की असमानता आय के वितरण की असमानता से अधिक पायी जाती है। **महालनोबिस समिति** की रिपोर्ट के अनुसार देश में केवल एक प्रतिशत व्यक्तियों को राष्ट्रीय आय का केवल 22 प्रतिशत भाग ही प्राप्त होता है! रिपोर्ट में कहा गया है कि योजनाकाल में बड़े उद्योगों का अधिक विकास हुआ है, जिसके फलस्वरूप देश में आर्थिक सत्ता कुछ ही व्यक्तियों के हाथों में केन्द्रित हो गई है। **चेस्टर बोल्स** के अनुसार, भारत में एक प्रतिशत व्यक्तियों के पास 20 प्रतिशत भूमि उपलब्ध है, जबड़क 30 प्रतिशत व्यक्तियों के पास कुल भूमि का 50 प्रतिशत भाग उपलब्ध है, शेष 69 प्रतिशत व्यक्तियों के पास कुल भूमि का 30 प्रतिशत भाग ही उपलब्ध है। योजना आयोग के आकलन के अनुसार, भारत में ग्रामीण क्षेत्र में 47.65 प्रतिशत तथा शहरी क्षेत्र में 40.7 प्रतिशत जनसंख्या दरिद्रता की रेखा के नीचे है।

12. विदेशी व्यापार में शिथिलता—भारत में विदेशी व्यापार की गति पिछले 20 वर्षों में बहुत शिथिल रही है। सन् 1951–1952 में भारत के निर्यात विश्व के सम्पूर्ण निर्यात के लगभग 2.15 प्रतिशत थे, और अब भारत के निर्यात सम्पूर्ण विश्व के निर्यात से घटकर केवल 1.5 प्रतिशत रह गए हैं। इस कारण, भारत को अपने आयातों का भुगतान करने के लिए विदेशों से बहुत बड़ी मात्रा में ऋण लेना पड़ा है। भारत का विदेशी व्यापार प्रायः घाटे में रहता है।

13. परिवहन साधनों की अपर्याप्तता—भारत के प्रति 1500 वर्ग किलोमीटर में केवल 40 किलोमीटर लम्बे रेल मार्ग हैं, जबड़क ब्रिटेन में 306 किलोमीटर, फ्रांस में 180 किलोमीटर तथा संयुक्त राज्य अमेरिका में 120 किलोमीटर लम्बे रेल मार्ग उपलब्ध हैं। इसी तरह भारत में प्रतिवर्ग किलोमीटर सड़कों की लम्बाई भी अन्य देशों के मुकाबले काफी कम है। इसी प्रकार मालवाहक जहाज देश के विदेशी व्यापार का केवल 20 प्रतिशत माल ही वहन करते हैं तथा शेष 80 प्रतिशत भारतीय माल विदेशी जहाजी कम्पनियों के माध्यम द्वारा लाया तथा ले जाया जाता है। भारत में अधिकांश सड़कें कच्ची एवं मौसमी हैं, जो वर्षा ऋतु में अयोग्य हो जाती हैं।

14. मिश्रित एवं नियोजित अर्थव्यवस्था—भारत में स्वतंत्रता प्राप्ति के पश्चात् देश के आर्थिक पुनर्निर्माण के लिए सन् 1948 में मिश्रित अर्थव्यवस्था की आर्थिक प्रणाली का चयन किया गया। निजी सार्वजनिक क्षेत्र, संयुक्त क्षेत्र एवं सरकारी क्षेत्र में सह-अस्तित्व को स्वीकार किया गया। इस प्रकार निजी क्षेत्र एवं सार्वजनिक क्षेत्र के मध्य सहयोग, विचार-विमर्श एवं सह-अस्तित्व से देश का आर्थिक विकास कर आत्मनिर्भर होने का रास्ता अपनाया गया है। भारतीय अर्थव्यवस्था मिश्रित होने के साथ-साथ नियोजित भी है। भारत में नियोजित आर्थिक विकास 1 अप्रैल, 1951 से प्रारम्भ किया गया। अभी तक देश में नौ पंचवर्षीय योजनाएँ तथा अनेक वार्षिक योजनाएँ क्रियान्वित की जा चुकी हैं और दसवीं पंचवर्षीय योजना पर कार्य चल रहा है।

15. विकासोन्मुखी अर्थव्यवस्था—भारतीय अर्थव्यवस्था एक विकासोन्मुखी अर्थव्यवस्था है। विभिन्न योजनाकालों में भारतीय अर्थव्यवस्था निरन्तर प्रगति की ओर अग्रसर हुई है। सन् 1960-61 में देश में खाद्यान्न का उत्पादन 82.0 मिलियन टन करोड़ टन था, जो 2008-09 में बढ़कर लगभग 250 मिलियन टन करोड़ टन पहुँच गया। इसी प्रकार योजनाकाल में कपास का उत्पादन बढ़कर 2008-09 में 110 लाख गांठें हो गया। पटसन उत्पादन क्षेत्र में भी भारत ने आत्मनिर्भरता प्राप्त कर ली है। औद्योगिक क्षेत्र में भी उत्पादन में वृद्धि हुई है। वस्त्र, लोहा तथा इस्पात, सीमेंट उत्पादन में भी पर्याप्त वृद्धि हुई है।

भारत की विकासोन्मुख अर्थव्यवस्था को स्पष्ट करने वाले अन्य तथ्य हैं- कृषि का आधुनिकीकरण, औद्योगिक विकास, सामाजिक व आर्थिक आधारभूत ढाँचे का विस्तार तथा निर्धनता दूर करने के विशिष्ट कार्यक्रम आदि। **कृषि के आधुनिकीकरण** के अन्तर्गत कृषकों का व्यावसायिक जिन्सों के उत्पादन की ओर उन्मुख होना, अधिक उपज देने वाली किस्मों के उपयोग, सिंचाई का विस्तार, साख की मात्रा में वृद्धि,

यन्त्रीकरण, कीटनाशक दवाओं के उपयोग व रासायनिक उर्वरकों का बढ़ता उपयोग आता है। योजना काल में भारत में उपभोक्ता-वस्तुओं के स्थान पर आधारभूत व पूँजीगत वस्तुओं का स्थान बढ़ा है; निर्यातों में औद्योगिक माल का अंश बढ़ा है, सार्वजनिक क्षेत्र में विनियोग बढ़ा है तथा निजी क्षेत्र का भी काफी विस्तार हुआ है। इस प्रकार भारत में औद्योगिक विकास की दर ऊँची रही है।

16. सम्पन्नता में दरिद्रता—भारतीय अर्थव्यवस्था के सम्बन्ध में यह कहा जाता है कि यहाँ पर सम्पन्नता के मध्य दरिद्रता विद्यमान है। इसका अभिप्राय यह है कि यहाँ पर प्राकृतिक साधन पर्याप्त मात्रा में उपलब्ध हैं, लेकिन उनका उचित विदोहन नहीं हो पाता है, जिसके कारण राष्ट्रीय आय, जीवन-स्तर इत्यादि अन्य राष्ट्रों की तुलना में काफी निम्न है।

17. शिक्षण एवं प्रशिक्षण सुविधाओं का अभाव—भारतीय अर्थव्यवस्था के पिछड़ेपन का यह भी कारण है कि यहाँ पर बढ़ती हुई जनसंख्या की माँग के अनुसार शिक्षण एवं प्रशिक्षण संस्थाओं का अभाव है। यहाँ के नागरिक अशिक्षित, रूढ़िवादी व परम्परावादी हैं। आधुनिक मशीनों, यन्त्रों का उपयोग नहीं जानते, जिससे वे देश के विकास में मदद नहीं कर पाते हैं।

18. पूँजी विनियोग का अभाव—भारतीय जनसंख्या ग्रामीण व निर्धन है। इसमें से अधिकांश लोग गरीबी की रेखा के नीचे जीवनयापन करते हैं, ऐसी स्थिति में उनके पास अतिरिक्त धन का तो कोई प्रश्न ही नहीं उठता, जिससे वे बचत कर किसी अच्छी जगह विनियोग कर सकें। लेकिन कुछ किसान अच्छी फसल के कारण बचत भी करते हैं तो वे उसको जेवर खरीदने, जमीन में दबाकर रखने, भूमि खरीदने इत्यादि में नासमझी के कारण खर्च कर देते हैं और उत्पादन कार्यों में नहीं लगा पाते हैं।

19. विविधता में एकता—भारत के सम्बन्ध में यह कहा जाता है कि भारत विविधताओं वाला एक राष्ट्र है। यहाँ अनेक जाति, धर्म, भाषाओं के लोग रहते हैं। इनके सामाजिक रीति-रिवाज, रहन-सहन के ढंग एक-दूसरे से बिल्कुल भिन्न हैं; फिर भी लोगों में एकता की भावना है। एक राज्य संकट के समय दूसरे राज्य की मदद करता है। कई बार दो या दो से अधिक राज्य मिलकर परियोजनाएँ प्रारम्भ करते हैं। केन्द्र सरकार भी सम्पूर्ण राष्ट्र के विकास के लिए प्रयत्नशील है।

20. क्षेत्रीय विषमताएँ—भारतीय अर्थव्यवस्था में क्षेत्रीय विषमता पर्याप्त मात्रा में देखने को मिलती है। भारत के कुछ राज्य काफी समृद्ध, विकसित और साधन

सम्पन्न हैं; जैसे-उत्तरप्रदेश, मध्यप्रदेश, पंजाब, हरियाणा, महाराष्ट्र व गुजरात जबड़क दूसरी ओर राजस्थान उड़ीसा, आसाम व जम्मू-कश्मीर कई दृष्टि से काफी पिछड़े हुए हैं। भारत सरकार ने इन राज्यों की ओर जनसंख्या की बढ़ती हुई माँग के अनुसार विकास की ओर पूरा ध्यान नहीं दिया है।

21. दोहरी अर्थव्यवस्था—यदि हम भारतीय अर्थव्यवस्था का गहराई से अध्ययन करें तो पता लगता है कि भारतीय अर्थव्यवस्था दोहरे स्वरूप को लिए हुए है। एक ओर शहरी अर्थव्यवस्था, जहाँ पर बैंकिंग, बीमा, यातायात, संचार व आधुनिक जीवन की लगभग सभी सुविधाएँ उपलब्ध हैं; जबड़क दूसरी ओर ग्रामीण व निर्धन अर्थव्यवस्था, जहाँ पीने के पानी, बिजली, रहने के पक्के मकान, स्कूल, चिकित्सालय इत्यादि जीवन की अनिवार्य आवश्यकताओं का अभाव है और देश की लगभग 75 प्रतिशत जनसंख्या गाँवों में निवास करती है।

22. अपूर्ण बाजार—भारतीय अर्थव्यवस्था में उत्पादन के साधनों में गतिशीलता का अभाव, कीमतों में लोच की कमी, परम्परागत एवं रूढ़िवादी प्रविधियों का प्रयोग, विशिष्टीकरण का अभाव, सन्तोषजनक सामाजिक ढाँचा और बाजार की पूर्ण जानकारी का अभाव, अपूर्ण बाजार की ओर संकेत देते हैं, जिनके कारण उत्पादन के विभिन्न साधनों में समन्वय स्थापित नहीं हो पाता है जिससे उनका उचित विदोहन किया जा सके। भारत जैसे समस्त विकासशील राष्ट्र उपलब्ध प्राकृतिक एवं मानवीय साधनों के उचित विदोहन की ओर प्रयत्नशील हैं, जिससे अर्थव्यवस्था विकास की ओर अग्रसर हो सके।

23. असन्तुलित औद्योगिक विकास—प्रत्येक विकासशील अर्थव्यवस्था में यह बात देखने को मिलती है कि वहाँ औद्योगिक विकास संतुलित नहीं हुआ है। ऐसे राष्ट्रों में प्रारम्भ में उपभोग उद्योग स्थापित किए जाते हैं, बाद में आधारभूत उद्योग। आधारभूत उद्योगों को स्थापित करने में बड़ी मात्रा में पूँजी व तकनीकी ज्ञान की आवश्यकता होती है जिसे एक विकासशील राष्ट्र आसानी से पूरा नहीं कर सकता है। ठीक यही स्थिति भारत की है।

24. उपभोग का निम्न स्तर—भारत में प्रति व्यक्ति आय बहुत कम होने के कारण यहाँ के लोगों का उपभोग स्तर बहुत निम्न है। वर्ष 1999-2000 में भारत में प्रति व्यक्ति 2000 कैलोरी खाद्यान्न व प्रति व्यक्ति औसत 30.6 मीटर कपड़े का उपभोग है तथा वर्ष 2000-2001 में 30.7 मीटर कपड़ा मिलने का अनुमान है। जो अन्य राष्ट्रों की तुलना में बहुत कम है।

25. युद्ध के भय से पीड़ित अर्थव्यवस्था—भारत को सदैव इस बात का भय बना रहता है कि कहीं पड़ोसी राष्ट्र आक्रमण न कर दे, जिसके कारण हम अपने सीमित साधनों में से लगभग 10–15 प्रतिशत कुल वार्षिक व्यय का सुरक्षा पर खर्च करते हैं। यह एक अनुत्पादक व्यय है, लेकिन फिर भी सुरक्षा विकास से पहले जरूरी होती है। यदि इस रकम का प्रयोग विकासात्मक कार्यों पर किया जाए तो अर्थव्यवस्था का और भी तीव्रगति से विकास सम्भव हो सकता है।

26. भ्रष्टाचार और लालफीताशाही का बोलबाला—भारतीय अर्थव्यवस्था की यह भी एक प्रमुख विशेषता है कि यहाँ पर भ्रष्टाचार व लालफीताशाही बहुत अधिक मात्रा में देखने को मिलती है। यह बात निजी और सार्वजनिक दोनों ही क्षेत्रों में पायी जाती है। वर्तमान में कोई भी व्यक्ति किसी कार्य को करने के लिए पूरी औपचारिकताएँ नहीं निभाता है, बड़ल्क उस काम काम करवाने के लिए रिश्वत व घूस का सहारा लेता है। इसी प्रकार विभिन्न कार्यालयों में अधिकारी एवं कर्मचारीगण जिम्मेदारी से काम नहीं करते हैं, उनमें लालफीताशाही की भावना पायी जाती है।

27. काले धन की भरमार—भारतीय अर्थव्यवस्था में काला धन भी बहुत बड़ी मात्रा में पाया जाता है। ऐसा अनुमान है कि भारत में 60 हजार करोड़ रुपये से अधिक का काला धन है। इसके लिए पूर्ण रूप से जिम्मेदार भारत सरकार की कर प्रणाली है। यदि इसमें आवश्यक सुधार किए जाएँ, तो बढ़ते हुए काले धन पर रोक लगाई जा सकती है।

28. विदेशी सहायता पर निर्भरता—भारत एक विकासशील राष्ट्र है। वर्ष 1950–51 में भारत पंचवर्षीय योजनाओं के माध्यम से अपने विकास के लिए प्रयत्नशील है। लेकिन पंचवर्षीय योजनाओं को पूरा करने के लिए वित्तीय एवं तकनीकी साधनों का अभाव है, जिनके लिए हमें दूसरे राष्ट्रों पर बहुत बड़ी मात्रा में निर्भर रहना पड़ता है। पंचवर्षीय योजना का प्रारूप तैयार करते समय ही यह व्यवस्था कर ली जाती है कि आगामी वर्षों में दूसरे राष्ट्रों से कितना ऋण व अनुदान लिसा जायेगा।

29. आर्थिक उदारीकरण की ओर अग्रसर—जुलाई, 1991 से देश में आर्थिक उदारीकरण को अपनाया गया है। इसमें सरकार निजीकरण, बाजारीकरण और अन्तर्राष्ट्रीयकरण पर बल दे रही है।

3

पंचायती राज संस्थाओं का गठन

भारत एक लोकतांत्रिक देश है लोकतंत्र में सत्ता का व्यापक विकेन्द्रीकरण रहता है। ग्राम स्तर से लेकर राष्ट्रीय स्तर तक सत्ता की बागडोर जनता द्वारा निर्वाचित जन प्रतिनिधियों के हाथों में सुरक्षित रहती है। भारत में सत्ता की बागडोर जहाँ शीर्ष पर संसद के हार्थों में है वहीं ग्राम स्तर पर पंचायतों में निहित है।

यह सुखद है कि देश में पंचायती राज की स्थापना का श्रेय राजस्थान को प्राप्त है। 2 अक्टूबर 1959 को गांधी जयन्ती के अवसर पर भारत के प्रथम प्रधानमंत्री पंडित जवाहर लाल नेहरू द्वारा नागौर में पंचायती राज की नींव रखी गई थी। यही पंचायती राज का श्री गणेश था7 आरमी में गाँवों के सामाजिक, आर्थिक एवं सांस्कृतिक विकास में पंयाचती राज संस्थाओं का महत्त्वपूर्ण योगदान रहा, लेकिन कालान्तर में ये कुछ शिथिल हो गई, यहाँ तक कि मृत प्राय: सी हो गई। इसमें गाँवों का विकास अवरुद्ध हो गा। यह राजय के लिए एक चिन्ता का विषय था। राजय नेइन संस्थाओं को पुन: सक्रिय करने का मानस बनाया। केन्द्र सरकार ने इस दिशा में पहल की और सन् 1992 में संविधान में 73वाँ संशोधन कर पंचायती राज संस्थाओं को संवैधानिक स्वरूप प्रदान किया। इस संवैधानिक व्यवस्था के अनुरूप प्राय: सभी राज्यों में नये पंचायती राज कानून बनायें गये।

राजस्थान में भी सन् 1994 में **'राजस्थान पंचायती राज अधिनियम'** पारित किया गया। समय-समय पर इस अधिनियम में संशोधन किये गये, लेकिन सन् 1999 एवं सन् 2000 में इस अअधिनियम में आमूल-चूल परिवर्तन हुए हैं। राजस्थान में तीन-स्तरीय पंचायती राज व्यवस्था है-

(i) पंचायत, एवं

(ii) पंयायत समिति, एवं

(iii) जिला परिषद्।

पंचायतों में पंच, सरपंच एवं उप सरपंच, पंचायत समितियों में प्रधान, उप प्रधान एवं सदस्य तथाजिला परिषद में जिला प्रमुख, उप जिला प्रमुख एवं सदस्य जन प्रतिनिधि होते हैं। पंचायतों, पंचायत समितियों एवं जिला परिषदों की स्थापना राज्य सरकार द्वारा राजपत्र में अधिसूचना जारी कर की जाती है। ग्राम पंचायतों के पंचों एवं सरपंचों का निर्वाचन सीधे जनता द्वारा किया जाता है, जबकि पंचायत समिति के प्रधान एवें उप प्रधान तथा जिला परिषद् के प्रमुख एवं उप प्रमुख का निर्वाचन क्रमशः पंचायत समितियों एवं जिला परिषदों के निर्वाचित सदस्यों द्वारा किया जाता है।

पंचायत राज संस्थाओं में अनुसूचित जाति, अनुसूचित जाति, पिछड़े वर्ग तथा महिलाओं के लिए आरक्षण की व्यवस्था की गई है। पंचायती राज संस्थाओं का कार्यकाल पाँच वर्ष निर्धारित किया गया है। (धारा 17) पंचायती राज संस्थाओं के निर्वाचन में उन सभी व्यक्तियों को मत देने का अधिकार प्रदान किया गया है जो-

(i) 18 वर्ष से कम आयु का नहीं है, तथा

(ii) जिसका नाम निर्वाचक नामावली में अंकित है। (धारा 18)

सदस्यों के लिए अर्हतायें

अधिनियम की धारा 19 के अन्तर्गत पंचायती राज संस्थाओं के सदस्यों के लिए अर्हताओं (योग्यताओं) का उल्लेख किया गया है। इसके अनुसार पंचायती राज संस्थाओं की सदस्यता के लिए निम्नांकित व्यक्तियों को पात्र माना गया है-

(1) जिसने 21 वर्ष की आयु प्राप्त कर ली है;

(2) जो सक्षम न्यायालय द्वारा भ्रष्ट आचरण का दोषी नहीं ठहराया गया है;

(3) जो किसी स्थानीय प्राधिकारण, विश्वविद्यालय, निगम, निकाय, उपक्रम या सहकारी समिति में पूर्णकालिक या अंशकालिक पद धारण यहीं करता है;

(4) जो नैतिक अधमता (Moral turpitude) के किसी मामले में राजय सरकार की सेवा से पदच्युत नहीं किया गया है;

(5) जो किसी पंचायती राज संस्था में लाभ का पद धारण नीं करता है;

(6) जो कार्य के लिए असमर्थ बनाने वाले किसी शारीरिक या मानसिक दोष य ारोग से ग्रस्त नहीं है;

(7) जो सक्षम न्यायालय द्वारा किसी अपराध के लिए सिद्धदोष नहीं ठहराया गया है;

(8) जिसके विरुद्ध पांच या पाँच वर्ष से अधिक की अवधि के कारावास से दण्डनीय किसी अपराध में नयायालय द्वारा संज्ञान (Cognizance) नहीं लिया गया है;

(9) जिस पर पंचायती राज संस्था का कोई कर या शुल्क बकाया नहीं है,

(10) जो पंचायती राज संस्था के विधि व्यवसायी के रूप में नियुक्त नहीं है,

(11) जो राजस्थान मृत्यु भोज निवारण अधिनियम, 1960 के अन्तर्गत दण्डनीय किसी अपराध के लिए सिद्धदोष नहीं ठहराया गया है;

(12) जो दो से अधिक सन्तान वाला नहीं है, तथा

(13) जो अधिनियम के प्रावधानों के अन्तर्गत अन्यथा अयोग्य नहीं है।

अधिनियम की धारा 19 में निर्धारित तिथि के बाद अतिरिक्त संतान का उत्पन्न होना सदस्यता के लिए आयोग्यता मानी गई है। राजस्थान उच्च न्यायालय ने **'मुकेश कुमार बनाम स्टेट ऑफ राजस्थान'** (एम. आई. आर. 1997 राजस्थान 250) में मामले में इस व्यवसीा को संवैधानिक ठहराया है।

निर्वाचन पर प्रतिबंध

अधिनियम की धारा 19क में यह व्यवस्था की गई है कि कोई भी व्यक्ति-

(i) पंच के लिए एक से अधिक वार्डों से,

(ii) पंचायत समिति के सदस्य के लिए उस पंचायत समिति के एक से अधिक निर्वाचन क्षेत्रों से, तथा

(iii) जिला परिषद् के सदस्य के लिए उस जिला परिषद् के एक से अधिक निर्वाचन क्षेत्रों से, निर्वाचन लड़ने का हकदार नहीं होगा।

इसी प्रकार कोई भी व्यक्ति एक साथ पंच एवं सरपंच दोनों के लिए चुनाव नहीं लड़ सकेगा।

मताधिकार पर प्रतिबंध

अधिनियम की धारा 18ग के अनुसार कोई भी व्यक्ति उसी वार्ड या निर्वाचन क्षेत्र में मत देने का हकदार होगा जिस वार्ड या निर्वाचन क्षेत्र की निर्वाचक नामावली (वोटर लिस्ट) में उसका नाम रजिस्ट्रीकृत है।

कोई भी व्यक्ति किसी भी निर्वाचन में एक से अधिक वार्ड या निर्वाचन क्षेत्र में मत नहीं दे सकेगा।

इसी प्रकार कोई भी व्यक्ति किसी वज्ञर्ड या निर्वाचन क्षेत्र में एक से अधिक बार मतदान नहीं कर सकेगा।

त्यागपत्र

जैसा कि ऊपर कहा गया है पंचायती राज संस्थाओं का कार्यकाल पाँच वर्ष निध्नरित किया गया है, लेकिन कोई भी पंच, सरपंच, उप सरपंच, प्रधान, उप 4/पंचायती राज एंव ग्रामीण विकास योजनायें

प्रधान, जिला प्रमुख, उप प्रमुख तथा पंचायत समिति या जिला परिषद् का सदस्य पाँच वर्ष से पूर्व भी अपने पद से त्यागपत्र दे सकेगा।

ऐसा त्यागपत्र

(i) पंच, सरपंच या उप सरपंच द्वारा विकास अधिकारी को,

(ii) प्रधान द्वारा जिला प्रमुख को,

(iii) उप प्रधान या पंचायत समिति के किसी सदस्य द्वारा प्रधान को,

(iv) जिला प्रमुख द्वारा खण्ड आयुक्त को, एवं

(v) उप प्रमुख या जिला परिषद् के किसी सदस्य द्वारा प्रमुख को, दिया जा सकेगा।

त्यागपत्र सक्षम प्राधिकारी को हाथों हाथ दिया जा सकात है। केरल उच्च न्यायालय द्वारा **'एम. ए. वहीद बनाम जोबेई सिल्वा'** (ए. आई. आर. 1998 केरल 318) के माले में यह कहा गया है कि त्यागपत्र का रजिस्ट्रीकृत डाक से भेजा जाना आवश्यक नहीं है।

'हरदेव सिंह बनाम प्रमुख, जिला परिषद् सीकर' (ए. आई. आर. 1972 राजस्थान 51) के मामले में राजस्थान उच्च न्यायालय द्वारा यह अभिनिर्धारित किया गया है कि त्यागपत्र प्रभावी होने सेपूर्व कभी भी वापस लिया जा सकता है।

यहाँ यह उल्लेखनीय है कि त्यागपत्र वापसी का प्रार्थना पत्र भी उसी प्राधिकारी केसमक्ष पेश किया जाना आवश्यक है जिसके समक्ष त्यागपत्र पेश किया गया है। [**बाबू सिंह बनाम स्टेट ऑफ राजस्थान,** डब्ल्यू. एल. एन. (1997)2 राजस्थान 218]

अविश्वास प्रस्ताव

अधिनियम की धारा 37 में पंचायती राज संस्थाओं के अध्यक्षों (सरपंच, प्रधान एवं प्रमुख) तथा उपाध्यक्षों (उप सरंपच, उप प्रधान एवं उप प्रमुख) के विरुद्ध अविश्वास प्रस्ताव के बारे में प्रावधान किया गया है।

ऐसा प्रस्ताव पंचायवती राज संस्था के प्रतयक्ष रूप से निर्वाचित सदस्यों में से न्यूनतम एक तिहाई सदस्यों द्वारा लाया जा सकता है तथा प्रस्ताव पारित होने के लिए निर्वाचित सदस्यों का दो-तिहाई बहुमत आवश्यक है। फिर ऐसा कोई भी प्रस्ताव किसी अध्यक्ष या उपाध्यक्ष के पद ग्रहण करने की तिथि से दो वर्ष के भीतर नहीं लाया जा सकता।

यह व्यवस्था आज्ञापक है। (**लक्ष्मण मीणा बनाम स्टेट ऑफ राजस्थान,** ए. आई. आर. 1998 राजस्थान, 306)

यह व्यवस्था संवधौनिक भी है। (**जगदीश प्रसाद बनाम स्टेट ऑफ मध्यप्रदेश,** ए. आई. आर. 1997 मध्यप्रदेश 184)

सरपंच के विरुद्ध लाये गये अविश्वास प्रस्ताव के मतदान में ऐसे सदस्य (पंच) भी भाग ले सकते हैं जिन्हें अयोग्य घोषित किये जाने का मामला विचाराधीन है। (**अमर सिंह बनाम स्टेट ऑफ राजस्थान,** ए. आई. आर. 1999 राजस्थान 238)

बम्बई उच्च न्यायालय द्वारा **'विनायकराव गंगारामजी देशमुख बनाम पी. सी. अग्रवाल'** (ए. आई1 आर. 1999 बम्बई 142) के मामले में यह कहा गया है कि सरपंच को अविश्वास प्रस्ताव द्वारा हटाया जाना कलंक (Stigma) नहीं है।

पद से हटाया जाना

अधिनियम की धारा 38 में की गई व्यवस्था के अनुसार पंचायती राज संस्था के किसी अध्यक्ष, उपाध्यक्ष या सदस्य को निम्नांकित आधारों पर पद से हटाया जा सकता है-

(i) यदि वह कार्य करने से इंकार कर दे,

(ii) यदि वह कार्य करने में असमर्थ हो जाये,

(iii) यदि वह किसी अवचार (Misconduct)का दोषी पाया जाये,

(iv) यदि वह अपने कर्त्तव्यों के निर्वहन में उपेक्षावृतित बरते, अथवा

(v) यदि वह अपने कर्त्तव्यों के निर्वहन में किसी अपोर्तिकर आचरण (Disgraceful conduct) का दोषी पाया जाये। पद से हटाये जाने से पूर्व सम्बन्धित व्यक्ति को सुनवाई का अवसर दिया जाना तथा उसके विरुद्ध लगाये गये आरोपों को संदेह से परे साबित किया जाना आवश्यक है। [**बंशीधर सेनी बनाम स्टेट ऑफ राजस्थान** (1998) 1 डब्ल्यू. एल. एन. 270]

'मुकेश कुमार बनाम स्टेट ऑफ राजस्थान' (ए. आई1 आर. 1997 राजस्थान 250) के मामले में राजस्थान उच्च न्यायालय द्वारा अभिनिर्धारित किया गया है कि यदि कोई पंच या सदस्य निर्वाचन के बाद आयोग्य पाया जाता है तो उसे चुनाव याचिका का दायर किये बिना पद से हटाया जा सकता है।

वार्ड सभा

राजस्थान पंचायती राज (संशोधन) अधिनियम, 2000 द्वारा राजस्थान पंचायती राज अधिनियम में वार्ड सभा की एक अभिनव व्यवस्था की गई है। इस व्यवस्था का मुख्य उद्देश्य वार्ड की समस्याओं के निराकरण के लिए वार्ड के निवासियों का एक साथ बैठकर पंचायत से रूबरू होना है।

वार्ड सभा के सदस्य

वार्ड सभा के सदस्य उस वार्ड में निवास करने वाले सभी व्यस्क व्यक्तियों होंगे तथा प्रत्येक वार्ड में एक वार्ड सभा होगी [धारा 3 (1)]

बैठकें

वार्ड सभा की वर्ष में कम से कम दो बैठकें होंगी अर्थात वित्तीय वर्ष की प्रत्येक दः माही में एक बैठक होगी, लेकिन वार्ड सभा के कुल सदस्यों के 1/10 सदस्यों द्वारा अध्यपेक्षा किये जाने पर अथवा पंचायत, पंचायत समिति, जिला परिषद् या राज्य सरकार द्वारा अपेक्षा किये जाने पर ऐसी अपेक्षा के 15 दिन के भीतर वार्ड सभा की बैठक बुलाई जा सकेगा। [धारा 3 (2)]

गणपूर्ति

वार्ड सभा की किसी बैठक की गणपूर्ति के .लिए वार्ड सभा के कुल सदस्यों के 1/10 सदस्यों की उपस्थिति आवश्यक होगी। इसमें अनुसूचित जाति, अनुसूचित जनजाति, पिछड़े वर्ग तथा महिला सदस्यों की उपस्थिति उनकी जनसंख्या के अनुपात में होगी (धारा 4)

अध्यक्षता

वार्ड सभा की बैठक की अध्यक्षता उस वाड्र के पंच द्वारा की जायेगी। वार्ड पंच की अनुपस्थिति में वार्ड सभा की अध्यक्षता ऐसे व्यक्ति द्वारा की जायेगी जिसे उस बैठक में उपस्थित सदस्यों के बहुमत से निर्वाचित किया जाये (धारा 5)

विषय

वार्ड सभा में उन सभी विषयों पर खुलकर चर्चा की जायेगी जो उसके समक्ष रखे जायें। वार्ड सभा द्वारा प्रस्तावित सुझावों पर पंचायत द्वारा विचार किया जायेगा।

संकल्प

वार्ड सभा इस अधिनियम के अन्तर्गत सौंपे गाये विषयों पर संकल्प पारित कर सकेगी। ऐसे संकल्प वार्ड सभा में उपस्थिति और मतदान करने वाले सदस्यों के बहुमत से पारित किये जायेंगे। (धारा 6)

कृत्य

अधिनियम की धारा 7 के अनुसार वार्ड सभा के निम्नांकित कृत्य () हैं-

(क) विकास योजनाएँ बनाने के लिए अपेक्षित ब्यौरों के संग्रह और संकलन में पंचायत की सहायता करना,

(ख) वार्ड सभा के क्षेत्र में क्रियान्वित की जाने वाली विकास स्कीमों और कार्यक्रमों के प्रस्ताव तैयार करना और उसकी पूर्विकता तय करना,

(ग) वार्ड सभा के क्षेत्र से संबंधित विकास स्कीमों के क्रियान्वयन के लिए हिताधिकारियों की पूर्विकता क्रम में पहचान करना:

(घ) विकास स्कीमों के प्रभावी क्रियान्वयनमें सहायता करना:

(ङ) लोक उपयोगिताओं, सुख-सुविधाओं और ऐसी सेवाओं जैसे मार्गों में प्रकाश, पानी के सामुदायिक नल, सार्वजकिन कुएँ, सार्वजनिक सफाई इकाइयाँ, सिंचाई

सुविधाएँ आदि के लिए स्थान का सुझाव देना,

(च) लोकहित के विषयों जैसे स्वच्छता, पर्यावरण व.ा परिरक्षण, प्रदूषण का निवारण, सामाजिक बुराइयों से बचाव आदि के बारे में स्कीमें बनाना और जागरूकता लाना

(छ) लोगों के विभिन्न समूहों में सौहार्द और एकता को बढ़ाना,

(ज) सरकार से विभिन्न प्रकार की कल्याणकारी सहायता जैसे पेंशन और सहायिकी प्राप्त करने वाले व्यक्तियों की पात्रता को सत्यापित करना,

(झ) वार्ड सभा के क्षेत्रमें किये जाने के लिए प्रस्तावित संकर्म्रों के ब्यौरेवार प्राक्कलनों के बारे में सूचना प्राप्त करना, वार्ड सभा के क्षेत्र में क्रियान्वित किये गये सभी संकर्मों की सामाजिक संपरीक्षा करना और ऐसे संकर्मों के लिए उपयोजन और पूर्णता प्रमाण पत्र प्रदान करना,

(ञ) संबंधित अधिकारियों से उस वार्ड सभा क्षेत्र में ऐसी सेवाओं के बारे में जो वे उपलब्ध करायेंगे और ऐसे कार्यों के बारे में जिन्हें करने का उनका प्रस्ताव है, सूचना प्राप्त करना,

(ट) उस क्षेत्र में माता-पिता और अध्यापक संगमों केक्रियाकलापों में सहायता करना

(ठ) साक्षरता, शिक्षा, स्वास्थ्य, बाल विकास और पोषण को प्रोत्साहित करना,

(ड) सभी सामाजिक सेक्टरों की संस्थाओं और कृत्यकारियों पर नियंत्रण रखना,

(ढ) ऐसे अन्य कार्य जो समय-समय पर विहित किये जायें।

यहाँ यह उल्लेखनीय है कि वार्ड सभा की बैठकों में पंचायत समिति का विकास अधिकारी या उसकी ओर से नाम निर्देशित व्यक्ति उपस्थित रहेगा और वार्ड सभा के कार्यक्रमों का अभिलेख तैयार किया जोयगा (धारा 3 (5))

4

ग्राम सभा

राजस्थान पंचायती राज अधिनियम की एक और महत्त्वपूर्ण विशेषता ग्राम सभाओं का गठन है। गाँवों के सर्वांगीण विकास में इनकी भागीदारी सुनिश्चित करने के लिए अधिनियम के अध्याय 2 क की धारा 8 क से 8 ङ तक में ग्राम सभाओं के बारे में विशेष प्रावधान किया गया है।

गठन

प्रत्येक पंचायत सर्किल के लिए एक ग्राम सभा होगी तथा उस पंचायत सर्किल से सम्बन्धित निर्वाचक नामावलियों (वालेटर लिस्ट) में पंजीकृत व्यक्ति इसके सदस्य होंगे। [धारा 8 क (1)]

बैंठकें

प्रत्येक ग्राम सभा की वर्ष में न्यूनतम दो बैठकें होगी। प्रथम बैठक वित्तीय वर्ष के पहले त्रिमास में और द्वितीय बैठक वित्तीय वर्ष के अन्तिम त्रिमास में। लेकिन ग्राम सभा के कुल सदस्य संख्या के 1/10 सदस्यों की अध्यपेक्ष्ज्ञा पर या पंचायत समिति, जिला परिषद् अथवा राज्य सरकार द्वारा अपेक्षा किये जाने पर ग्राम सभा की बैठक ऐसी

अध्यपेक्षसा या अपेक्षा किये जाने के 15 दिन के भीतर बुलाई जा सकेगी। [धारा 9 क (2)]

गणपूर्ति

ग्राम सभा की बैठकों की गणपूर्ति (कोरम) के लिए ग्राम सभा के कुल सदस्यों के 1/10 सदस्यों की उपस्थिति आवश्यक है। (धारा 8 ख)

अध्यक्षता

ग्राम सभा की बैइकों की अध्यक्षता सरपंच द्वारा की जायेगी। सरपंच की अनुपस्थिति में अध्यक्षता उप सरपंच द्वारा की जायेगी। दोनों की अनुपस्थिति में अध्यक्षता ग्राम सभा के ऐसे सदस्य द्वारा की जायेगी जिसे उस ग्राम सभा में उपस्थिति सदस्यों के बहुमत से निर्वाचित किया जाये।

ग्राम सभा की बैठकें सरपंच द्वारा और सरपंच की अनुपस्थिति में उप सरपंच द्वारा बुलाई जायेगी। (धारा 8 ग)

विषय

ग्राम सभा के समक्ष ऐसे विषय विचारार्थ रखे जायेंगे जिन्हें पंचायत, पंचायत समिति, जिला परिषद या राज्य सरकार अपेक्षित समझे। ग्राम सभा में ऐसे विषयों पर खुलकर चर्चा की जायेगी और उसके सुझावों पर पंचायत द्वारा विचार किया जायेगा। [धारा 8 क (5) व (6)]

संकल्प

ग्राम सभा द्वारा उसे इस अधिनियम के अन्तर्गत सौंपे गये विषयों पर संकल्प पारित करने का अधिकार होगा। ऐसे संकल्प ग्राम सभा की बैठक में उपस्थित और मतदान करने वाले सदस्यों के बहुमत से पारित किये जायेंगे।

कृत्य

अधिनियम की धारा 9 ङ के अनुसार ग्राम सभा के निम्नांकित कृत्य () होंगे-

(क) सामाजिक और आर्थिक विकास के लिए योजनाओं, कार्यक्रमों और परियोजनाओं का, वार्ड सभा द्वारा अनुमोदित योजनाओं, कार्यक्रमों और परियोजनाओं में से पूर्विकता क्रम में, ऐसी योजनाओं, कार्यक्रमों और परियोजनाओं को पंचायत द्वारा क्रियान्वयन के लिए हाथ में लिये जाने के पूर्व, अनुमोदन करना,

(ख) गरीबी उन्मूलन और अन्य कार्यक्रमों के अधीन हिताधिकारियों के रूप में व्यक्तियों की, उसकी अधिकारित के अधीन आने वाली विभिन्नी वार्ड सभाओं द्वारा पहचाने गये व्यक्तियों में से, पूर्विकता क्रम में पहचान या चयन,

(ग) संबंधित वार्ड सभा से यह प्रमाण पत्र अभिप्राप्त करना कि पंचायत ने खण्ड (क) में निर्दिष्अ उन योजनाओं, कार्यक्रमों और परियोजनाओं के लिए उपलब्ध करायी गयी निधियों का सही ढंग से उपयोग कर लिया है जिनका उस वार्ड सभा के क्षेत्र में व्यय किया गया है:-

(घ) कमजोर वर्गों को आवंडित भूखण्डों के संबंध में सामाजिक संपरीक्षा करना,

(ङ) आबादी भूमियों के लिए विकास की योजनाएँ बनाना और अनुमोदित करना

(च) सामुदियक कल्याण कार्यक्रमों के लिए स्वैच्छिक श्रम और वसतु रूप में या नकद अथवा दोनों ही प्रकार के अभिदाय जुटाना,

(छ) साक्षरता, शिक्षा, स्वास्थ्य और पोषण को प्रोत्साहित करना,

(ज) ऐसे क्षेत्र में समाज के सभी समुदायों के बीच एकता और सौहार्द बढ़ाना,

(झ) किसी भी विशिष्ट क्रियाकलाप, स्कीम, आय और व्यय के बारे में पंचायत के सदस्यों और सरपंच से स्पष्टीकरण मांगना।

(ञ) वार्ड सभा द्वारा अभिशंसित संकर्मों में से पूर्विकता क्रम में विकास संकर्मों की पहचान और अनुमोदन,

(ट) लघु जल निकायों की योजना और प्रबन्ध,

(ठ) गौण वन उपजों का प्रबन्ध,

(ड) सभी सामाजिक सेक्टरों की संस्थाओं और कृत्यकारियों पर नियंत्रण,

(ढ) जनजाति उप योजनाओं को सम्मिलित करते हुए स्थानीय योजनाओं पर और ऐसी योजनाओं के स्त्रोंतों पर नियंत्रण,

(ण) ऐसे पंचायत सर्किल के क्षेत्र की प्रत्येक वार्ड सभा द्वारा की गयी अभिशंसाओं के बारे में विचार ओर अनुमोदन और,

(त) ऐसे अन्य कृत्य जाू विहित किये जायें।

यहां यह उल्लेखनीय है कि पंचायत समिति का विकास अधिकारी या उसकी ओर से नामनिर्देशित व्यक्ति ग्राम सभा की बैठकों में उपस्थित रहेगा तथा ग्राम पंचायत के सचिव द्वारा ग्राम सभा की बैठकों का अभिलेख तैयार किया जायेगा। बैठक का कार्यवृत्तान्त ग्राम सभा में उपस्थित व्यक्तियों को पढ़कर सुनाया जाएगा तथा उस पर उनके हस्ताक्षर लिये जायेंगे। लेखबद्ध कार्यक्रमों की प्रतियाँ तद्प्रयोजनार्थ विहित प्राधिकारियों को भेजी जायेगी। [धारा 8 क (7)]

पंचायती राज संस्थाओं को सशक्त बनाने के लिए राजस्थान पंचायती राज अधिनियम, 1994 में पंचायतों, पंचायत समितियों एवं जिला परिषदों को कई महत्त्वपूर्ण शक्तियाँ प्रदान की गई हैं। अधिनियम की धारा 50, 51, एवं 52 तथा अनुसूची प्रथम, द्वितीय व तृतीय में इन शक्तियों का उल्लेख किया गया है।

इस अध्याय में पंचायतों के पंच, सरपंच एवं उप सरपंच की शक्तियों, कर्त्तव्यों एवं दायित्वों पर प्रकाश डाला जा रहा है।

सरपंच की शक्तियाँ

जनता द्वारा प्रत्यक्ष रूप से निर्वाचित सरपंच ग्राम पंचायत का मुखिया होता है। उसे संबंधित गांव का ''प्रथम नागरिक'' भी कहा जा सकता है। गाँव का सर्वांगीण विकास उसी के हाथों में सुरक्षित होता है। एक कुशल, ईमानदार एवं कर्त्तव्यनिष्ठ सरपंच गाँव के प्रति प्रतिबद्धता का निर्वहन करते हुए गाँव को स्वर्ग बना सकता है। अधिनियम में इसीलिए सरपंच को विपुल शक्तियाँ प्रदान की गई हैं। यहाँ इन पर प्रकाश डाला जा रहा है-

(i) **ग्राम सभा की बैठकों की अध्यक्षता करना**-सत्ता में जनता की सीधी भागीदारी की दृष्टि से नये पंचायतीराज अधिनियम के **अध्याय-2क** में ग्राम सभाओं के गठन की व्यवस्था की गई हे। ग्राम सभाओं को गाँव की विकास योजनाओं की समीक्षा एवं उनसे सहायता करने का कार्य सौंपा गया है। ऐसी महत्त्वपूर्ण संस्था की बैठक बुलाने एवं उसकी सहायता करने का अधिकार सरपंच को प्रदान किया गया है। **(धारा 8ग)**

(ii) **पंचायत की बैठकों की अध्यक्षता करना**-जैसा कि ऊपर कहा जा चुका है कि, सरपंच ग्राम पंचायत का मुखिया एवं गाँव का प्रथम नागरिक होता है। उसी को ग्राम पंचायत की बैठकों का आयोजन करने एवं उनकी अध्यक्षता करने का अधिकार भी दिया गया है। सरपंच केवल बैठकों की अध्यक्षता ही नहीं करता, अपितु उनको विनियमित भी करता है अर्थात वही ऐसे उपाय करता है जिनसे बैठकें शान्ति से सम्पन्न हों। पंचायतों की गरिमा के अनुरूप बैठकों की सुव्यवस्था सुनिश्चित करने का विवेकाधिकार सरपंच को ही है। **[धारा 32 (1) ख]**

जब तक सरपंच उपस्थित रहता है तब तक अन्य व्यक्ति न तो बैठक बुला सकता है और न ही उसकी अध्यक्षता कर सकता है। (महादेव बनाम ग्राम पंचायत नपासर, 1982 डब्ल्यू. एल. एन. 45)

(iii) अधिकारियों एवं अधीनस्थ कर्मचारियों पर प्रशासनिक नियंत्रण-नये पंचायतीराज अधिनियम में सरपंच को प्रदत्त की गइ यह एक महत्त्वपूर्ण शक्ति है। हम जानते हैं कि पंचायत के कार्यों एवं कर्त्तव्यों के निर्वहन के लिये राज्य सरकार द्वारा प्रदतत शक्तियों के अन्तर्गत पंचायत द्वारा अधिकारियों एवं कर्मचारियों की नियुक्ति की जाती है। वर्तमान में मुख्य रूप से पंचायत में सचिव एवं चतुर्थ श्रेणी कर्मचारियों की नियुक्ति की व्यवस्था है। ये अधिकारी एवं कर्मचारी यद्यपि सरकार के सेवक होते हैं परन्तु इन पर:

(क) प्रशासनिक पर्यवेक्षण, एवं

(ख) नियंत्रण

सरपंच का होता है। ये सभी सरपंच के आदेशों की पालना करने के लिए आबद्ध होते हैं। अनुशासनहीनता की दशा में सरपंच इनके विरुद्ध अनुशासनात्मक कार्यवाही करने के समुचित कदम उठा सकता है। **[धारा 32 (1) (ङ)]**

(iv) गाँव के विकास के लिए कार्य करना-ग्राम पंचायतों के गठनका मुख्य उद्देश्य है-गाँवों का सर्वांगीण विकास। विकास की यह बागडोर सरपंच के ही हाथों में होती है। अपनी सूण-बूझ, ईमानदारी, निष्ठा एवं कर्त्तव्यपरायणता से वह गाँव को ''स्वर्ग'' बना सकात है। इसके लिए सरपंच वे सब कदम उठा सकता है या उन सभी शक्तियों का प्रयोग कर सकता है जो समय-समय पर अधिनियम या अधिनियम के अधीन बनाये गये नियमों के अधीन उसे प्रदत्त की जायें। ऐसी शक्तियाँ मुख्य रूप से निम्नांकित हो सकती हैं:

(क) गाँव के विकास की योजना तैयार करना;

(ख) समाज के कमजोर वर्गों एवं महिलाओं के उत्थान की दिशा में कार्य करने की पहल करना;

(ग) पंचायत की आय के स्रोत सुनिश्चित करना एवं उनमे अभिवृद्धि के प्रयास करना;

(घ) कर, शुल्क आदि अधिरोपित करना;

(ङ) सार्वजनिक निम्रण के कार्यों में अभिरुचि लेना;

(च.) स्थानों, परिसरों व मार्गों का निरीक्षण करना आदि।

(v) पंचायत की निधि का उपयोग करना–नये पंचायतीराज अधिनियम की महत्त्वपूर्ण देन है अर्थात स्वायत्तता। यह एक मानी हुई बात है कि अर्थ अर्थात् स्वायत्तता। यह एक मानी हुई बात है कि अर्थ अर्थात् धन के अभाव में पंचायतें विकास कार्य नहीं कर सकतीं। विकास-कार्यों के लिए पग-पग पर धन की आवश्यकता होती है। यही कारण है कि पंचायतों की आर्थिक स्थिति को सुदृढ़ करने के लिए उन्हें कर एवं शुल्क लगाने, विकास कर अधिरोपित करने तथा अनुदान पाने का अधिकार दिया गया है। इन सभी स्रोतों से जो भी धन प्राप्त होता है वह पंचायत कोष/निधि में जमा होता है और इस धन को विकास कार्यों में लगाने का अधिकार सरपंच को ही दिया गया है।

गाँव के विकास के लिए सरपंच को क्या करना चाहिए?

गाँवके विकास का सरपंच पर गुरुतर दायित्व होता है। उसे अथक एवं भागीरथ प्रयासों से दिन-रात गाँव के विकास में लगना होता हे, अनेक संघर्षों एवं विप्दाओं का सामना करना पड़ता है। पग-पग पर उसके धैर्य एवं नि:स्वार्थ भाव की परीक्षा होती है। ऐसे में सरपंच को अत्यन्त सहनशीलता, संवेदनशीलता एवं धैर्य का परिचय देना चाहिये। यदि सरपंच अपने कार्यकाल में विकास के अच्दें कार्य करता है तो आगे के चुनावों में उसकी विजय सुनिश्चित हो जाती है। अपनी विजय को सुनिश्चित करने के लिए सरपंचों के लिए कुछ कार्य प्रस्तावित किये जा रहे हैं। सरपंच को प्राथमिकता के आधार पर इन कार्यों को मूर्त्त रूप देने का प्रयास करना चाहिए–

(क) गाँव की सफाई एवं स्वच्छता–सर्वप्रथम गाँव की सफाई एवं स्वच्छता पर ध्यान देना चाहिये। आज गाँवों की सबसे बड़ी समस्या यही है। गाँवों में गंदगी फैली रहती ळै। चारों ओर मैला, कूड़ा-करकट, कीचड़ आदि फैला रहता है। सूअर आदि जानवार गाँवों में विचरण करते हैं। इन सभी से न केवल गाँवों की सुन्दरता बिगड़ती है अपितु असंख्य बीमारियाँ भी फैल जाती हैं। अत: सरपंच को सर्वप्रथम गाँव की सफाई पर ध्यान देना चाहिए। इसके लिए सरपंच निम्नांकितउ पाय कर सकता है–

(1) प्रत्येक मोहल्ले के लिए सफाई कर्मचारी की नियुक्ति करना;

(2) एक जमादार की नियुक्ति करना, जो प्रतिदिन प्रत्येक मोहल्ले का निरीक्षण कर यह सुनिश्चित करे कि उस मोहल्ले में सफाई हुई या नहीं;

(3) मोहल्ले को संबंधित पंच के पर्यवेक्षण एवं नियंत्रण में रखना जो हमेशा यह देखे कि सफाई हुई या नहीं;

(4) गंदे पानी की निकासी के लिए नालियाँ बनाना;

(5) सूअरों, गड्रों, आवारा कुत्तों, पशुओं आदि को गाँव में विचरण नहीं करने देना;

(6) स्थान-स्थान पर कूड़ा-करकट डालने के लिए ड्रम, पात्र आदि की व्यवस्था करना;

(7) मूत्रालयों एवं शौचालयों की व्यवस्था करना, आदि।

(ख) पानी की व्यवस्था-जीवन की सर्वाधिक महत्त्वपूर्ण आवश्यकता पानी है। आज गाँवों की यह एक प्रमुख समस्या है। आये दिन पानी की किल्लत को लेकर झगड़े, विवाद, हड़ताल एवं घेराव होते हैं। अतः सरपंच को गाँव की सफाई के बाद पानी की व्यवस्था पर ध्यान देना चाहिये। वह पंचायत के आर्थिक स्रोतों अथवा राज्य सरकार के सहयोग से पानी की समस्या का निराकरण कर सकता है। इकसे लिए कतिपय सुझाव दिये जा रहे हैं:

(1) प्रत्येक मोहल्ले में नल लगाये जायें;

(2) जहाँ नल की व्यवस्था न हो सके, वहाँ हैण्डपम्प लगाये जायें;

(3) जहाँ इन दोनों की ही व्यवस्था न हो, वहाँ कुओं-बावड़ियों आदि को गहरा कराया जाये;

(4) कुओं एवं बावड़ियों की सफाई सुनिश्चित की जाये;

(5) पानी की बहुतायत वाले क्षेत्रों से टैंकरों में पानी मंगवाया जाकर सप्लाई किया जाये;

(6) पानी के समान व न्यायोचित वितरण की व्यवस्था की जाये आदि।

(ग) बिजली की व्यवस्था-पानी के बाद सरपंच को गाँवों में बिजली की व्यवस्था पर ध्यान देना चाहिए। आज प्रायः अधिकांश गाँवों का विद्युतीकरण हो गाया है। गाँव-गाँव में बिजली पहुँच गई है। ऐसा होने पर भी गाँव में बिजली की अव्यवस्था की प्रायः शिकायत रहती है। अतः शिकायत के निवारण की दिशा में सरपंच को निम्नांकित कदम उठाने चाहिये-

(1) पंचायत स्तर से या राज्य सरकार से प्रार्थना कर गाँवों में विद्युत व्यवस्था की जाये,

(2) जहाँ विद्युत व्यवस्था उपलबध हो, वहाँ विद्युत के समान व न्यायोचित वितरण के प्रबन्ध किये जायें,

(3) पंचायत के सचिव या अन्य कर्मचारी का यह कर्त्तव्य रखा जाये कि वह प्रतिदिन यह देखे कि बिजली की सप्लाई समुचित रूप से हो रही है या नहीं,

(4) प्रत्येक मोहल्ले में व सार्वजनिक स्थानों, मार्गों, सड़कों आदि पर बिजली के खम्भे लगाकर बिजली प्रदाय की व्यवस्था की जाये,

(5) जहाँ कहीं बिजली के खम्भे क्षतिग्रस्त हो जायें, ट्यूब-बल्ब आदि टूट-फूट जायें, उन्हें तत्काल दुरुस्त करने अथवा बदलने की व्यवस्था की जाये।

(घ) सड़कों का निर्माण-प्राथमिकता के आधार पर पानी व बिजली के बाद सरपंच का ध्यान सड़कों के निर्माण पर जाना चाहिये। सरकार का भी आज यही प्रयास है कि प्रत्येक गाँव सड़कों से जुड़े। गाँव के भीतरी भाग में भी सड़ाकों का निर्माण हो। सड़कों के निम्रण का दोहरा लाभ है-प्रथम तो यातयात सुविधा हो जाती हे, दूसरा गाँवों में सफाई भी रहती हे। सड़कों से न मिट्टी उड़ने का डर रहता है और न ही भूमि के कटाव का। सरपंच अपने पंचायत कोष से या राजय सरकार के अनुदान सेया अकाल राहत कार्यों के माध्यम से सड़कों का निर्माण करा सकता है।

(ङ) गश्त की व्यवस्था-गाँवों की सुरक्षा का दायित्व भी सरपंच पर ही है। वस्तुतः यह एक अहम् कार्य एवं दायित्व है। गाँव की सुरक्षा पर ही गाँव में शान्ति व अमन-चैन बना रह सकता है। चोरी, लूट, डकैती, हत्या, बलात्कार, मारपीट आदि घटनाओं से नागरिकों में भय का वातावरण बना रहता है। सुरक्षा का कार्य यद्यपि पुलिस का है, फिर भी सरपंच को चाहिये कि वह पंचायत के माध्यम से सुरक्षा के उपाय करे। इसके लिए सरपंच को चाहिये कि वह-

(1) रात्रि गश्त की व्यवस्था करे;

(2) रात्रि गश्त के लिए वह गाँव के किसी भी सेवानिवृत्त व्यक्ति, बेरोजगार व्यक्ति अथवा गोरखा आदि को अंशकालीन सेवा अथवा संविदा शर्तों पर नियुक्त कर सकता है;

(3) रात्रि गश्त वाले व्यक्ति को बिजली की देख-रेख का कार्य भी सौंपा जा सकता है; आदि।

(च) बाजारों, मेलों आदि का व्यवस्थीकरण-बाजारों, मेलों आदि को सुव्यवस्थित कर सरपंच गाँव के सौन्दर्य और व्यवस्था में चार चाँद लगा सकता है। इनकी अव्यवस्था से अन्य अनेक प्रकार की दुविधायें उत्पन्न हो जाती हैं। अतः सरपंच को चाहिये कि वह-

(1) बाजारों को व्यवस्थित करे,

(2) यथासम्भव विशिष्ट बाजार बनाये,

(3) सब्जी, माँस, मदिरा आदि के लिए व्यवस्थित दुकानों, स्टॉलों, थड़ियों आदि की व्यवस्था करे,

(4) माँस, मदिरा आदि की दुकानें गाँव से बाहर तथा विद्यालयों, अस्पतालों आदि से पर्याप्त दूरी पर रखी जायें,

(5) मेलों अथवा हाट बाजारों में दुकानों की व्यवस्था के साथ-साथ शान्ति तथा कानून-व्यवस्था के पर्याप्त प्रबन्ध किये जायें, आदि।

(छ) सड़कों मोहल्लों आदि का नामकरण-सड़कों, मोहल्लों आदि का नामकरण यद्यपि सरपंच के लिए उतना आवश्यक कार्य नहीं है जितने अन्य कार्य, फिर भी गाँव के सौन्दर्य एवं उसकी पहचान स्थापित करने के लिए सड़कों, मोहल्लों आदि का नामकरण किया जा सकता है। इससे आगन्तुकों को तो सुविधा मिलती ही है साथ ही साथ डाक वितरण में भी आसानी हो जाती है।

यहाँ एक सुझाव यह है कि जहाँ तक हो सके, नामकरण में राजनेताओं के नामों को डाला जाये ताकि किसी प्रकार का विवाद न हो। नामों में आदर्श एवं नीति वाक्यों का चुनाव किया जा सकता है, जैसे धर्म पथ, नीति मार्ग, शान्ति पथ, अहिंसा मार्ग, सत्य पथ, न्याय मार्ग, पुण्य मार्ग, स्वास्थ्य पथ आदि।

और क्या करना चाहिये सरपंच को ?

इनके अलावा विकास के और भी कई कार्य हैं जो सरपंच द्वारा किये जा सकते हैं, जैसे-

1. गाँव में आवारा पशुओं का प्रवेश निषिद्ध करना;
2. कांजी हौस की व्यवस्था करना;
3. अनुसूचित जाति एवं जन जाति के लोगों के उत्थान हेतु योजनायें तैयार

करना;

4. महिलाओं के हितों की सुरक्षा एवं उनके कल्याण की दिशा में अग्रसर होना;

5. सामाजिक कुरीतियों जैसे, बाल विवाह, दहेज, मृत्युभोज आदि का उन्मूलन करना;

6. वन एवं पर्यावरण के संरक्षण के उपाय करना;

7. शिक्षा एवं चिकित्सा की समुचित व्यवस्था के लिए प्रयास करना, आदि।

सरपंच के संवैधानिक कर्त्तव्य एवं दायित्त्व

जहाँ सरपंच के विपुल अधिकार हैं वहीं उसके कतिपय वैधानिक कर्त्तव्य एवं दायित्व भी हैं, यथा-

(क) निष्ठा एवं ईमानदारी से कार्य करना-सरपंच का सबसे पहला कर्त्तव्य है निष्ठा एवं ईमानदारी से कार्य करना। वस्तुतः यही एक ऐसा गुण है जो सरपंच की प्रतिष्ठा को बनाये रख सकता है। यदि सरपंच स्वयं कर्त्तव्यपरायणता से कार्यकरता है तो उसके अन्य पंच, अधिकारी एवं कर्मचारी भी उसका साथ देने में पीछे नहीं रहते। जनता का भी उसे भरपूर सहयोग मिलता है। प्रत्येक सरपंच को चाहिये कि वह-

(1) घूस अर्थात रिश्वत नहीं ले;

(2) पंचायत में अपना कोई हित निहित नहीं होने दे;

(3) पक्षपात नहीं करे;

(4) अपने ही मामले में निर्णायक नहीं बने;

(5) गाँव के लोगों के सुख-दुख में भागीदार बने;

(6) अवैध उपहार आदि स्वीकार नहीं करे।

(ख) पंचायत के कोष एवं सम्पत्ति का दुरुपयोग न करे-सरपंच का यह कर्त्तव्य है कि वह पंचायत की सम्पत्ति की रक्षा करे एवं उसके कोष का दुरुपयोग नहीं करे। राजस्थान पंचायतीराज अधिनियम, 1994 की धारा 111 में यह कहा गया है कि सरपंच पंचायत की-

(1) सम्पत्ति को हानि से बचाये,

(2) उसका दुरुपयोग नहीं होने दे,

(3) उसका दुर्विनियोग नहीं करे,

(4) गाँव के अधिकतम विकास में उसका उपयोग करे, आदि।

(ग) अभिलेखों का अनुरक्षण करे-पंचायत का सम्पूर्ण अभिलेख सरपंच के नियंत्रणमें रहता है, अत: उसका यह कर्त्तव्य है कि वह उसका अनुरक्षण करे, अर्थात उसे-

(1) सुरक्षित अभिरक्षा में रखे,

(2) उसे नष्ट अथवा खराब होने से बचाये,

(3) उसमें किसी प्रकार की जालसाजी नहीं होने दे,

(4) धारा 32 (1) (ग) में विहित दायित्व का पालन करे।

(घ) अपने कर्त्तव्यों का पालन करे-सरपंच का यह दायित्व है कि वह उन सभी कर्त्तव्यों का निर्वहन करे जो उसे समय-समय पर-

(1) इस अधिनियम के अधीन,

(2) इस अधिनियम के अन्तर्गत बनाये गये नियमों के अधीन एवं

(3) राज्य सरकार द्वारा सौंपे जायें। [धारा 32 (1) च]

उपसरपंच के अधिकार, कर्त्तव्य, शक्तियाँ एवं दायित्व

पंचायत में सरपंच के बाद दूसरा सीन उप सरपंच का है। सरपंच की अनुपस्थिति में उप सरपंच ही सरपंच का कार्य करता है। अत: उप सरपंच के भी वे सभी अधिकार, कर्त्तव्य, शक्तियाँ एवं दायित्व हैं जो सरपंच के हैं। अन्तर केवल यही है कि सरपंच के उपस्थित रहते वह इन शक्तियों का प्रयोग नहीं कर सकता।

अधिनियम की धारा 32 (2) में उप सरपंच की शक्तियों का उल्लेख किया गया है। इसके अनुसार-

(1) सरपंच की अनुपस्थिति में उप सरपंच को वे भी सभी अधिकार होते हैं जो सरपंच को उपलब्ध हैं।

(2) उप सरपंच को वे अधिकार होते हैं जो राजय सरकार द्वारा उसे प्रत्याोजित किये जायें, एवं

(3) उप सरपंच उन सारी शक्तियों एवं अधिकारों का प्रयोग कर सकता है जो पंचायत द्वारा संकल्प पारित कर उसे सौंपे जायें।

पंचों के अधिकार उवं कर्त्तव्य

पंच भी पंचायतीराज संस्थाओं का एक महत्वपूर्ण अंग है। वस्तुत: सत्ता के विकेन्द्रीकरण की पंच ही एक अहम् कड़ी है। गाँव की जनता का वास्तविक प्रतिनिधित्व ये पंच ही करते हैं। अधिनियम में यद्यपि पंचों के अधिकारों एवं कर्त्तव्यों का स्पष्ट उल्लेख नहीं किया गया है, लेकिन व्यावहारिक दृष्टि से पंचों के निम्नांकित अधिकार एवं कर्त्तव्य हैं-

(क) सरपंच को सहयोग करना-हम जानते हैं कि सरपंच पंचायत का मुखिया होता है तथा गाँव का सर्वांगीण विकास उसके हाथों में निहित रहता है, परनतु सरपंच अकेला कुछ नहीं कर सकता, यदि उसे पंचों का सहयोग नहीं मिले। वस्तुत: सरपंच पंचों के सहयोग से ही अपने कर्त्तव्यों का निर्वहन करता है। यह एक टीम है और टीम भावना से ही पंचायत कार्य करती है। सरपंच तो टीम का कप्तान मात्र होता है। सरपंच पंचों की राय को अनदेखा नहीं कर सकता। अत: गाँव के विकास में पंचों का अपूर्व सहयोग रहता है।

(ख) अपने वार्ड के विकास को गति देना-पंच जिस वार्ड से निर्वाचित होकर आता है उस वार्ड का विकास कराना उसका दायित्व माना जाता है। वार्ड की समस्याओं का निराकरण करना, वार्ड के लोगों के दु:ख-दर्द का जायजा लेना उसी का कर्त्तव्य है। यदि पंच अपने वार्ड की उपेक्षा करता है तो वह दुबारा उस वार्ड से चुने जाने की आशा नहीं कर सकता। अत: पंच को चाहिये कि वह अपने वार्ड में बिजली, पानी, सड़क, नालियों आदि की व्यवस्था को देखता रहे और कमियों को दूर करने का प्रयास करे।

(ग) निर्णयों में भाग लेना-पंचायत विकास कार्यों के संबंध में जो भी निर्णय लेती है वह या तो एकमत निर्णय होता है या फिर बहुमत् का। ऐसी दशा में निर्णय लेने में पंचों की अहम् भूमिका होती है। पंच किसी निर्णय का विरोध भी कर सकते हैं। पंचों को प्रस्ताव एवं सुझाव रखने का भी अधिकार होता है।

(घ) निषेधाज्ञा जारी करना-गाँव में यदि कोई व्यक्ति अवैध निर्माण कार्य करता है या पंचायत की अनुमति के बिना कार्य करता है तो पंचों एवं सरपंचों को निषेधाज्ञा के माध्यम से ऐसे कार्य को रुकवाने का अधिकार है।

(ङ) निरीक्षण का अधिकार-पंचों को पंचायत क्षेत्र में चलने वाले निर्माण कार्यों, विकास कार्यों आदि का निरीक्षण करने का अधिकार है। वे मौके पर जाकर स्थिति

का जायजा ले सकते हैं और यह सुनिश्चित कर सकते हैं कि निम्रण कार्य अथवा विकास कार्य सहीं ढंग से हो रहे हैं या नहीं।

(च) अभिलेखों तक पहुँच का अधिकार-पंचों को पंचायत के अभिलेखों को देखने, उनका निरीक्षण करने तथा उनकी प्रतिलिपियाँ प्राप्त करने का अधिकार होता है। उन्हें अपने इस अधिकार से वंचित नहीं किया जा सकता।

(छ) अविश्वास प्रस्ताव लाने का अधिकार-पंचों को प्रदत्त यह एक महत्त्वपूर्ण अधिकार है। पंच यदि यह पाते हैं कि सरपंच विधिनुसार कार्य नहीं कर रहा है, वह कदाचार अथवा दुराचरण का दोषी है या वह कार्य करने में सक्षम नहीं रह गया है या अन्य किसी कारण से उसका सरपंच के पद पर बने रहना पंचायत के हित में नहीं है तो न्यूनतम एक-तिहाई सदस्य सरपंच के विरुद्ध अविश्वास प्रस्ताव ला सकते हैं। (धारा 37) इस प्रकार पंच पंचायतों की धुरी और केन्द्र बिन्दु हैं। सरपंच द्वारा किसी पंच की उपेक्षा नहीं की जा सकती है। वस्तुत: पंच ही पंचायतीराज संस्थाओं की नींव के पत्थर हैं।

□□□

5

पंचायत समितियों के अधिकार एवं कर्त्तव्य

जिला प्रमुख पंचायतीराज संस्थाओं का शीर्षस्थ जनप्रतिनिधि होता है। वह जिला परिषद का मुख्यि होता है। सम्पूर्ण जिले में उसे अत्यन्त सम्मान की दृष्टि से देखा जाता है। लोग उसे स्नेह से ''प्रमुखजी'' के नाम से सम्बोधित करते हैं।

जिला प्रमुख को भी नये अधिनियम में व्यापक शक्तियाँ प्रदान की गई हैं-

(क) जिला परिषद की बैठकों की अध्यक्षता करना-जैसा कि ऊपर कहा जा चुका है प्रमुख जिला परिषद का मुखिया होता है। यही कारण है कि उसे जिला परिषद की बैठकों के सम्बन्ध में अहम् स्थान प्रदान किया गया है। जिला प्रमुख ही जिला परिषद की-

(1) बैठकें बुलाता है;

(2) बैठकों की अध्यक्षता करता है, एवं

(4) बैठकों का संचालन करता है।

जिला प्रमुख के रहते हुएकोई अन्य व्यक्ति जिला प.रिषद की बैठकें नहीं बुला सकता। बैठकें शान्तिपूर्वक सम्पन्न हों, इसके लिए जिला प्रमुख अपने विवेकानुसार वे सारे कदम उठा सकता है जो वह उचित एवं आवश्यक समझे। [धारा 35 (1)]

(ख) अभिलेखों तक पहुँच रखना-जिला परिषद के अभिलेख यद्यपि मुख्य कार्यपालक अधिकारी के कब्जे में रहते हैं लेकिन उन पर जिला प्रमुखका भी पूर्ण नियंत्रण रहता है। वह जिला परिषद के किसी भी अभिलेख अथवा दस्तावेज को-

(1) अपने पास मंगवा सकता है,

(2) उनका निरीक्षण कर सकता है; एवं

(3) उनकी प्रतिलिपियाँ प्राप्त कर सकता है।

कहने का अभिप्राय यह है कि जिला प्रमुख की जिला परिषद के सभी अभिलेखों तक पहुँच होती है। [धारा 35 (1) (ग)]

(ग) अधिकारियों एवं कर्मचारियों पर पर्यवेक्षण एवं नियंत्रण-प्रधान की तरह प्रमुख को भी अपने अधीनस्थ अधिकारियों एवं कर्मचारियों पर पर्यवेक्षण एवं नियंत्रण की शक्तियाँ प्रदान की गई हैं। मुख्य कार्यपालक अधिकारी पर प्रमुख का प्रशासनिक पर्यवेक्षण एवं नियंत्रण रहता है तथा अन्य अधिकारियों व कर्मचारियों पर मुख्य कार्यपालक अधिकारी के माध्यम से वह प्रशासनिक पर्यवेक्षण एवं नियंत्रण रखता है। **[धारा 35 (1) (ग)]**

(घ) पंचायतों का मार्गदर्शन करना-जिले की सभी पंचायतें जिला प्रमुख के अधीन होती हैं, ऐसी दशा में प्रमुख को ही सभी पंचायतों के विकास कार्यक्रमों को गति प्रदान करनी होती है। जिला प्रमुख को यह अधिकार दिया गया है कि वह-

(1) पंचायतों के विकास कार्यों को प्रोत्साहित करने के लिए उन्हें प्रेरित एवं उत्साहित करे;

(2) पंचायतों की विकास योजनायें तैयार करने में उनका मार्गदर्शन करे;

(3) पंचायतों के विकास कार्यों में सहयोग करे; एवं

(4) स्वैच्छिक संगठनों के विकास में भागीदार बने। **[धारा 35 (1) (छ)]**

(ङ) प्राकृतिक आपदाओं पर एक लाख रुपये तक की राशि खर्च करने का अधिकार–नये अधिनियम में जिला प्रमुख कोप्रदान किया गया यह एक महत्त्वपूर्ण अधिकार है। इसके अनुसार जब कभी भी अपने जिले में कोई प्राकृतिक आपदा आ जाये तब उससे तत्काल निपटने के लिए जिला प्रमुख मुख्य कार्यपालक अधिकारी के परामर्श से एक वर्ष में **एक लाख रुपये** तक की राशि खर्च कर सकता है। ऐसी आपदा अकाल, बाढ़, आग, ओलावृष्टि, भूकम्प आदि कैसी भी हो सकती है। वस्तुत: यह एक समुचित व्यवस्था है, क्योंकि प्राकृतिक आपदाओं से तत्काल निपअना आवश्यक होता है।

ऐसे अवसरों पर राज्य के अनुदान अथवा सहयोग की प्रतीक्षा नहीं की जा सकती। **[धारा 35 (1) (च)]**

(च) जिला परिषद के कोष में से व्यय करने का अधिकार–जिले के विकास कार्यों पर किया जाने वाला व्यय जिला प्रमुख की देखरेख में ही होता है। यहाँ जिला प्रमुख के अधिकारों के साथ-साथ उसके कुछ दायित्व भी दिये गये हैं, अर्थात्–

(1) वह जिला परिषद की सम्पत्ति को हानि से बचाये;

(2) वह जिला परिषद की निधिका दुरुपयोग नहीं करे;

(3) वह जिला परिषद की निधि का दुर्विनियोग नहीं करे, आदि। **[धारा 111]**

इस प्रकार जिला प्रमुख की शक्तियाँ अत्यन्त व्यापक एवं महत्त्वपूर्ण हैं। जिले में अपने पद की प्रतिष्ठा एवं गरिमा को बनाये रखने के लिए उसे पूर्ण निष्ठा, ईमानदारी, कर्त्तव्यपरायणता एवं समर्पण भाव से जनसेवा में लगे रहना चाहिये।

उपजिला प्रमुख के अधिकार एवं कर्त्तव्य

जिले के जिला प्रमुख के बाद उपजिला प्रमुख ही उसकी शक्तियों का प्रयोग एवं कर्त्तव्यों का निर्वहन करता है। अन्तर केवल इतना ही है कि उपजिला प्रमुख अपनी इन शक्तियों का प्रयोग जिला प्रमुख की अनुपस्थिति में ही कर सकता है। धारा 35 (2) में उपजिला प्रमुख के निम्नांकित अधिकारों एवं कर्त्तव्यों का उल्लेख किया गया है–

(1) उपजिला प्रमुख, जिला प्रमुख की अनुपस्थिति में जिला परिषदों की बैठकों की अध्यक्षता करता है;

(2) उपजिला प्रमुख उन सभी शक्तियों का प्रयोग करता है जो उसे इस अधिनियम या इसके अन्तर्गत बनाये गये नियमों के अधीन सौंपी जायें; तथा

(3) जिला प्रमुख का निर्वाचन होने तक अथवा जिला प्रमुख के तीन दिन से

अधिक की अवधि तक अवकाश पर रहने पर उपजिला प्रमुख ही इन शक्तियों का प्रयोग एवं कर्त्तव्यों का निर्वहन करता है।

उपजिला प्रमुख से यह अपेक्षा की जाती है कि वह पूर्ण निष्ठा, कर्त्तव्य-परायणता, ईमानदारी एवं समर्पण भाव से जनता की सेवा करे तथा अपने पद की गरिमा के अनुकूल आचरण करे।

पंचायत समिति एवं जिला परिषद के सदस्यों के अधिकार एवं कर्त्तव्य

जो स्थान पंचायतों में पंचों का है वही स्थान पंचायत समितियों एवं जिला परिषदों में उनके सदस्यों का है। वास्तविकता तो यह है कि पंचायत समिति एवं जिला परिषद के सदस्य समितियों एवं परिषदों में अपना अहम् स्थान रखते हैं। पंचायत समितियों एवं जिला परिषदों के सदस्यों के अधिकार एवं कर्त्तव्य निम्नांकित हैं-

(क) प्रधान एवं प्रमुख के निर्वाचन का अधिकार-पंचायत समिति के सदस्यों को प्रधान एवं जिला परिषद के सदस्यों को जिला प्रमुख का निर्वाचन करने का महत्त्वपूर्ण अधिकार प्रदान किया गया है। पूर्व अधिनियम में इस प्रकार की व्यवस्था नहीं थी। पहले पंचायत समिति एवं जिला परिषद के सदस्यों का प्रत्यक्ष निर्वाचन नहीं होता था। अब नये अधिनियम की धारा 28 एवं 29 में इस प्रकार की व्यवस्था दी गई है। इस नई व्यवस्था के अनुसार-

(1) अब प्रधान एवं जिला प्रमुख का निर्वाचन क्रमश: पंचायत समिति एवं जिला परिषद के सदस्यों द्वारा किया जाता है; एवं

(2) इन सदस्यों में से ही कोई व्यक्ति प्रधान एवं जिला प्रमुख का प्रत्याशी हो सकता है।

(ख) स्थायी समितियों का सदस्य होने का अधिकार-विकास कार्यों को गति प्रदान करने के लिए पचांयत समिति तथा जिला परिषद में निम्नांकित स्थायी समितियों के गठन की व्यवस्था की गई है-

(1) प्रशासन, वितत और कराधान समिति;

(2) उत्पादन कार्यक्रम समिति;

(3) शिक्षा समिति; एवं

(4) सामाजिक सेवा और सामाजिक न्याय समिति।

प्रत्येक समिति में पाँच सदस्य रखे गये हैं। ये सदस्य वे ही व्यक्ति होंगे जो पंचायत समिति या जिला परिषद के सदस्य हैं। इस प्रकार इन सदस्यों की विकास कार्यों में प्रत्यक्ष भागीदारी सुनिश्चित की गई है।

(ग) अविश्वास प्रस्ताव लाने का अधिकार–पंचायत समिति एंव जिला परिषद के सदस्यों को क्रमशः प्रधान एवं जिला प्रमुख के विरुद्ध अविश्वास प्रस्ताव लाने का महत्त्वपूर्ण अधिकार प्रदान किया गया है। यदि ये सदस्य पाते हैं कि–

(1) प्रधान या प्रमुख विधिनुसार कार्य नहीं कर रहे हैं;

(2) वे कदाचार अथवा दुराचरण के दोषी हैं;

(3) वे कार्य करने में समक्ष नहीं रह गये हैं; या

(4) अन्य किसी कारण से उनका प्रधान या प्रमुख के पद पर बने रहना क्रमशः पंचायत समिति या जिले के हित में नहीं है,

तो न्यूनतम एक-तिहाई सदस्य उनके विरुद्ध अविश्वास प्रस्ताव ला सकते हैं। (धारा 37)

(घ) अपनी पंचायत के हितों की वकालत करने का अधिकार–पंचायत समिति एवं जिला परिषद के दो सदस्य जिस पंचायत क्षेत्र से निर्वाचित होकर जाते हैं, उन्हें पंचायत समिति एवं जिला परिषद में अपनी पंचायत का पक्ष रखने, उसके हितों की सुरक्षा करने, विकास कार्यों के लिए अनुदान प्राप्त करने आदि का अधिकार है। वस्तुतः ये ही सदस्य अपने-अपने क्षेत्र का पंचायत समिति एवं जिला परिषद में प्रतिनिधित्व करते हैं और उनके हितों की वकालत करते हैं। इसी प्रकार इन सदस्यों को अन्य वे अधिकार भी प्राप्त हैं जो पंचों के बताये गये हैं।

प्रधान की शक्तियाँ

जिस प्रकार सरपंच पंचायत का मुखिया होता है ठीक उसी प्रकार प्रधान पंचायत समिति का मुखिया होता है। प्रधान उप-खण्ड का सर्वाधिक महत्त्वपूर्ण अथवा सर्वोच्च जन-प्रतिनिधि माना जाता है। पंचायत समिति क्षेत्र में उसे अत्यन्त सम्मान की दृष्टि से देखा जाता है। जनता उसे 'प्रधानजी' कहकर सम्बोधित करती है।

प्रधान को नये पंचायतीराज अधिनियम में कई व्यापक शक्तियाँ प्रदान की गई हैं, अर्थात्–

(क) पंचायत समिति की बैठकों की अध्यक्षता करना5जैसा कि ऊपर कहा जा चुका है, प्रधान पंचायत समिति का मुखिया होता है, अतः उसे पंचायत समिति की बैठकों के बारे में व्यापक शक्तियों प्रदान की गई हैं, अर्थात्–

(1) उसे ही पंचायत समिति की बैठक बुलाने का अधिकार है, उसके उपस्थित रहते हुए उप–प्रधान या किसी अन्य व्यक्ति को पंचायत समिति की बैठक बुलाने का अधिकार नहीं होता,

(2) प्रधान ही पंचायत समिति की बैठकों की अध्यक्षता करता है, एवं

(3) बैठकों का संचालन करने काअधिकार भी प्रधान को ही है।

बैठक को शान्तिपूर्वक सम्पन्न कराने के लिए प्रधान अपने विवेकानुसार वे सारे कदम उठा सकता है जो वह उचित एवं आवश्यक समझे। (धारा 33 क)

(ख) अभिलेखों तक पहुँच रखना–उल्लेखनीय है कि पंचायत समिति के अभिलेख यद्यपि विकास अधिकारी के कब्जे में रहते हैं परनतु उन पर नियंत्रण प्रधान का ही माना जाता है। प्रधान पंचायत समिति के किसी भी अभिलेख अथवा दस्तावेज को–

(1) अपने पास मँगवा सकता है,

(2) उसाक निरीक्षण कर सकता है, एवं

(3) उसकी प्रतिलिपि प्राप्त कर सकता है।

कहने का तात्पर्य यह है कि पंचायत समिति के सभी अभिलेखों तक प्रधान की पहुँच होती है। (धारा 33–ख)

(ग) पंचायतों का मार्गदर्शन करना–प्रधान सभी पंचायतों का मार्गदर्शक होता है। वह अपने क्षेत्र की समस्त पंचायतों के विकास को गति प्रदान करता है। उसे यह अधिकार है कि–

(1) वह प्रेरणा एवं उत्साह का संचार कर पंचायतों को विकास की ओर प्रोत्साहित करे,

(2) पंचायत द्वारा समय–समय पर तेयार की जाने वाली विकास योजनाओं का मार्गदर्शन करे,

(3) पंचायतों के विकास में पूर्ण सहयोग करें, एवं

(4) स्वैच्छिक संगठनों को विकास में संवर्द्धन करे (धारा 33 घ)

इस सन्दर्भ में यदि यह कह दिया जाये तो अतिश्योक्ति नहीं होगी कि प्रधान ही पंचायतों का वास्तविक संरक्षक होता है।

(घ) विकास अधिकारी पर पर्यवेक्षण एवं नियंत्रण रखना-आपको विदित होगा कि विकास अधिकारी पंचायत समिति का कार्यपालक अधिकारी होता है, वहीं पंचायत समिति के सभी कार्यों का सम्पादन करता है एवं अपने अधीनस्थ अधिकारियों व कर्मचारियों से कराता है। इस सन्दर्भ में प्रधान को विकास अधिकारी पर पर्यवेक्षण एवं नियंत्रण की शक्तियाँ प्रदान की गई हैं। अर्थात वह यह देखता है कि किवास अधिकारी द्वारा पंचायत समिति के संकल्पों एवं विनिश्चयों तथा अधिनियम के अधीन जारी निर्देशों का सही क्रियान्वयन किया जा रहा है या नहीं

(धारा 33-ङ)

(ङ) वित्तीय एवं कार्यपालक प्रशासन पर पर्यवेक्षण रखना-प्रधान का पंचायत समिति के वित्तीय एवं कार्यपालक प्रशासन पर पूर्ण पर्यवेक्षण रहता है। पंचायत समिति के सभी अधिकारी एवं कर्मचारीगण उसके पर्यवेक्षण में कार्य करते हैं एवं उसके निर्देशों का पालन करने के लिए आबद्ध होते हैं। (धारा 33 च)

(च) आपदाओं से निपटने के लिए पच्चीस हजार रुपये तक की राशि खर्च करने का अधिकार-नये पंचायतीराज अधिनियम में प्रधान को प्रदत्त की गईयह एक महत्त्वपूर्ण शक्ति है। जब कभी पंचायत समिति क्षेत्र में कोई प्राकृतिक आपदा आ जाये, जैसे, बाढ़, अकाल, महामारी, आग, ओलावृष्टि आदि, ऐसी आपदा से तत्काल निपटने के लिए प्रधान विकास अधिकारी के परामर्श से एक वर्ष में पच्चीस हजार रुपये तक खर्च कर सकता है। वस्तुतः यह एक महत्त्वपूर्ण शक्ति है क्योंकि प्राकृतिक आपदाओं से तत्काल निपटना आवश्यक होता है। इसके लिये राज्य सरकार के अनुदान अथवा सहायता की प्रतीक्षा नहीं की जा सकती है। (धारा 33 छ)

(छ) अन्य शक्तियों का प्रयोग करना-प्रधान उपरोक्त शक्तियों के साथ-साथ उन सभी शक्तियों का प्रयोग भी कर सकता है जो उसे समय-समय पर राज्य सरकार द्वारा न्यस्त की जायें अथवा पंचायतीराज अधिनियम या उसके अधीन बनाये गये नियमों द्वारा सौंपी जायें। (धारा 33-ग)

प्रधान को क्या करना चाहिये ?

सरपंच की तरह प्रधान भी जन-प्रतिनिधि होता है। उसका निर्वाचन भी पाँच वर्ष के लिए ही किया जाता हे। इन पाँच वर्षों में उसे ऐसे कार्य करने चाहिये जिनसे उसकी

अच्छी छवि बने और आगामी निर्वाचन में भी वह प्रधान के लिए निर्वाचित हो। इसके लिए प्रधान को निम्नांकित बातों पर ध्यान देने की सलाह दी जाती है–

(क) निष्पक्षता से कार्य करे–प्रधान के अधीन चूँकि अनेक पंचायतें होती हैं, अत: उसका सबसे पहला कर्त्तव्य है कि वह सभी के साथ एक जैसा व्यवहार करे। किसी के साथ पक्षपात एवं सौतेला व्यवहार नहीं करे। दलगत राजनीति से ऊपर उठकर कार्य करे। मन में किसी भी पंचायत अथवा उसके सरपंच के प्रति पूर्वाग्रह न रखे। निष्पक्षता से कार्य करके प्रधान अपने क्षेत्र के सभी सरपंचों, पंचों, एवं जनता का विश्वास अर्जित कर सकता है।

(ख) पंचायतों के विकास की योजनाओं में सहयोग करे–प्रधान को अपने अधीनस्थ पंचायतों के विकास की योजनाओं का न केवल मार्गदर्शन ही करना चाहिये अपितु यथासंभव भरपूर सहयोग भी करना चाहिये। गाँवों के सर्वांगीण विकास में अभिरुचि रखते हुए बिजली, पानी, सड़क–निर्माण, गाँवों के सौन्द्रर्यीकरण, वानिकी विकास, समाज के कमजोर वर्गों एवं महिलाओं का उत्थान आदि कार्यों में यथाशक्य आर्थिक सहायता प्रदान करने में पहल करनी चाहिये।

(ग) पंचायत क्षेत्रों का दौरा करे–अपने क्षेत्र की पंचायतों के विकास का जायजा लेने, प्राकृतिक आपदाओं का पता लगाने तथा जनता के दुख दर्द को जानने के लिए प्रधान को समय–समय पर अपने क्षेत्र का दौरा करते रहना चाहिये। इससे उसका जनता के साथ सम्पर्क बना रहता है और उसे जनता का विश्वास भी प्राप्त होता है।

(घ) पंचायत समिति कोष का दुरुपयोग न होनेदे–नैतिक कर्त्तव्यों के साथ–साथ प्रधान का यह वैधानिक कर्त्तव्य है कि वह पंचायत समिति कोष का दुरुपयोग न करे और न ही होने दे। पंचायतीराज अधिनियम, 1994 की धारा 111 में प्रधान का यह दायित्व बताया गया हे कि वह पंचायत समिति के कोष अर्थात् निधि का–

(1) दुरुपयोग नहीं करे,

(2) दुर्विनियोग नहीं करे, एवं

(3) पंचायत समिति की सम्पत्ति की सुरक्षा करे अर्थात् उसे हानि से बचाये रखे।

उल्लेखनीय है कि पंचायत समिति के कोष का दुर्विनियोग करना एक दण्डनीय अपराध है।

(ङ) लेखों का अंकेक्षण कराये–नये अधिनियम में पंचायत समिति के लेखों का प्रतिवर्ष अंकेक्षण कराये जाने का प्रावधान किया गया है। अंकेक्षण से लेखों में नियमितता बनी रहती है। अत: प्रधान को चाहिये कि वह प्रतिवर्ष समिति के लेखों का आूडिट करोय। इसका एक सबसे बड़ा लाभ यह होगा कि पंचायत समिति के अन्य अधिकारी व कर्मचारी भी कोई वित्तीय अनियमितात यागड़बड़ी नहीं कर पायेंगे। (धारा 75)

(च) समितियों का गठन–विकास कार्यों को गति प्रदान करने के लिए अधिनियम की धारा 56 में चार प्रकार की समितियों के गठन की व्यवस्था की गई है–

(1) प्रशासन, वितत और कराधान समिति,

(2) उत्पादन कार्यक्रम समिति,

(3) शिक्षा समिति, एवं

(4) समाज सेवा समिति।

प्रधान प्रशासन, वित्त व कराधान समिति का पदेन अध्यक्ष होता है। प्रधान को यह देखाना चाहिये कि इन समितियों का समय-समय पर गठन होता है या नहीं। इस प्रकार प्रधान को अपनी शक्तियों के प्रयोग के साथ-साथ अपने कर्त्तव्यों एवं दायित्वों का निर्वहन भी पूर्ण तत्परता एवं निष्ठा से करना चाहिए।

उप-प्रधान की शक्तियाँ एवं कर्त्तव्य

पंचायत समिति में प्रधान के बाद दूसरा स्थान उप-पधान का होता है। उप-प्रधान को भी वे सारी शक्तियाँ प्राप्त होती हैं जो प्रधान की हें। अन्तर केवल यही है कि उप-प्रधान अपनी शक्तियों का प्रयोग केवल तभी कर सकता है जब प्रधान उपस्थित नहीं हो। प्रधान की उपस्थिति में उप-प्रधान इन शक्तियों का प्रयोग नहीं कर सकता। राजस्थान पंचायतीराज अधिनियम, 1994 की धारा 34 में उप-प्रधान की शक्तियों, कृत्यों एवं कतर्तव्यों का उल्लेख किया गया है। इसके अनुसार–

(1) उप-प्रधान, प्रधान की अनुपस्थिति में पंचायत समिति की बैठकों की अध्यक्षता करता है।

(2) उप-प्रधान ऐसी सारी शक्तियों का प्रयोग एवं कर्त्तव्यों का निर्वहन करता है जो उसे इस अधिनियम के अन्तर्गत या इसके अधीन बनाये गये नियमों के अन्तर्गत सौंपे जायें; एवं

(3) प्रधान का निर्वाचन होने तक या प्रधान के तीन दिन से अधिक की अवधि तक अवकाश पर रहने पर उप-प्रधान, प्रधान की शक्तियों का प्रयोग एवं कर्त्तव्यों का निर्वहन करता है।

▣▣▣

6

पंचायत सचिव के कर्त्तव्य

अधिनियम में विभिन्न पंचायतीराज संस्थाओं को निम्नांकित वित्तीय एवं आर्थिक शक्तियाँ प्रदान की गई हैं–

पंचायतों की वित्तीय शक्तियाँ

(क) भवन कर–पंचायत अपने क्षेत्र में निजी स्वामित्व वाले भवनों पर कर लगा सकती है। कर की दर राज्य सरकार द्वारा समय-समय पर निर्धारित की जायेगी।

(ख) चुंगी–पंचायत अपने क्षेत्र के भीतर लाये जाने वाले माल एवं पशुओं पर चुंगी लगा सकती है। ऐसा माल या पशु उपयोग-उपभोग के लिए लाया जाना आवश्यक है।

(ग) यान कर–खेती के काम में लांये जाने वाले यानों जैसे, बैलगाड़ी आदि को छोड़कर अन्य यानों पर पंचायत यान कर वसूल कर सकती है।

(घ) तीर्थ-कर यात्री कर–पंचायत अपनी सीमा में अवस्थित तीर्थस्थलों पर आने वाले तीर्थयात्रियों पर कर लगा सकती है।

(ङ) पेयजल की व्यवस्था हेतु कर-पंचायत अपने क्षेत्र में पेयजल की व्यवस्था करने हेतु होने वाले व्यय की पूर्ति करने के लिए पेयजल कर लगा सकती है।

(च) वाणिज्यिक फसलों पर कार-कपास, मिर्च, सरसों, गन्ना, जीरा, मूँगफली आदि वाणिज्यिक फसलों पर पंचायत को कर लगाने की शक्तियाँ प्रदत्त की गई है।

(छ) सामुदायिक सेवा कर-पंचायत क्षेत्र में सार्वजकिन निर्माण कार्यों के लिए पंचायत ऐसे वयस्क पुरुषों पर सामुदायिक सेवा कर लगा सकती है जो स्वयं श्रमदान करने को तेयार नहीं है या जो अपनी ओर से श्रमदान करने को तैयार नहीं है या जो अपनी ओर से श्रमदान उपलब्ध करा सकने में समर्थ नहीं हैं।

(जो व्यक्ति सार्वजकिन निम्र्रण के कार्यों जैसे, कुआँ, तालाब, बाँध, सड़क, विद्यालय भवन आदि के निम्र्रण में स्वेच्छा से श्रमदान करने को तैयार हों, उन पर यह कर नहीं लगाया जायेगा)

(ज) शुल्क-पंचायतें निम्नांकित पर शुल्क अधिरोपित कर सकती हैं-

(1) अस्थायी निर्माण कार्यों के लिए;

(2) कोई निकला हुआ भाग जैसे, छज्जा, रोश आदि बनाने के लिए;

(3) सार्वजनिक या अन्य भूमि के अस्थायी उपयोग के लिए; एवं

(4) किसी सेवा या कर्त्तव्य के लिए।

इस प्रकार पंचायतों को कर एवं शुल्क अधिरोपित करने की व्यापक शक्तियाँ प्रदान की गई हैं। उपरोक्त करों एवं शुल्कों के अलावा पंचायतें ऐसे कर व शुल्क भी अधिरोपित कर सकेंगी जिन्हें उसे समय-समय पर लगाने के लिए अधिकृत किया जाये।

पंचायतों को राज्य सरकार से अनुदाहन देने की व्यवस्था की गई है। पंचायत समिति की वित्तीय शक्तियों का उल्लेख अधिनियम की धारा 68 में किया गया है। इसके अनुसार पंचायत समिति निम्नांकित कर अधिकरोपित कर सकती है-

(क) लगान पर देय कर-पंचायत समिति कृषि भूमि के उपयोग, उपयोग हेतु संदेय लगान पर निर्धारित कदर से कर लगा सकती है। वस्तुतः यह कर भू-राजस्व पर आधारित है।

(ख) व्यापार, व्यवसाय, उद्योग आदि पर कर-पंचायत समिति ऐसे व्यापार, व्यवसाय, आजीविका या उद्योग पर कर लगा सकती है जिसे समय-समय पर राज्य सरकार द्वारा कर योग्य घोषित किया जाये।

(ग) प्राथमिक उप कर–पंचायत समिति विहित रीति एवं निर्धारित दर से प्राथमिक शिक्षा पर उप–कर अधिरोपित कर सकती है।

(घ) मेला कर–पंचायत समिति अपने क्षेत्र में लगने वाले मेलों पर भी कर लगा सकती है।

इनके अलावा पंचायत समितियों को राजय सरकार द्वारा अनुदान उपलब्ध कराये जाने की भी व्यवस्था है।

जिला परिषद की वित्तीय शक्तियाँ

राजस्थान पंचायती अधिनियम, 1944 की धारा 69 में जिला परिषद की विततीय शक्तियों का उल्लेख किया गया है। इसके अनुसार जिला परिषद निम्नांकित कर एवं अधिभार अधिरोपित कर सकती है–

(क) मेलों पर अनुज्ञप्ति शुल्क–जिला परिषद को अपनी सीमा में आयोजित होने वाले मेलों पर अनुज्ञप्ति शुल्क लगाने का अधिकार प्रदान किया गया है।

(ख) जल रेट–जिला परिषद अपने जिले में पेयजल या सिंचाई हेतु जल की व्यवस्था करने पर यदि कोई व्यय करती है तो वह उसे जल रेट के रूप में जनता से वसूल कर सकती है।

(ग) सम्पत्ति के विकय पर अधिभार–जिला परिषद ग्रमीण क्षेत्रों में सम्पत्ति के विरू पर लगने वाले स्टाम्प शुल्क पर पाँच प्रतिशत तक अधिभार लगा सकती है।

(घ) मण्डी शुल्क–जिला परिषद को मण्डी शुल्क वसूल करने की भी समिति शक्तियाँ प्रदान की गई हैं।

इस प्रकार जिला परिषदों को भी व्यापक वित्तीय शक्तियाँ प्रदान की गई हैं। इनके अलावा जिला परिषदों को राज्य सरकार से अनुदान दिये जाने की भी व्यवस्था है।

करों की वसूली

पंचायतीराज संस्थाओं को व्यापक वित्तीय एवं आर्थिक शक्तियों तो प्रदान कर दी गई हैं, पर वे सभी व्यर्थ होतीं यदि ऐसे करों, शुल्कों, अधिभरों, उपकरों, ऋणों आदि को वसूल करने की शक्तियाँ प्रदतत नहीं की जातीं। नये अधिनियम की यह एक महत्त्वपूर्ण विशेषता है कि इसकी धारा 70 में ऐसे करों, उपकरों, शुल्कों, अधिभारों एवं ऋणों के भू–राजस्व के बकाया के रूप में वसूल करने की व्यवस्था की गई है।

सचिव पंचाय का ही कार्यपालक अधिकारी/कर्मचारी होता है। वस्तुतः सरपंच के नियंत्रण में रहते हुए वही पंचायत के सभी कार्य निष्पादित करता है। राजस्थान पंचायतीराज अधिनियम, 1944 की धारा 78 (2) में सचिव के निम्न कर्त्तव्यों का उल्लेख किया गया है यथा-

(क) सरपंच के नियंत्रण में कार्य करना-सचिव सरपंच के नियंत्रण में कार्य करता है। उसका कर्त्तव्य है कि वह सरपंच के आदशों/निर्देशों की पालना करे तथा उसके प्रति निष्ठावान रहे। अधिनियम में यद्यपि पंचों के नियंत्रण के बारे में नहीं कहा गया है लेकिन सचिव को पंचों के प्रति भी निष्ठावान रहते हुए उनके विधिपूर्ण एवं न्यायोचित आदेशों/निर्देशों की पालना करनी चाहिये।

(ख) अभिलेखों को सुरक्षित अभिरक्षा में रखना-पंचायत के सारे अभिलेख सचिव के पास रहते हैं, अतः सचिव का यह कर्त्तव्य है कि वह अभिलेखों को-

(1) सुरक्षित अभिरक्षा में रखे;

(2) उन्हें नष्ट एवं खराब होने से बचाये;

(3) उन्हें जालसाजी से बचाये, आदि।

अभिलेखों के क्षतिग्रस्त, नष्ट अथवा खो जाने पर सचिव को ही उत्तरदायी ठहराया जाता है।

(ग) प्राप्त राशियों की रसीद देना-पंचायतों को प्राप्त होने वाली राशियाँ सचिव के हाथों में ही आती हैं, अतः सचिव का यह कर्त्तव्य है कि वह ऐसी प्राप्त राशियों की रसीद दे तथा समुचित रजिस्टर में उसकी प्रविष्टि करे। रसीद देना सचिव का वैधानिक कर्त्तव्य है।

(घ) निधियों का लेखा रखना-पंचायत कोष में आने वाली राशियों का लेखा रखने का कर्त्तव्य भी सचिव का ही है। सचिव को बड़ी सतर्कता से सारे लेखे रखने चाहिये क्योंकि वर्ष के अन्त में ह लेखों का अंकेक्षण करना होता है।

(ङ) निधि की सुरक्षा करना-पंचायत निधि की सुरक्षा का दायित्व भी सचिव पर ही अधिरोपित किया गया है। उसे पंचायत निधि की सुरक्षा के सर्वोत्तम उपाय करने चाहिये। यदि उसकी लापरवाही से पंचायत निधि को क्षति कारित होती है तो उसके लिए उसे उत्तरदायी ठहराया जा सकता है।

(च) विवरण एवं रिपोट्र तैयार करना-सचिव पंचायत का मंत्रालयिक कर्मचारी भी होता है, अतः उसका यह कर्त्तव्य है कि वह समय-समय पर अपेक्षित विवरण एवं

रिपोर्ट तैयार करे तथा उन्हें जहाँ भी भेजना हो, भेजे। पंचायत की बैठकों का विवरण तेयार करना भी उसी का दायित्व है।

(छ) राशियों का संदाय करना-सचिव को ही वे सारे संदाय करने होते हैं जो पंचायत द्वारा मंजूर किये जाते हैं। सदांय में अनावश्यक विलम्ब, टालमटोल या लापरवाही बरतने से पंचायत की साख पर प्रतिकूल प्रभाव पड़ने का डर रहता है।

इनके अलावा सचिव को उन सारे कर्त्तव्यों का निर्वहन करना होता है जो समय-समय पर उसके अधिनियम या उसके अधीन बनाये गये नियमों के अन्तर्गत सौंपे जायें।

विकास अधिकारी : शक्तियाँ एवं कर्त्तव्य

विकास अधिकारी पंचायत समिति का कार्यपालक अधिकारी होता है। समान्यत: वह राजस्थान प्रशासनिक सेवा का अधिकारी होता है। विकास अधिकारी के अधीनस्थ अन्य कई अधिकारी एवं कर्मचारी होते हैं। वस्तुत: पंचायत समिति के सारे कार्यों का निष्पादन विकास अधिकारी द्वारा किया जाता है। विकास अधिकारी की शक्तियों एवं उसके कर्त्तव्यों का उल्लेख पंचायतीराज अधिनियम, 1944 की धारा 81 में किया गया हे, यथा-

(क) बैठकों के नोटिस जारी करना-विकास अधिकारी का सबसे पहला कर्त्तव्य है पंचायत समिति एवं उसकी स्थायी समितियों की बैठकों के लिए नोटिस जारी करना। पंचायत समिति की बैठकों के लिए नोटिस प्रधान के निर्देशानुसार तथा स्थायी समिति की बैठकों के लिए नोटिस सम्बन्धी समिति के अध्यक्ष के निर्देशानुसार जारी करना होता है।

(ख) बैठकों का कार्यवृत्त तैयार करना-पंचायत समिति तथा उसकी स्थायी समितियों की बैठकों में विकास अधिकारी को उपस्थित हरना होता है। बैठकों का कार्यतृत्त भी उसे ही तैयार करना पड़ता है ऐसे कार्यवृत्त को सुरक्षित अभिरक्षा में रखने का कर्त्तव्य भी विकास अधिकारी का ही है।

(ग) विचार-विमर्श में भाग लेना-पंचायत समिति तथा उसकी स्थायी समितियों की बैठकों में भाग लेना तथा खलकर विचार-विमर्श करना विकास अधिकारी का कर्त्तव्य माना गया है। विकास अधिकारी का ही यह कर्त्तव्य है कि वह पंचायत समिति की योजनाओं को सदस्यों के समक्ष रखे तथा उन पर उनका अनुमोदन प्राप्त करे।

(घ) आहरण एवं संवितरण का कार्य करना-विकास अधिकारी पंचायत समिति का आहरण एवं संवितरण अधिकारी होता है। पंचायत समिति कोष में राशि जमा

कराने, निकालने तथा संवितरण करने का अधिकार उसे ही होता है। इनके अलावा विकास अधिकारी उन सारी शक्तियों का प्रयोग एवं कर्त्तव्यों का निर्वहन करता है जो समय-समय पर उसे इस अधिनियम या इसके अधनी बनाये गये नियमों के अधीन सौंपे या प्रदतत किये जाते हैं।

मुख्य कार्यपालक अधिकारी की शक्तियाँ एवं कर्त्तव्य

जिला परिषद में मुख्य कार्यपालक अधिकारी होता है जिसे जिला परिषद का "सचिव" भी कहा जाता है। यही जिला परिषद का शीर्षस्थ अधिकारी होता है और उसके सभी कार्यों का निष्पादन करता है। राजस्थान पंचायतीराज अधिनियम, 1944 की धारा 84 में मुख्य अधिकारी की शक्तियों एवं कर्त्तव्यों का उल्लेख किया गया है, यथा-

(क) नीतियों एवं विनिश्चयों को क्रियान्वित करना-मुख्य कार्यपालक अधिकारी का सर्वाधिक महत्त्वपूर्ण कतर्तव्य है जिला परिषद की नीतियों एवं विनिश्चययों को क्रियान्वित करना तथा जिला परिषद की विकास योजनाओं के त्वरित निष्पादन के उपाय करना। वस्तुतः यही एक ऐसा कार्य हे जिस पर जिला परिषद की साख एवं सफलता निर्भर करती है। मुख्य कार्यपालक अधिकारी को चाहिये कि वह अपनी पूर्ण क्षमता एवं कार्यकुशलता से इन कार्यों को सम्पादित करे।

(ख) अधिकारियों एवं कर्मचारियों पर नियंत्रण की शक्तियाँ-जिला परिषद के अधिकारियों एवं कर्मचारियों पर पर्यवेक्षण और नियंत्रण की शक्तियाँ मुख्य कार्यपालक अधिकारी के हाथों में ही सौंपी गई हैं। इन सभी अधिकारियों एवं कर्मचारियों से काम लेना मुख्य कार्यपालक अधिकारी का ही काम है।

(ग) दस्तावेजों और अभिलेखों की अभिरक्षा करना-जिला परिषद से सम्बन्धित सभी कागजात, दस्तावेज एवं अभिलेख मुख्य कार्यपालक अधिकारी के कब्जे में रहते हैं, अतः उइनकी सुरक्षित अभिरक्षा का दायित्व भी उसी का है। मुख्य कार्यपालक अधिकारी का यह कर्त्तव्य है कि वह जिला परिषद के अभिलेखों को नष्ट एवं क्षतिग्रस्त होने से बचाये तथा इनकी सुरक्षित अभिरक्षा के हरसम्भव उपाय करे।

(घ) आहरण एवं संवितरण का कार्य निष्पादित करना-मुख्य कार्यपालिक अधिकारी जिला परिषद का आहरण एवं संवितरण अधिकारी होता है। जिला परिषद निधि में धन जमा कराना, निकालना व उसका संवितरण करना उसी का कर्त्तव्य है।

(ङ) जिला परिषद की बैठकों के नोटिस जारी करना-जिला परिषद एवं उसकी स्थायी समितियों की बैठकों के नोटिस मुख्य कार्यपालक अधिकारी को ही जारी करने होते हैं। जिला परिषद की बैइकों के नोटिस जिला प्रमुख के निर्देशानुसार और

स्थायी समितियों की बैठकों के नोटिस सम्बन्धित समिति के अध्यक्ष के निर्देशानुसार ही जारी किये जाते हैं।

(च) राज्य सरकार को संकल्पों से संसूचित करना–मुख्य कार्यपालक अधिकारी जिला परिषद एवं राज्य सरकार के बीच कड़ी अर्थात् सम्पर्क–सूत्र का काम करता है। यही कारण है कि उस पर यह कर्त्तव्य अधिरोपित किया गया है कि वह जिला परिषद अथवा उसकी किसी स्थायी समिति के ऐसे संकल्पों से राजय सरकार को अवगत कराये जो अधिनियम या अन्य किसी विधि से असंगत हों। उसका यह दायित्व है कि वह ऐसे संकल्पों की क्रियान्विति नहीं करे।

(छ) बैठकों में भाग लेना–मुख्य कार्यपालक अधिकारी को जिला परिषद एवं उसकी स्थायी समितियों की बैठकों में भाग लेने एवं विचार–विमर्श में भागीदारी निभाने का अधिकार है, लेकिन वह मत देने का अधिकारी नहीं है। वह संकल्प भी प्रस्तुत नहीं कर सकता।

(ज) निरीक्षण करने का अधिकार–मुख्य कार्यपालक अधिकारी को निम्नांकित का निरीक्षण करने एवं सम्पत्तियों में प्रवेश करने काअधिकार प्रदान किया गया है–

(1) किसी पंचायत समिति के नियंत्रण के अधीन वाली स्थावर सम्पत्ति में;

(2) पंचायत या पंचायत समिति द्वारा चालेय जा रहे या उसके नियंत्रणाधीन विद्यालय, अस्पताल, औषधालय, टीका केन्द्र, कुक्कुटशाला आदि में;

(3) इनके सभी दस्तावेजों, रजिस्टरों एवं अभिलेखों का निरीक्षण;

(4) पंचायत या पंचायत समिति के कार्यालय का निरीक्षण;

(5) इनके दस्तावोजों, रजिस्टरों, अभिलेखों आदि का निरीक्षण।

(झ) अभिलेखों तक पहुँच–मुख्य कार्यपालक अधिकारी को जिला परिषद के अभिलेखों का निरीक्षण करने, उनकी प्रतिलिपयाँ प्राप्त करने तथा उन्हें अपने पास मंगवाने का अधिकार है।

इनके अलावा मुख्य कार्यपालक अधिकारी समय–समय पर ऐसी शक्तियों का प्रयोग एवं कर्त्तव्यों का निर्वहन करता है जो इस अधिनियम या इसके अधीन बनाये गये नियमों के अन्तर्गत उसे सौंपे जाते हैं।

7

पंचाचती राज संस्थाओं की शक्तियाँ एवं कृत्य

संविधान के 73वें संशोधन द्वारा जोड़ी गई 11वीं अनुसूची तथा राजसीान पचांयती राज अधिनियम, 1994 की धारा 50, 51 व 52 तथा प्रथम, द्वितीय व तृतीय अनुसूची के अनुसार पंचायतीराज संस्थाओं के कृत्य एवं शक्तियाँ निम्नानुसार हैं:-

पंचायतों के कृत्य और शक्तियाँ

1. साधारण कृत्य-

(1) पंचायत क्षेत्र के विकास के लिए वार्षिग्क योजनाएँ तैयार करना;

(2) वार्षिक बजट तैयार करना;

(3) प्राकृतिक आपदाओं में सहायता जुटाना;

(4) लोक-सम्पत्तियों पर हुए अतिक्रमण हो हटाना;

(5) सामुदायिक कार्यों के लिए स्वैच्छिक श्रम और अभिदाय संगठन;

(6) गाँव (गाँवों) की आवश्यकता सांख्यिकी रखना।

2. प्रशासन के क्षेत्र में-

(1) परिसरों का संख्यांकन;

(2) जनगणना करना;

(3) पंचायत सर्किल में कृषि उपज का उत्पादन बढ़ाने के लिए कार्यक्रम बनाना;

(4) ग्रामीण विकास स्कीमों के कार्यान्वयन के लिए आवश्यक प्रदायों और वित्त की अपेक्षा दर्शित करने वाला विवरण तेयार करना;

(5) ऐसी प्रणाली के रूप में कार्य करना जिसके माध्यम से केन्द्रीय या राज्य सरकार द्वारा ीाी प्रयोजन के लिए दी गयी सहायता पंचायत सर्किल में पहुँचे;

(6) सर्वेक्षण करना;

(7) पशु स्टेण्डों, खलिहानों चारागाहों और सामुदियक भूमि पर नियंत्रण;

(8) ऐसे मेलों, तीर्थयात्राओं और उत्सवों की, जिनका प्रबन्ध राजय सरकार या किसी पंचायत समिति द्वारा नहीं किया जाता है, स्थापना, रखरखाव और विनियमन;

(9) बेरोजगारी की सांख्यिकी तैयार करना;

(10) ऐसी शिकायतों की समुचित प्राधिकारियों को रिपोद्व करना, जो पंचायत द्वारा दूर नहीं की जा सकती हों;

(11) पंचायत अभिलेखों की तैयारी, संधारण और अनुरक्षण करना;

(12) जनम, मृत्यु और विवाहों का ऐसी रीति और ऐसे प्रारूप में रजिस्ट्रीकरण, जो राज्य सरकार द्वारा इस निमित्त साधारण या विशेष आदेश द्वारा अधिकथित किया जाये,

(13) पंचायत सर्किल के भीतर के गाँव के विकास के लिए योजनाएँ तैयार करना।

3. कृषि विस्तार सहित कृषि-

(1) कृषि और बागवानी की प्रोन्नति और विकास;

(2) बंजर भूमि का विकास;

(3) चारागाहों का विकास और रख-रखाव तथा उनके अप्राधिकृत अ.न्य संक्रमण और उपयोग को रोकना।

4. पशुपालन, डेयरी और कुक्कुट पालन

(1) पशुओं, कुक्कुटों और अन्य पशुधन की नस्ल का विकास;

(2) डेयरी उद्योग, कुक्कुट पालन और सूअर पालन की प्रोन्नति;

(3) चारागाह विकास।

5. मत्स्य पालन

गाँव (गाँवों) में मत्सरू पालन का विकास।

6. सामाजिक और फार्म वानिकी, लघु वन उपज, ईंधन और चारा-

(1) गाँव और जिला सड़कों के पार्श्वों पर और उनके नियंत्रणाधीन अन्य लोक-भूमि पर वृक्षों का रोपण और परिरक्षण;

(2) ईंधन रोपण और चारा विकास;

(3) फार्म वानिकी प्रोन्नति;

(4) सामाजिक वानिकी और कृषिक पौधशालाओं का विकास।

7. लघु सिंचाई

50 एकड़ तक सिंचाई करने वाले जलाशयों पर नियंत्रण और उनका रख-रखाव।

8. खादी-ग्राम और कुटीर उद्योग

(1) ग्रामीण और कुटीर उद्योगों को प्रोन्नत करना;

(2) ग्रामीण क्षेत्रों के फायदे के लिए चेतना शिविरों, सेमिनारों और प्रशिक्षण कार्यक्रमों, कृषि और औद्योगिक प्रदर्शनियों का आयोजन।

9. ग्रामीण आवासन

(1) आपनी अधिकारिता के भी.तर मुक्त आवास स्थलों का आवंटन;

(2) आवास-स्थलों और अन्य निजी तथा लोक-सम्पत्तियों से सम्बन्धित अभिलेख रखना।

10. पेयजल

(1) पेयजल कुओं, जलाशयों और तालाबों का संनिर्माण, मरम्मत और रख-रखाव;

(2) जल-प्रदूषण का निवारण और नियंत्रण;

(3) हैण्डपम्पों का रखरखाव और पम्प एवं जलाशय योजनाएँ।

11. सड़कें, भवन, पुलियाएँ, पुल, नौघाट, जलमार्ग और अन्य संचार साधन

(1) ग्रामीण सड़कों, नालियों और पुलियाओं का संनिर्माण और रख-रखाव,

(2) अपने नियंत्रणाधीन या सरकार या किसी भी लोक प्राधिकरण द्वारा उसे अन्तरित भवनों का रख-रखाव;

(3) नावों, नौघाटों और जलमार्गों का रख-रखाव।

12. ग्रामीण विद्युतीकरण

इसमें लोकमार्गों और अन्य स्थानों पर प्रकाश व्यवस्था करना और उसका रख-रखाव सम्मिलित है।

13. गैर-परम्परागत ऊर्जा-स्त्रोत

(1) गैर-परम्परागत ऊर्जा योजनाओं की प्रोन्नति और रखरखाव;

(2) सामुदायिक गैर-परम्परागत ऊर्जा युक्तियों का, जिनमें गोबर गैस संयंत्र सम्मिलित है, रखरखाव;

(3) विकसित चूल्हों और अन्य दक्ष ऊर्जा युक्तियों का प्रचार।

14. गरीबी उन्मूलन कार्यक्रम

(1) अधिकाधिक नियोजन और उत्पादक आस्तियों आदि के सृजन के लिए गरीबी उन्मूलन सम्बन्धी जनचेतना और उसमें भागीदारी को प्रोन्नत करना;

(2) ग्रामसभाओं के माध्यम से विभिन्न कार्यक्रमों के अधीन हिताधिकारियों का चयन;

(3) उपरोक्त सभी के प्रभावी कार्यान्वयन और अनुवीक्षण में भाग लेना।

15. शिक्षा (प्राथमिक)

(1) समग्र साक्षरता कार्यक्रम के लिए लोक-चेतना प्रोन्नत करना करना और ग्राम सेवा समितियों में भाग लेना;

(2) प्राथमिक विद्यालयों और उनके प्रबन्ध में लड़कों का और विशेष रूप से लड़कियों का पूर्ण नामांकन व उपस्थिति सुनिश्चित करना।

16. प्रौढ़ और अनौपचारिक शिक्षा

प्रौढ़ साक्षरता कार्यक्रम को प्रोन्नत करना और उसका अनुवीक्षण।

17. पुस्तकालय

ग्रामीण पुस्तकाल और वाचनालय।

18. सांस्कृतिक क्रियाकलाप

सामाजिक और सांस्कृतिक क्रियान्वयन को प्रोन्नत करना।

19. बाजार और मेले

मेलों (पशु मेलों सहित) और उत्सवों का विनियमन।

20. ग्रामीण स्वच्छता

(1) सामान्य स्वच्छता रखना;

(2) लोक-सड़कों, नालियों, जलाशयों, कुओं और अन्य लोक-स्थानों की सफाई;

(3) श्मशान और कब्रिस्तान की भूमियों का रख-रखाव और विनियमन;

(4) ग्रामीण शौचालयों, सुविधा पार्कों और स्नान-स्थलों और सोकपिटों इत्यादि का संनिर्माणऔर रख-रखाव;

(5) अदावाकृत शवों और जीवजन्तु शवों का निपटारा;

(6) धोने और स्नान घाटों का प्रबन्ध और नियंत्रण।

21. लोक-स्वास्थ्य और परिवार कल्याण

(1) परिवार कलयाण कार्यक्रमों का क्रियान्वयन;

(2) महामारी की रोकथाम और उपचार के उपाय;

(3) माँस, मछली और अन्य विनश्वर खाद्य पदार्थों के विक्रय का विनियमन;

(4) मानव और पशु टीकाकरण के कार्यक्रम में भाग लेना;

(5) खाने और मनोरंजन के स्थानों का अनुज्ञापन;

(6) आवारा कुत्तों का नाश;

(7) खालों और चमड़ों के संस्करण, चर्मशोधन और रंगाई विनियमन;

(8) आपराधिक और हानिकारक व्यापार का विनियमन।

22. महिला और बाल विकास

(1) महिला और बाल कलयाण कार्यक्रमों के क्रियान्वयन में भाग लेना;

(2) विद्यालय स्थस्थ्य और पोषाहार कार्यक्रमों को प्रोन्नत करना;

(3) आंगनबाड़ी केन्द्रों का पर्यवेक्षण।

23. विकलांगों और मंदबुद्धि लोगों के कल्याण सहित समाज कल्याण

(1) विकलांगों, मंदबुद्धि लोगों और निराश्रितों के कल्याण सहित समाज कलयाण कार्यक्रमों के क्रियान्वयन में भाग लेना;

(2) वृद्ध और विधवा पेंशन तथा सामाजिक बीमा योजनाओं में सहायता करना।

24. कमजोर वर्गों और विशेषतया अनुसूचित जातियों और जनजातियों का कल्याण

(1) अनुसूचित जातियों, जनजातियों, पिछड़े वर्गों और अन्य कमजोर वर्गों के सम्बन्ध में जनजागृति को प्रोन्नत करना;

(2) कमजोर वर्गों के कल्याण के लिए विनिर्दिष्ट कार्यक्रमों के कार्यान्वयन में भाग लेना।

25. लोक-वितरण व्यवस्था

(1) आवश्यक वस्तुओं के वितरण के सम्बन्ध में जनजागृति को प्रोन्नत करना;

(2) लोक-वितरण व्यवस्था का अनुवीक्षण।

26. सामुदायिक आस्तियों का रख-रखाव

(1) सामुदायिक आस्तियों का रख-रखाव;

(2) अन्य सामुदायिक आस्तियों का परिरक्षण और रख-रखाव।

27. धर्मशालओं और ऐसी ही संस्थाओं का सन्निर्माण और रख-रखाव।

28. पशु शेडों, पोखरों और गाड़ी स्टेंडों का सन्निर्माण और रख-रखाव।

29. बूचड़खानों का सन्निर्माण और रख-रखाव।

30. लोक-उद्यानों में खाद के गड़ढ़ों का विनियमन।

32. शराब की दुकानों का विनियमन।

33. पंचायतों की सामान्य शक्तियाँ।

इस अधिनियम के अधीन उसे सौंपे, समनुष्टि या प्रत्यायोजित किये गये कृत्यों के क्रियान्वयन के लिए आवश्यक या आनुषंगिक सभी कार्य करना और विशिष्टता तथा पूर्वगामी शक्ति पर प्रतिकूल प्रभाव डाले बिना, इसके अधीन विनिर्दिष्ट की गयी सभी शक्तियों का प्रयोग करना।

पंचायत समितियों के कृत्य और शक्तियाँ

1. साधारण कृत्य

(1) अधिनियम के आधार पर सौंपे गये और सरकार या जिला परषिद द्वारा समनुदेशित योजनाओं के सम्बन्ध में वार्षिक योजनाएँ तैयार करना और उन्हें जिला योजना के साथ एकीकृत करने के लिए विहित समय के भीतर जिला परिषद को प्रस्तुत करना;

(2) पंचायत समिति क्षेत्र की सभी पंचायतों की वार्षिक योजनाओं पर विचार करना और उन्हें समेकित करना और जिला परिषद को समेकित योजना प्रस्तुत करना;

(3) पंचायत समिति का वार्षिक बजट तैयार करना;

(4) ऐसे कृत्यों का पालन और ऐसे कार्यों का निष्पादन करना जो उसे सरकार या जिला परिषद द्वारा सौंपे जायें;

(5) प्राकृतिक आपदाओं में सहायता उपलब्ध कराना।

2. कृषि विस्तार को सम्मिलित करते हुए कृषि

(1) कृषि और बागवानी की प्रोन्नति और विकास करना;

(2) बागवनी एवं पौधशालाओं का रख-रखाव;

(3) रजिस्ट्रीकृत बीज उगाने वालों को बीजों के वितरण में सहायता करना;

(4) खादों और उर्वरकों को लोकप्रिय बनाना और उनका वितरण करना;

(5) खेती के समुन्नत तरीकों का प्रचार करना;

(6) पौध संरक्षण व राज्य सरकार की नीति के अनुसार नकदी फसलों का विकास करना;

(7) सब्जियों, फलों और फूलों की खेती को प्रोन्नत करना;

(8) कृषि के विकास के लिए साख सुविधाएँ उपलब्ध कराने में सहायता करना;

(9) कृषकों को प्रशिक्षण और प्रसार क्रिया-कलाप।

3. भूमि-सुधार और मृदा संरक्षण-

सरकार के भूमि सुधार और मृदा संरक्षण कार्यक्रमों के कार्यान्वयन में सरकार और जिला परिषद की सहायता करना।

4. लघु सिंचाई, जल-प्रबन्ध और जल विभाजक विकास

(1) लघु सिंचाई कार्यों, एनिकटों, लिफ्ट सिंचाई कुओं, बांधों, कच्चे बांधों का निर्माण और रख-रखाव।

(2) सामुदायिक और वैयक्तिक सिंचाई कार्यों का कार्यान्वयन।

5. गरीबी उन्मूलन कार्यक्रम

गरीबी उन्मूलन कार्यक्रमों और योजनाओं, विशेषत: एकीकृत ग्रामीण विकास कार्यक्रम, ग्रामीण युवा स्वरोजगार प्रशिक्षण, मरु विकास कार्यक्रम, सूखा सम्भाव्य क्षेत्र कार्यक्रम, जनजाति क्षेत्र विकास, परावर्तित क्षेत्र विकास उपागमन, अनुसूचित जाति विकास निगम, स्कीमों आदि के आयोजन और कार्यान्वयन।

6. पशुपालन, डेयरी और कुक्कुट पालन

(1) पशु-चिकित्सा और पशुपालन सेवाओं का निरीक्षण और रखरखाव,

(2) पशु कुक्कुट और अन्य पशुधन का नस्ल सुधार कना;

(3) डेयरी उद्धोग, कुक्कुट पालन और सूअर पालन की प्रोन्नति;

(4) महामारी और सांसर्गिक बीमारियों की रोकथाम;

(5) समुन्नत चारे और दाने का पुनः स्थापन।

7. मत्स्य पालन

मत्स्य पालन विकास को प्रोन्नत करना।

8. खादी-ग्राम और कुटीर उद्योग

(1) ग्रामीण और कुटीर उद्योग को प्रोन्नत करना;

(2) सम्मेलनों, गोष्ठियों और प्रशिक्षण कार्यक्रमों, कृषि और औद्योगिक प्रदर्शनियों का आयोजन;

(3) मास्टर शिल्पी से और तकनीकी प्रशिक्षण संस्थाओं में, बेरोजगार ग्रामीण युवाओं को प्रशिक्षण;

(4) मास्टर शिल्पी से और तकनीकी प्रशिक्षण संस्थाओं में, बेरोजगार ग्रामीण युवाओं को प्रशिक्षण;

(5) बढ़ी हुई उत्पादकता लेने के आधुनिक वैज्ञानिक तरीकों को लोकप्रिय बनाना।

9. ग्रामीण आवासन

आवासन योजनाओं का कार्यान्वयन और आवास उधार किस्तों की वसूली।

10. पेयजल

(1) हैण्डपम्पों और पंचायतों की पम्प और जलाशय स्कीमों को मॉनीटर करना, उनकी मरम्मत और रख-रखाव;

(2) ग्रामीण जल-प्रदाय स्कीमों का रख-रखाव;

(3) जल-प्रदूषण की निवारण और नियंत्रण;

(4) ग्रामीण स्वच्छता स्कीमों का कार्यान्वयन।

11. सामाजिक और फार्म वानिकी, ईंधन और चारा

(1) अपने नियंत्रणाधीन सड़कों के पाश्वों और अन्य लोक-भूमि पर, विशेषतः चारागाह भूमि पर वृक्षों का रोपण और परिरक्षण;

(2) ईंधन रोपण और चारा विकास;

(3) फार्म वानिकी की प्रोन्नति;

(4) बंजर भूमि विकास।

12. सड़कें, भवन, पुलियाएँ, पुल, नौघाट, जलमार्ग और अन्य संचार साधन

(1) ऐसी लोक-सड़कों, नालियों, पुलियाओं और संचार साधनों, जो किसी भी अन्य स्थानीय प्राधिकरण या सरकार के नियंत्रणाधीन नहीं है, का निर्माण और रख-रखाव;

(2) पंचायत समिति में निहित किसी भी भवन या अन्य सम्पत्ति का रख-रखाव;

(3) नावों, नौघाटों और जलमार्गों का रख-रखाव।

13. गैर-परम्परागत ऊर्जा स्त्रोत

गैर-परमपरागत ऊर्जा स्त्रोतों विशेषतः सौर, प्रकाश और ऐसी ही अन्य युक्तियों की प्रोन्नति और रख-रखाव।

14. प्राथमिक विद्यालयों सहित शिक्षा

(1) सम्पूर्ण साक्षरता कार्यक्रमों को सम्मिलित करते हुए प्राथमिक शिक्षा, विशेषतः बालिका शिक्षाका संचालन;

(2) प्राथमिक विद्यालय भवनों और अध्यापक आवासों का निर्माण, मरममत और रख-रखाव;

(3) युवा क्लबों और महिला मण्डलों के माध्यम से सामाजिक शिक्षा की प्रोन्नति;

(4) अनुसूचित जाति/जनजाति/अन्य पिछड़े वर्गों के गरीब विद्यार्थियों को पाठ्य-पुस्तकों, छात्रवृत्तियों, पोशाकों और प्रोत्साहनों का वितरण।

15. तकनीकी प्रशिक्षण और व्यावसायिक शिक्षा

ग्रामीण शिल्पी और व्यावसायिक प्रशिक्षण की प्रोन्नति।

16. प्रौढ़ और अनौपचारिक शिक्षा

(1) सूचना, सामुदायिक मनोरंजन केन्द्रों और पुस्तकालयों की स्थापना;

(2) प्रौढ़ साक्षरता का क्रियान्वयन।

17. सांस्कृतिक क्रियाकलाप

सामाजिक और सास्कृतिक क्रियाकलापों, प्रदर्शनियों, प्रकाशनों की प्रोन्नति।

18. बाजार और मेले

पशु मेलों सहित मेलों और उत्सवों का विनियमन।

19. स्वास्थ्य और परिवार कलयाण

(1) स्वास्थ्य और परिवार कल्याण कार्यक्रमों का क्रियान्वयन;

(2) प्रतिरक्षीकरण और टीकाकरण कार्यक्रमों को मॉनीटर करना;

(3) मेलों और उत्सवों पर स्वासयि और स्वच्छता;

(4) औषधालयों (एलोपैथकि और आयुर्वेदिक, यूनानी, होम्योपैथिक) सामुदायिक और प्राथमिक स्वास्थ्य केन्द्रों, उपकेन्द्रों आदि का निरीक्षण और नियंत्रण।

20. महिला और बाल विकास

(1) महिला और बाल विकास सम्बन्धी कार्यक्रमों का क्रियान्वयन;

(2) एकीकृत बाल विकास योजनाओं के माध्यम से विद्यालय, स्वास्थ्य और पोषाहार कार्यक्रमों का कार्यान्वयन;

(3) महिला और बाल विकास कार्यक्रमों में स्वैच्छिक संगठनों के भाग लेने को प्रोन्नत करना;

(4) आर्थिक विकास के लिए ग्रामीण क्षेत्रों में महिला और बाल विकास समूह बनाना और सामग्री के उपापन तथा विपणनमें सहायता करना।

21. बिकलांगों और मंदबुद्धि लोगों के कलयाण सहित समाज कलयाण

(1) अनुसूचित जातियों, जनजातियों, पिछड़े वर्गों और अन्य कमजोर वर्गों के कल्याण को प्रोन्नति;

(2) ऐसी जातियों और वर्गों की सामाजिक अन्याय और शोषण से संरक्षा करना;

22. सामुदायिक आस्तियों का रख-रखाव

(1) अपने में निहित या सरकार या किसी भी स्थानीय प्राधिकरण या संगठन द्वारा अन्तरित सभी सामुदायिक आस्तियों का रख-रखाव।

(2) अन्य सामुदायिक आस्तियों का परिरक्षण और रख-रखाव।

23. सांख्यिकी

ऐसी सांख्यिकी का संग्रह और संकलन जो पंचायत समिति, जिला परिषद या राज्य सरकार द्वारा आवश्यक पायी जाये।

24. आपात सहातया

अग्नि, बाढ़, महामारी या अन्य व्यापक आपदाओं के मामलों में सहायता करना।

25. सहकारिता

सहकारी गतिविधियों को, सहकारी सोसायटियों की स्थापना और सुदृढ़ीकरण में सहायता करने प्रोन्नत करना।

26. पुस्तकालय

पुस्तकालयों की प्रोन्नति।

27. पंचायतों का उनके सभी क्रियाकलापों और गाँव तथा पंचायत योजनाओं के निर्माण में पर्यवेक्षण और मार्गदर्शन।

28. प्रकीर्ण

(1) अल्प बचत और बीमा के माध्यम से मितव्ययिता को प्रोत्साहित करना;

(2) पशु बीमा सहित दुर्घटना, अग्नि, मृत्यु आदि के मामलों में सामाजिक बीमा दावे तैयार करना और उनके संदाय में सहायता करना।

29. पंचायत समितियों की साधारण शक्तियाँ

इस अधिनियम के अधीन सौंपे गये, समनुदिष्ट या प्रत्यायोजित किये ग.ये कृत्यों के क्रियान्वयन के लिए आवश्यक या आनुषंगिक सभी कार्य करना और विशिष्टता और पूर्वगामी शक्ति पर प्रतिकूल प्रभाव डाले बिना, इसके अधीन विनिर्दिष्ट की गयी सभी शक्तियों को प्रयोग करना।

जिला-परिषदों के कृत्य और शक्तियाँ

1. साधारण कृत्य

जिले के आर्थिक विकास और सामाजिक न्याय के लिए योजनाओं का, अगली मदों में प्रगणित विषयों सहित विभिन्न विषयों के सम्बन्ध में समन्वित क्रियान्वयन सुनिश्चित करना।

2. कृषि

(1) कृषि उत्पादन में वृद्धि करने और समुन्नत कृषि उपकरणों के उपयोग और विकसित कृषि पद्धतियों के अंगीकरण को लोकप्रिय बनाने के उपायों को प्रोन्नत करना;

(2) कृषकों को प्रशिक्षण;

(3) भूमि सुधार और भूमि संरक्षण।

3. लघु सिंचाई, भूजल स्त्रोत और जल-विभाजन

(1) ''ग'' और ''घ'' वर्ग के 2500 एकड़ तक के लघु सिंचाई संकर्मों और लिफ्ट सिंचाई संकर्मों का संनिर्माण, नवीनीकरण और रख-रखाव।

(2) जिला परिषद के नियंत्रणाधीन सिंचाई योजनाओं के अधीन जल के समय पर और साम्यपूर्ण वितरण तथा पूर्ण उपयोग तथा राजस्व वसूली के लिए उपबन्ध करना;

(3) भूजल स्त्रोतों का विकास;

(4) सामुदायिक पम्पसैट लगाना;

(5) जल-विभाजक विकास कार्यक्रम।

4. बागवानी

(1) ग्रामीण पार्क और उद्यान;

(2) फलों और सब्जियों की खेती।

5. सांख्यिकी

(1) पंचायत समितियों और जिला परिषद के क्रियाकलापों से सम्बन्धित सांख्यिकीय और अन्य सूचनाओं का प्रकाशन;

(2) पंचायत समितियों और जिला परिषद के क्रियाकलापों के लिए अपेक्षित आँकड़ों और अन्य सूचनाओं का समन्वय और उपयोग;

(3) पंचायत समितियों और जिला परिषद को सौंपी गयी परियोजनाओं और कार्यक्रमों का सर्वाधिक पर्यवेक्षण और मूल्यांकन।

6. ग्रामीण विद्युतीकरण

(1) ग्रामीण विद्युतीकरण की पूर्विकता को मॉनीटर करना;

(2) कनेक्शन, विशेष रूप से विद्युत कनेक्शन, कुटीर ज्योति और अन्य कनेक्शन।

7. मृदा संरक्षण

(1) मृदा संरक्षण कार्य;

(2) मृदा विकास कार्य।

8. सामाजिक वानिकी

(1) सामाजिक और फर्मा वानिकी, बागान और चारा विकास को प्रोन्नत करना;

(2) बंजर भूमि का विकास;

(3) वृक्षारोपण के लिए आयोजन करना और अभियान चलाना तथा कृषि पौधशालाओं को प्रोत्साहन देना;

(4) वन भूमि को छोड़कर, वृक्षों का रोपण और रख-रखाव।

(5) राजमार्गों और मुख्य जिला सड़कों को छोड़कर, सड़क के किनारे-किनारे वृक्षारोपण।

9. पशुपालन और डेयरी

(1) जिला और रैफरल अस्पतालों को छोड़कर, पशु चिकित्सालयों की स्थापना और रख-रखाव;

(2) चारा विकास कार्यक्रम;

(3) डेयरी उद्योग, कुक्कुट पालन और सूअर पालन को प्रोन्नत करना;

(4) महामारी और सांसर्गिक रोगों की रोकथान।

10. मत्स्य पालन

(1) मत्स्य पालक विकास एजेंसी के समस्त कार्यक्रम;

(2) प्राइवेट और सामुदायिक जलाशयों में मत्स्य संवर्द्धन का विकास;

(3) पारंपरिक मत्स्यपाल में सहायता करना;

(4) मत्स्य विपणन सहकारी समितियों का गठन करना;

(5) मछुआरों के उत्थान और विकास के लिए कल्याण योजनाएँ।

11. घरेलू और कुटीर उद्योग

(1) परिक्षेत्र में पारम्परिक कुशल व्यक्तियों की पहचान और घरेलू उद्योगों का विकास करना;

(2) कच्चे माल की आवश्यकताओं का इस प्रकार से निर्धारण करना जिससे कि समय पर उसका प्रदाय सुनिश्च्चित किया जा सके;

(3) परिवर्तनशील उपभोक्ता माँग के अनुसार डिजाइन और उत्पादन;

(4) कारीगरों और शिल्पियों के लिए प्रशिक्षण कार्यक्रमों का आयोजन करना;

(5) उपमद-(4) के अधीन के कार्यक्रम के लिए बैंक ऋण दिलवाने हेतु सम्पर्क करना;

(6) खादी, हथकर्घा, हस्तकला और ग्राम तथा कुटीर उद्योगों को प्रोन्नत करना।

12. ग्रामीण सड़कें और भवन

(1) राष्ट्रीय और राज्य राजमार्गों से भिन्न सड़कों का निम्रण और रख-रखाव;

(2) राष्ट्रीय और राजमार्गों से भिन्न मार्गों के नीचे आने वाले पुल और पुलियाएँ;

(3) जिला परिषद के कार्यालय भवनों का निम्रण और रख-रखाव;

(4) बाजार, शैक्षणिक संस्थाओं व स्वास्थ्य केन्द्रों को जोड़ने वाली मुख्य सम्पर्क सड़कों और आन्तरिक क्षेत्रों में सम्पर्क सड़कों की पहचान;

(5) नयी सड़कों और विद्यमान सड़कों कोचौड़ा करने के लिए भूमि का स्वैच्छिक अभ्यपर्ण कराना।

13. स्वासयि और स्वास्थिकी

(1) सामुदायिक और प्राथमिक स्वास्थ्य केन्द्रों, औषधालयों, उपकेन्द्रों की स्थापना और रख-रखाव;

(2) आयुर्वेदिक, होम्योपैथिक, यूनानी औषधालयों की स्थापना और रख-रखाव;

(3) प्रतिरक्षीकरण और टीकाकरण कार्यक्रम का क्रियान्वयन;

(4) स्वास्थ्य क्रियान्वयन:

(5) मातृत्व और शिशु स्वास्थ्य क्रियाकलाप;

(6) परिवार कलयाण कार्यक्रम;

(7) पंचायत समितियों और पंचायतों की सहायता से स्वासयि शिविरों का आयोजन करना;

(8) पर्यावरण प्रदूषण के विरुद्ध उपाय।

14. ग्रामीण आवासन

(1) बेघर परिवारों की पहचान;

(2) जिले में आवास निर्माण का क्रियान्वयन;

(3) कम लागत आवासन को लोकप्रिय बनाना।

15. शिक्षा

(1) उच्च प्राथमिक विद्यालयों की स्थापना और रख-रखाव सहित शैक्षणिक क्रियाकलापों को प्रोन्नत करना;

(2) प्रौढ़ शिक्षा और पुस्तकालय सुविधाओं के लिए कार्यक्रमों की योजना बनाना;

(3) ग्रामीण क्षेत्रों में विज्ञान और तकनीकी के प्रचार के लिए प्रयासर कार्य;

(4) शैक्षणिक क्रियाकलापों का सर्वेक्षण और मूल्यांकन।

16. समाज कलयाण और कमजोर वर्गों का कल्याण

(1) अनुसूचित जातियों, जनजातियों और पिछड़े वर्गों को छात्रवृत्तियाँ, वृत्तिकाएँ, बोर्डिंग अनुदान व पुस्तकें और अन्य उपसाधन क्रय करने के लिए अन्य अनुदान देकर शिक्षा सुविधाओं का विस्तार;

(2) निरक्षरता उन्मूलन और साधारण शिक्षा के लिए नर्सरी विद्यालयों, बाल-बाड़ियों रात्रि विद्यालयों और पुस्तकालयों का संगठन करना;

(3) अनुसूचित जातियों, जनजातियों और पिछड़े वर्गों को कुटीर और ग्रामीण उद्योगों में प्रशिक्षण देने के लिए आदर्श कलयाण केन्द्रों और शिल्प केन्द्रों का संचालन;

(4) अनुसूचित जातियों, जनजातियों और पिछड़े वर्गों के सदस्यों द्वारा उत्पादित माल के विपणन के लिए सुविधाएं उपलब्ध करवाना;

(5) अनुसूचित जातियों, जनजातियों और पिछड़े वर्गों के उत्थान और विकास के लिए अन्य कल्याणकारी योजनाएँ।

17. गरीबी उन्मूलन कार्यक्रम

गरीबी उन्मूलन कार्यक्रमों की योजना बनाना, उनका पर्यवेक्षण, मॉनीटर करना और क्रियान्वयन करना।

18. समाज सुधार क्रियाकलाप

(1) महिला संगठन और कल्याण;

(2) बाल संगठन और कल्याण;

(3) स्थानीय आवारागर्दी का निवारण;

(4) विधवा, वृद्ध और शरीरिक रूप से निःशक्त निराश्रितों के लिए पेंशन की और बेरोजगारों के अन्तर्जातीय विवाह युगलों, जिनमें से एक किसी अनुसूचित जाति या किसी अनुसूचित जनजाति का सदस्य हो, के लिए भत्तों को मंजूरी और वितरण को मॉनीटर करना;

(5) अग्नि नियंत्रण;

(6) अन्धविश्वास, जातिवाद, छुआछूत, नशाखोरी, खर्चीले विवाह और सामाजिक समारोहों, दहेज तथा दिखावटी उपभोग के विरुद्ध अभियान;

(7) सामुदायिक विवाह और अन्तर्जातीय विवाहों को प्रोत्साहित करना;

(8) आर्थिक अपराधों, जैसे तस्करी, करवंचन, खाद्य अपमिश्रण के विरुद्ध सतर्कता;

(9) भूमिहीन श्रमिकों को सौंपी गयी भूमि का विकास करने में सहायता;

(10) बन्धुआ मजदूरों कीपहचान करना, उन्हें मुक्त कराना और उनका पुनर्वास;

(11) सांस्कृतिक और मनोरंजक क्रियाकलापों का आयोजन करना;

(12) खेलकूद और खेलों को प्रोत्साहन तथा ग्रामीण स्टेडियमों का निर्माण;

(13) पारम्परिक उत्सवों को नया रूप देना और उन्हें समाजप्रिय बनाना;

(14) निम्नलिखित के माध्यम से मितव्ययिता और बचत की प्रोन्नति करना;

(क) बचत की आदतों की प्रोन्नति;

(ख) अल्प बचत अभियान;

(ग) कूट साहूकारी प्रथाओं और ग्रामीण ऋणग्रस्तता के विरुद्ध लड़ाई।

19. जिला परिषदों की साधारण शक्तियाँ

इस अधिनियम के अधीन उसे सौंपे, समनुदिष्ट या प्रत्यायोजित किये गये कृत्यों के क्रियान्वयन के लिए आवश्यक या आनुषंगिक सभी कार्य करना और, विशिष्टता और पूर्वगामी शक्ति पर प्रतिकूल प्रभाव डाले बिना, इसके अधीन विनिर्दिष्ट समस्त शक्तियों का और विनिर्दिष्ट रूप से निम्नलिखित के लिए आवश्यक शक्तियों का प्रयोग करना-

(1) लोक उपयोगिता के किसी भी कार्य का या उसमें निहित या उसके नियंत्रण या प्रबन्ध के अधीन की किसी संस्था का प्रबन्ध और रख-रखाव;

(2) ग्रामीण हाटों और बाजारों का अर्जन और रख-रखाव;

(3) पंचायत समितियों या पंचायतों को तदर्थ अनुदानों का वितरण करना और कार्य का समन्वय करना;

(4) कष्ट निवारण उपायों को अंगीकृत करना;

(5) जिले में पंचायत समितियों के बजट प्राक्कलनों की परीक्षा करना और उन्हें मंजूर करना;

(6) एकाधिक खण्डों में विस्तृत किसी स्कीम को हाथ में लेना और निष्पादित करना;

(7) जिले के पंचों, सरपंचों, प्रधानों और पंचायत समितियों के सदस्यों के शिविरों, सेमिनारों, सम्मेलनों का आयोजन करना;

(8) किसी भी स्थानीय प्राधिकरण से उसके क्रियाकलापों के बारे में सूचना देने की अपेक्षा करना;

(9) किन्हीं विकास स्कीमों को ऐसे निबंधनों और शर्तों पर, जो लगे हुए दो या अधिक जिलों की जिला परिषदों के बीच परस्पर तय पायी जायें, संयुक्त रूप से हाथ में लेना और निष्पादित करना।

8

राष्ट्रीय ग्रामीण रोजगार गारंटी अधिनियम

पंचायती राज में नरेगा कानून ग्रामीण विकास और सामुदायिक विकास के उद्देश्य से लागू किया गया है। यह स्कीम केन्द्र सरकार द्वारा अधिनियम की धारा 3 (1) के अन्तर्गत राज्य में अधिसूचित ग्रामीण क्षेत्रों में लागू होगी। प्रथम चरण में राज्य के बांसवाड़ा, डूंगरपुर, झालावाड़, करौली, सिरोही एवं उदयपुर जिलों के ग्रामीण क्षेत्रों में लागू होगी। भारत सरकार द्वारा स्कीम का विस्तार किये जाने पर यह राज्य के अन्य जिलों में भी चरणबद्ध रूप से लागू होगी। उपबंधित के सिवाय, राज्य सरकार राज्य में ऐसे ग्रामीण क्षेत्र में जो केन्द्रीय सरकार द्वारा अधिसूचित किया जाये, प्रत्येक गृहस्थी को, जिसके वयस्क सदस्य अकुशल शारीरिक कार्य करने के लिये स्वेच्छा से आगे आते हैं, इस अधिनियम के अधीन बनाई गई स्कीम के अनुसार किसी वित्तीय वर्ष में सौ दिनों से अन्यून के लिये ऐसा कार्य उपलब्ध करायेगी। प्रत्येक व्यक्ति जिसने स्कीम के अधीन उसे दिया गया कार्य किया है, प्रत्येक कार्य दिवस के लिये मजदूरी की दर से मजदूरी प्राप्त करने का हकदार होगा।

इस अधिनियम में अन्यथा उपबंधित के सिवाय दैनिक मजदूरी का संवितरण साप्ताहिक आधार पर या किसी भी दशा में उस तारीख के पश्चात् जिसको ऐसा कार्य किया गया था, पन्द्रह दिन के पश्चात् किया जायेगा। केन्द्रीय सरकार या राज्य सरकार अपनी आर्थिक क्षमता और विकास की सीमाओं के भीतर किसी स्कीम के अधीन किसी गृहस्थी के प्रत्येक वयस्क सदस्य के लिये उपधारा (1) के अधीन गारंटीकृत अवधि के परे किसी अवधि के लिये, जो समीचीन हो, कार्य सुनिश्चित करने के लिये उपबंध कर सकेगी। इस स्कीम का मूल उद्देश्य ग्रामीण क्षेत्रों के ऐसे प्रत्येक परिवार को एक वित्तीय वर्ष के दौरान कम से कम 100 दिन का गारन्टीशुदा रोजगार उपलब्ध कराना है, जिसके वयस्क सदस्य अकुशल शारीरिक श्रम करने को तैयार हैं, ताकि ग्रामीण क्षेत्रों में रोजगार सुरक्षा की स्थिति को बेहतर बनाया जा सके। ग्रामीण रोजगार ग्रामीण स्कीम के अन्य उद्देश्य यथा रोजगार गारन्टी से संपदाओं का निर्माण करने, पर्यावरण की रक्षा करने, ग्रामीण औरतों के शक्तिकरण, गांवों से शहरों की ओर पलायन पर अंकुश लगाने और सामाजिक समानता सुनिश्चित करना भी है। केन्द्र सरकार द्वारा अधिसूचित क्षेत्रों में निवासरत समस्त ग्रामीण परिवारों के वयस्क सदस्य इस योजना में लाभ लेने हेतु पात्र हैं। योजना के अन्तर्गत एक वित्तीय वर्ष में 100 दिन का रोजगार प्राप्त करने के लिये ''एक परिवार'' पात्र होगा। 100 दिन के रोजगार की उपलब्धता को परिवार में निवासरत समस्त वयस्क व्यक्तियों के बीच विभाजित किया जा सकता हैं, अतः एक पंजीकृत परिवार के समस्त वयस्क व्यक्ति जो रोजगार प्राप्त करने के लिये आवेदन प्रस्तुत करते हैं, 100 दिवस की सीमा के अन्तर्गत रोजगार प्राप्त करने हेतु पात्र होंगे। इस हेतुः-

1. परिवार को ग्राम पंचायत क्षेत्र का स्थानीय निवासी होना आवश्यक है।

2. स्थानीय को ग्राम पंचायत में परिवार को पंजीकृत कराया जाना आवश्यक होगा।

3. ग्राम पंचायत से परिवार का जॉब कार्ड प्राप्त करना होगा।

4. जॉब कार्ड के आधार पर अकुशल मानव श्रम करने हेतु आवेदन देना होगा।

5. अकुशल मानव श्रम करने के लिये तत्पर।

ऐसी महिलायें जो कि परिवार के अन्तर्गत पंजीकृत हैं तथा रोजगार हेतु आवेदन करती हैं उन्हें रोजगार उपलब्ध कराने में प्राथमिकता दी जावेगी। यह भी सुनिश्चित किया जावेगा कि पंजीकृत एवं कार्य हेतु आवेदन करने वाले आवेदकों में से कम से कम एक तिहाई महिलायें लाभान्वित हों। यदि ग्रामीण क्षेत्र में निवासरत अपंग व्यक्ति आवेदन करता है तो उसकी योग्यता एवं क्षमता के अनुसार कार्य दिया जावेगा।

ग्रामीण रोजगार गारंटी की विशेषताएं

इस स्कीम के अंतर्गत ग्रामीण रोजगार को विशेष उन्नत कराने के लिए नियम निर्धारित किये गये हैं। विशेष रूप से अग्रलिखित संक्रमों पर भूमिका प्रस्थावित किया गयी है।

1. जल संरक्षण और जल शस्य संचय;

2. सूखारोधी (जिसके अन्तर्गत वनरोपण और वृक्षारोपण है);

3. सिंचाई नहरें जिनके अन्तर्गत सूक्ष्म और लघु सिंचाई संकर्म भी हैं;

4. अनुसूचित जातियों और अनुसूचित जनजातियों या गरीबी रेखा से नीचे के कुटुम्बों या भूमि सुधार के हिताधिकारियों या भारत सरकार की इन्दिरा आवास योजना के अधीन हिताधिकारियों की स्वयं की गृहस्थी भूमि के लिये सिंचाई प्रसुविधा, बागवानी, बागान और भूमि विकास प्रसुविधा का उपबंध

(परन्तु यह कि निम्नलिखित शर्त पूरी करता हो, अर्थात्–)

1. व्यैष्टिक भूमि स्वामी कार्य कार्डधारक हो और परियोजना में भी कार्य कर रहा हो;
2. ऐसी प्रत्येक परियोजना के लिये श्रमिक सामग्री का अनुपात 60 : 40 में ग्राम पंचायत स्तर पर रखा जायेगा;
3. परियोजना ग्राम सभा और ग्राम पंचायत द्वारा अनुमोदित होगी तथा परियोजनाओं के वार्षिक शेल्फ का भाग होगी;
4. कार्य के निष्पादन में कोई ठेकेदार या मशीनरी प्रयुक्त नहीं होगी; और
5. कोई मशीनरी क्रय नहीं की जायेगी।

इस स्कीम के अंतर्गत ग्रामीण क्षेत्रों के अंतर्गत निम्नलिखित शर्तों के रहते हुए कार्य करने होगे अर्थात् प्रत्येक कार्य के लिये विशेष पहचान दी जायेगी।

1. प्रत्येक कार्य के लिये एक विशेष पहचान संख्या दी जायेगी;
2. सभी कार्य ऐसे कर्मचारियों द्वारा निष्पादित किये जायेंगे जिनके पास जॉबकार्ड हैं और जिन्होंने कार्य की माँग की है;

3. 18 वर्ष से कम की आयु के किसी व्यक्ति को राष्ट्रीय ग्रामीण रोजगार गारंटी अधिनियम परियोजनाओं के अधीन कार्य करने की अनुज्ञा नहीं दी जायेगी;

4. प्रत्येक मस्टर रोल में एक विशेष पहचान संख्या होगी और कार्यक्रम अधिकारी द्वारा सत्यापित की जायेगी तथा मस्टर रोल का प्रारूप वह होगा जो भारत सरकार द्वारा विनिर्दिष्ट किया जाये;

5. कार्यक्रम अधिकारी द्वारा सम्यक् रूप से हस्ताक्षरित और समुचित रूप से संख्यांकित मस्टर रोल कार्य स्थल पर रखी जायेगी और ऐसी मस्टर रोल जो कार्यक्रम अधिकारी द्वारा हस्ताक्षरित नहीं है और समुचित रूप संख्यांकित नहीं है, उसे अप्राधिकृत समझा जायेगा और कार्य स्थल पर नहीं रखी जायेगी;

6. कर्मकार अपनी उपस्थिति और कार्यस्थल पर मस्टर रोल में उपार्जित मजदूरी की रकम को प्रति हस्ताक्षरित करेंगे;

7. समय-समय पर भारत सरकार द्वारा यथा विहित मस्टर रोलों के विस्तृत अभिलेख रजिस्टरों में रखे जायेंगे;

8. जब कार्य प्रगति पर है, कर्मकार उस कार्य में लगे हैं सप्ताह में कम से कम एक बार उनके कार्यस्थल के सभी बिलों और वाउचरों का सत्यापन और प्रमाणन करने के लिये साप्ताहिक चक्रानुक्रम के आधार पर उनमें से कम से कम पाँच कर्मकारों का चयन किया जायेगा;

9. अनुमोदन या कार्य आदेश की एक प्रति कार्यस्थल पर सार्वजनिक के निरीक्षण के लिये उपलब्ध कराई जायेगी;

10. कार्य का मापमान कार्य स्थल के भारसाधक अर्हित तकनीकी कार्मिक द्वारा रखी गई मापमान पुस्तकों में अभिलिखित किया जायेगा;

11. प्रत्येक कार्य और प्रत्येक कर्मकार के मापमान अभिलेख सार्वजनिक निरीक्षण के लिये उपलब्ध कराये जायेंगे;

12. प्रत्येक कार्य स्थल पर एक नागरिक सूचना बोर्ड रखा जाना चाहिये और भारत सरकार द्वारा विहित रीति में नियमित रूप से अद्यतन किया जाना चाहिये;

13. कोई व्यक्ति सभी कार्य घंटा के दौरान कार्यस्थल पर माँग किये जाने पर मस्टर रोलों के प्रति पहुँच रखने के लिये योग्य हो; और

14. भारत सरकार के अनुदेशों के अनुसार स्थापित की गई सतर्कता और मॉनीटरी और समिति सभी कार्यों और उस पर उसकी मूल्यांकन रिपोर्ट की जाँच करेगी जो भारत सरकार द्वारा विहित प्ररूप में कार्य रजिस्टर में अभिलेखित की जायेगी और सामाजिक संपरीक्षा के दौरान ग्रामसभा को प्रस्तुत की जायेगी।

ग्रामीण क्षेत्रों के लिये नियोजन गारंटी स्कीमें

(1) धारा 3 के उपबंधों को प्रभावी बनाने के प्रयोजनों के लिये प्रत्येक राज्य सरकार इस अधिनियम के प्रारंभ की तारीख से (एक वर्ष)के भीतर स्कीम के अन्तर्गत आने वाले ग्रामीण क्षेत्रों में प्रत्येक गृहस्थी को जिसके वयस्क सदस्य इस अधिनियम द्वारा या उसके अधीन और स्कीम में अधिकथित शर्तों के अधीन रहते हुये अकुशल शारीरिक कार्य करने के लिये स्वेच्छा से आगे आते हैं, किसी वित्तीय वर्ष में सौ दिनों से अन्यून का गारंटीकृत नियोजन उपलब्ध कराने के लिये अधिसूचना द्वारा एक स्कीम बनायेगी:-

परन्तु यह कि राज्य सरकार द्वारा किसी ऐसी स्कीम को अधिसूचित किये जाने तक सम्पूर्ण ग्रामीण रोजगार योजना के लिये वार्षिक कार्रवाई योजना या भावी योजना या राष्ट्रीय काम के लिये अनाज कार्य कार्यक्रम, जो ऐसी अधिसूचना से ठीक पूर्व सम्बन्धित क्षेत्र में प्रवृत्त है, इस अधिनियम के प्रयोजनों के लिसे स्कीम हेतु काईवाई योजना समझा जायेगा।

(2) राज्य सरकार, कम से कम दो स्थानीय समाचार पत्रों में, जिनमें से एक ऐसे क्षेत्र या क्षेत्रों में जिसको ऐसी स्कीम लागू होगी, परिचालित जनभाषा में होगा, उसके द्वारा बनाई गई स्कीम का सार प्रकाशित करेगी।

(3) उपधारा (1) के अधीन बनाई गई स्कीम अनुसूची-1 में विनिर्दिष्ट न्यूनतम बातों के लिये उपबंध करेगी।

गारंटीकृत नियोजन उपलब्ध कराने के लिए शर्तें

(1) राज्य सरकार अनुसूची-2 में विनिर्दिष्ट शर्तों पर प्रतिकूल प्रभाव डाले बिना, इस अधिनियम के अधीन गारंटीकृत नियोजन उपलब्ध कराने के लिये स्कीम में शर्तें विनिर्दिष्ट कर सकेगी।

(2) इस अधिनियम के अधीन बनाई गई किसी स्कीम के अधीन नियोजित व्यक्ति ऐसी सुविधाओं का हकदार होगा जो अनुसूची-2 में विर्निष्ट न्यूनतम सुविधाओं से कम नहीं है।

मजदूरी दर

(1) न्यूनतम मजदूरी अधिनियम, 1948 (11 आफ 1948) में किसी बात के होते हुये भी, केन्द्रीय सरकार, इस अधिनियम के प्रयोजनों के लिये अधिसूचना द्वारा, मजदूरी दर विनिर्दिष्ट कर सकेगी।

परन्तु यह कि विभिन्न क्षेत्रों के लिये मजदूरी की भिन्न-भिन्न दरें विनिर्दिष्ट की जा सकेंगी।

परन्तु यह और कि किसी ऐसी अधिसूचना के अधीन समय-समय पर विनिर्दिष्ट मजदूरी दर साठ रुपये प्रतिदिन से कम की दर से नहीं होगी।

(2) किसी राज्य में किसी क्षेत्र के सम्बन्ध में केन्द्रीय सरकार द्वारा कोई मजदूरी दर नियत किये जाने के समय तक, कृषि श्रमिकों के लिये न्यूनतम मजदूरी अधिनियम, 1948 (11 आफ 1948) की धारा 3 के अधीन राज्य सरकार द्वारा नियत न्यूनतम मजदूरी उस क्षेत्र को लागू मजदूरी दर समझी जायेगी।

बेकारी भत्ते का संदाय

(1) यदि स्कीम के अधीन नियोजन के लिये किसी आवेदक को नियोजन चाहने वाले उसके आवेदन की प्राप्ति के या उस तारीख से जिसको किसी अग्रिम आवेदन की दशा में नियोजन चाहा गया है, इनमें से जो भी पश्चात्वर्ती हो, पन्द्रह दिन के भीतर ऐसा नियोजन उपलब्ध नहीं कराया जाता है तो वह इस धारा के अनुसार एक दैनिक बेकारी भत्ते का हकदार होगा।

(2) पात्रता के ऐसे निबंधनों और शर्तों के अधीन रहते हुये, जो राज्य सरकार द्वारा विहित की जायें तथा इस अधिनियम और स्कीमों और राज्य सरकार की आर्थिक क्षमता के अधीन रहते हुये, उपधारा (1) के अधीन संदेय बेकारी भत्ता किसी गृहस्थी के आवेदकों को गृहस्थी की हकदारी के अधीन रहते हुये, ऐसी दर से जो राज्य परिषद् के परामर्श से, अधिसूचना द्वारा राज्य सरकार द्वारा विनिर्दिष्ट की जाये संदत्त किया जायेगाः-

परन्तु यह कि कोई ऐसी दर वित्तीय वर्ष के दौरान पहले तीस दिनों के लिए मजदूरी दर से एक चौथाई से कम नहीं होगी और वित्तीय वर्ष की शेष अवधि के लिये मजदूरी दर से एक बटा दो से अन्यून नहीं होगी।

(3) किसी वित्तीय वर्ष के दौरान किसी गृहस्थी को बेकारी भत्ते का संदाय करने का राज्य सरकार का दायित्व समाप्त हो जायेगा जैसे ही-

1. आवेदक को, ग्राम पंचायत या कार्यक्रम अधिकारी द्वारा या तो स्वयं के लिये रिपोर्ट करने या उसकी गृहस्थी के कम से कम एक वयस्क सदस्य को तैनात करने के लिये निर्देशित किया जाता है।

2. वह अवधि जिसके लिये नियोजन चाहा गया है, समाप्त हो जाती है और आवेदक की गृहस्थी का कोई सदस्य नियोजन के लिये नहीं आता है।

3. आवेदक की गृहस्थी के वयस्क सदस्यों ने उस वित्तीय वर्ष के भीतर कुल मिलाकर कम से कम सौ दिनों का कार्य प्राप्त कर लिया है।

4. आवेदक की गृहस्थी ने मजदूरी और बेकारी भत्ता, दोनों को मिलाकर उतना उपार्जित कर लिया है, जो वित्तीय वर्ष के दौरान कार्य के सौ दिनों की मजदूरी के बराबर है।

(4) गृहस्थी के किसी आवेदक को संयुक्त रूप से संदेय बेकारी भत्ता कार्यक्रम अधिकारी या ऐसे स्थानीय प्राधिकारी द्वारा (जिसके अन्तर्गत जिला मध्यवर्ती या ग्राम स्तर पर पंचायत है) जिसे राज्य सरकार अधिसूचना द्वारा इस निमित्त प्राधिकृत करे, मंजूर और संवितरित किया जायेगा।

(5) उपधारा (1) के अधीन बेकारी भत्ते का प्रत्येक संदाय, उस तारीख से जिसको व संदाय के लिये शोध्य हो जाता है, पन्द्रह दिन के पश्चात् किया जायेगा या प्रस्तावित किया जायेगा।

(6) राज्य सरकार, इस अधिनियम के अधीन बेकारी भत्ते के संदाय के लिये प्रक्रिया विहित कर सकेगा।

कतिपय परिस्थितियों में बेकारी भत्ते का संवितरण न करना

(1) यदि कार्यक्रम अधिकारी, अपने नियंत्रण के परे किसी कारण से बेकारी भत्ते का समय पर या बिल्कुल संवितरण करने की स्थिति में नहीं है, तो वह जिला कार्यक्रम समन्वयक को मामले की रिपोर्ट करेगा और अपने सूचना पट्ट पर और ग्राम पंचायत के सूचना पट्ट पर तथा ऐसे अन्य सहजदृश्य स्थानों पर जो वह आवश्यक समझे, संप्रदर्शित की जाने वाली किसी सूचना में ऐसे कारणों की घोषणा करेगा।

(2) बेकारी भत्ते का संदाय न करने या विलंब से संदाय के प्रत्येक मामले की जिला कार्यक्रम समन्वयक द्वारा राज्य सरकार को प्रस्तुत की गई वार्षिक रिपोर्ट में, ऐसे संदाय न करने या विलंब से संदाय के कारणों सहित, रिपोर्ट की जायेगी।

(3) राज्य सरकार उपधारा (1) के अधीन रिपोर्ट किये गये बेकारी भत्ते का सम्बन्धित गृहस्थी को यथासंभव शीघ्रता से संदाय करने के सभी उपाय करेगी।

कतिपय परिस्थितियों में बेकारी भत्ता प्राप्त करने के हक से वंचित रहना– कोई आवेदक जो–

(1) किसी स्कीम के अधीन अपनी गृहस्थी को उपलब्ध नियोजन स्वीकार नहीं करता है।

(2) कार्य के लिये रिपोर्ट करने के लिये कार्यक्रम अधिकारी या कार्यान्वयन अभिकरण द्वारा अधिसूचित किये जाने के पन्द्रह दिन के भीतर कार्य के लिये रिपोर्ट नहीं करता है।

(3) सम्बन्धित कार्यान्वयन अभिकरण से कोई अनुज्ञा प्राप्त किये बिना एक सप्ताह से अधिक की कुल अवधि के लिये कार्य से लगातार अनुपस्थित रहता है या किसी मास में एक सप्ताह से अधिक की कुल अवधि के लिये अनुपस्थित रहता है। तो वह तीस मास की अवधि के लिये इस अधिनियम के अधीन संदेय बेकारी भत्ते का दावा करने का हकदार नहीं होगा किन्तु किसी भी समय स्कीम के अधीन नियोजन चाहने का हकदार होगा।

◘◘◘

९

रोजगार अधिनियम को कार्यान्वित करने वाले अधिकारी

ऐसी तारीख से जिसे केन्द्रीय सरकार, अधिसूचना द्वारा विनिर्दिष्ट करे, केन्द्रीय रोजगार गारंटी परिषद् के नाम से एक परिषद् इस अधिनियम द्वारा या उसके अधीन उसे समनुदेशित कृत्यों और कर्त्तव्यों का पालन करने के लिये गठित की जायेगी। केन्द्रीय परिषद् का मुख्यालय दिल्ली में होगा। केन्द्रीय परिषद् निम्नलिखित सदस्यों से मिलकर बनेगी, जिन्हें केन्द्रीय सरकार द्वारा नियुक्त किया जायेगा, अर्थात्–

1. अध्यक्ष;

2. केन्द्रीय मंत्रालयों के जिनके अन्तर्गत योजना आयोग भी है, भारत सरकार के संयुक्त संचिवत से अन्यून की पंक्ति के उतनी संख्या से अनधिक में, जो केन्द्रीय सरकार द्वारा अवधारित की जाये, प्रतिनिधि;

3. राज्य सरकारों के उतनी संख्या से अनधिक में, जो केन्द्रीय सरकार द्वारा अवधारित की जाये, प्रतिनिधि;

4. पंचायतीराज संस्थाओं, कर्मकार संगठनों और असुविधाग्रस्त समूहों का प्रतिनिधित्व करने वाले पन्द्रह से अनधिक गैर सरकारी सदस्य;

परन्तु यह कि ऐसे गैर सरकारी सदस्यों में केन्द्रीय सरकार द्वारा एक समय में एक वर्ष की अवधि के लिये चक्रानुक्रम से नामनिर्देशित जिला पंचायतों के दो अध्यक्ष सम्मिलित होंगे:-

परन्तु यह और कि इस खण्ड के अधीन नामनिर्देशित एक तिहाई से अन्यून गैर सरकारी सदस्य महिलायें होंगी:-

परन्तु यह भी कि गैर सरकारी सदस्यों के एक-तिहाई से अन्यून सदस्य अनुसूचित जातियों, अनुसूचित जनजातियों, अन्य पिछड़े वर्गों और अल्पसंख्यकों के होंगे:-

5. राज्यों के उतनी संख्या में प्रतिनिधि होंगे, जो केन्द्रीय सरकार इस निमित्त नियम द्वारा अवधारित करे;

6. भारत सरकार के संयुक्त सचिव की पंक्ति से अन्यून की पंक्ति का एक सदस्य सचिव। वे निबन्धन और शर्तें जिनके अधीन रहते हुये, केन्द्रीय परिषद् का अध्यक्ष और अन्य सदस्य नियुक्त किये जा सकेंगे तथा केन्द्रीय परिषद् की बैठकों का समय, स्थान और प्रक्रिया जिसके अन्तर्गत ऐसी बैठकों में गणपूर्ति भी है वह होगी जो केन्द्रीय सरकार द्वारा विहित की जाये।

केन्द्रीय परिषद् के कार्य

(1) केन्द्रीय परिषद् निम्नलिखित कृत्यों और कर्त्तव्यों का पालन और निर्वहन करेगी, अर्थात्

1. केन्द्रीय मूल्यांकन और मानीटरी प्रणाली स्थापित करना;

2. इस अधिनियम के कार्यान्वयन से सम्बन्धित सभी विषयों पर केन्द्रीय सरकार को सलाह देना;

3. समय-समय पर मानीटरी और प्रतितोष तंत्र का पुनर्विलोकन करना तथा अपेक्षित सुधारों की सिफारिश करना;

4. इस अधिनियम के अधीन बनाई गई स्कीमों के सम्बन्ध में जानकारी के विस्तृत संभव प्रसार का संवर्धन करना;

5. इस अधिनियम के कार्यान्वयन को मॉनीटर करना;

6. इस अधिनियम के कार्यान्वयन पर केन्द्रीय सरकार द्वारा संसद के समक्ष रखे जाने के लिये वार्षिक रिपोर्ट तैयार करना;

7. कोई अन्य कर्त्तव्य और कृत्य, जो केन्द्रीय सरकार द्वारा समनुदेशित किये जायें।

(2) केन्द्रीय परिषद् को इस अधिनियम के अधीन बनाई गई विभिन्न स्कीमों का मूल्यांकन करने की शक्ति होगी और उस प्रयोजन के लिये ग्रामीण अर्थव्यस्था और स्कीमों के कार्यान्वयन से सम्बन्धित आँकड़े संगृहित करेगी या संगृहित करायेगी।

राज्य रोजगार गारंटी परिषद्

राज्य स्तर पर, इस अधिनियम के कार्यान्वयन का नियमित रूप से मॉनीटर और पुनर्विलोकन करने के प्रयोजनों के लिये प्रत्येक राज्य सरकार................. (राज्य का नाम) राज्य रोजगार गारंटी परिषद् के नाम से एक राज्य परिषद् का गठन करेगी जिसमें एक अध्यक्ष और उतनी संख्या में गैर सरकारी सदस्य जो राज्य सरकार द्वारा अवधारित किये जायें तथा राज्य सरकार द्वारा पंचायतीराज संस्थाओं, कर्मकार, संगठनों और असुविधाग्रस्त समूहों से नामनिर्दिष्ट पन्द्रह से अनधिक गैर सरकारी सदस्य होंगे:-

परन्तु इस खण्ड के अधीन नामनिर्देशित गैर सरकारी सदस्यों के एक तिहाई के अन्यून सदस्य महिलायें होंगी:-

परन्तु यह और कि गैर सरकारी सदस्यों के एक तिहाई से अन्यून सदस्य अनुसूचित जातियों, अनुसूचित जनजातियों, अन्य पिछड़े वर्गों और अल्पसंख्यकों के होंगे। वे निबन्धन और शर्तें जिनके अधीन रहते हुये, राज्य परिषद् का अध्यक्ष और अन्य सदस्य नियुक्त किये जा सकेंगे तथा राज्य परिषद की बैठकों का समय, स्थान और प्रक्रिया जिसके अन्तर्गत ऐसी बैठकों में गणपूर्ति भी है वह होगी जो राज्य सरकार द्वारा विहित की जाये।

राज्य पदिषद् के कर्त्तव्यों और कृत्यों में निम्नलिखित सम्मिलित होंगे-

1. स्कीम और राज्य में उसके कार्यान्वयन से सम्बन्धित सभी विषयों पर राज्य सरकार को सलाह देना;

2. अधिमानी कार्यों का अवधारण करना;

3. समय-समय पर मॉनीटरी और प्रतितोष तंत्र का पुनर्विलोकन करना तथा अपेक्षित सुधारों की सिफारिश करना;

4. इस अधिनियम और इसके अधीन स्कीमों के सम्बन्ध में जानकारी के विस्तृत संभव प्रसार का संवर्धन करना;

5. राज्य में इस अधिनियम और स्कीमों के कार्यान्वयन को मॉनीटर करना तथा ऐसे कार्यान्वयन का केन्द्रीय परिषद् के साथ समन्वय करना;

6. राज्य सरकार द्वारा राज्य विधानमण्डल के समक्ष रखी जाने वाली वार्षिक रिपोर्ट तैयार करना;

7. कोई अन्य कर्त्तव्य और कृत्य जो उसे केन्द्रीय परिषद् और राज्य सरकार द्वारा समनुदेशित किया जाये।;

राज्य परिषद् को राज्य में प्रचलित स्कीमों का मूल्यांकन करने तथा उस प्रयोजन के लिये ग्रामीण अर्थव्यस्था और स्कीमों तथा कार्यक्रमों के कार्यान्वयन से सम्बन्धित आँकड़े संगृहीत करने या संगृहित करवाने की शक्ति होगी।

कार्यान्वयन के प्राधिकारी

इस अधिनियम के अधीन बनाई गई स्कीमों की योजना और कार्यान्वयन के लिये जिला, मध्यवर्ती और ग्राम स्तरों पर पंचायतें, प्रधान अधिकारी होंगी।

जिला स्तर पर पंचायतों के निम्नलिखित कृत्य होंगे-

1. स्कीम के अधीन किसी कार्यक्रम के अन्तर्गत कार्यान्वित की जाने वाली परियोजनाओं के ब्लॉक अनुसार शेल्फ को अंतिम रूप देना और उसका अनुमोदन करना;

2. ब्लॉक स्तर और जिला स्तर पर कार्यान्वित की जाने वाली परियोजनाओं का पर्यवेक्षण और मानीटर करना; और

3. ऐसे अन्य कृत्य करना, जो राज्य परिषद् द्वारा समय-समय पर उसे समनुदेशित किये जायें।

मध्वर्ती स्तर पर पंचायत के निम्नलिखित कृत्य होंगे-

1. अंतिम अनुमोदन के लिये जिला स्तर पर जिला पंचायत को भेजने के लिये ब्लाक योजना का अनुमोदन करना ;

2. ग्राम पंचायत स्तर और ब्लॉक स्तर पर कार्यान्वित की जाने वाली परियोजनाओं का पर्यवेक्षण और मॉनीटर करना और;

3. ऐसे अन्य कृत्य करना, जो राज्य परिषद् द्वारा समय-समय पर उसे समनुदेशित किये जायें।

4. जिला कार्यक्रम समन्वयक, इस अधिनियम और उसके अधीन बनाई गई किसी स्कीम के अधीन उसके कृत्यों का निर्वहन करने में पंचायत की सहायता करेगा।

जिला कार्यक्रम समन्वयक

जिला पंचायत के मुख्य कार्यपालक अधिकारी या जिले के कलेक्टर या समुचित पंक्ति के किसी अन्य जिला स्तर के अधिकारी को, जिसका राज्य सरकार विनिश्चय करे, जिले में स्कीम के कार्यान्वयन के लिये जिला कार्यक्रम समन्वयक के रूप में पदाभिहित किया जायेगा।

जिला कार्यक्रम समन्वयक, इस अधिनियम और उसके अधीन बनाये गये नियमों के उपबंधों के अनुसार जिलें में स्कीम के कार्यान्वयन के लिये उत्तरदायी होगा।

जिला कार्यक्रम समन्वयक के निम्नलिखित कृत्य होंगे-

1. इस अधिनियम और उसके अधीन बनाई गई किसी स्कीम के अधीन उसके कृत्यों के निर्वहन में जिला पंचायत की सहायता करना;
2. ब्लॉक द्वारा तैयार की गई योजनाओं और जिला स्तर पंचायत द्वारा अनुमोदित की जाने वाली परियोजनाओं के शैल्फ में सम्मिलित करने के लिये अन्य कार्यान्वयन अभिकरणों से प्राप्त परियोजना प्रस्तावों का समेकन करना;
3. आवश्यक मंजूरी और प्रशासनिक अनापत्ति, जहाँ कहीं आवश्यक हो प्रदान करना।;
4. यह सुनिश्चित करने के लिए कि आवेदकों को इस अधिनियम के अधीन उनकी हकदारी के अनुसार नियोजन उपलब्ध कराये जा रहे हैं, अपनी अधिकारिता के भीतर कृत्य कर रहे कार्यक्रम अधिकारियों और कार्यान्वयन अभिकरणों के साथ समन्वय करना;
5. कार्यक्रम अधिकारियों के कार्यापालन का पुनर्विलोकन, मॉनीटर और पर्यवेक्षण करना;

6. चल रहे कार्य का नियतकालिक निरीक्षण करना; और

7. आवेदकों की शिकायतों को दूर करना।

राज्य सरकार, ऐसी प्रशासनिक और वित्तीय शक्तियों का जिला कार्यक्रम समन्वयक को प्रत्यायोजन करेगी जो इस अधिनियम के अधीन उसके कृत्यों को कार्यान्वित करने हेतु उसे समर्थ बनाने के लिये अपेक्षित हों।

धारा 15 की उपधारा (1) के अधीन नियुक्त कार्यक्रम अधिकारी और जिले के भीतर कृत्य कर रहे राज्य सरकार, स्थानीय प्राधिकरणों तथा निकायों के सभी अन्य अधिकारी, इस अधिनियम तथा तद्धीन बनाई गई स्कीमों के अधीन उसके कृत्यों को कार्यान्वित करने में जिला कार्यक्रम समन्वयक की सहायता करने के लिये उत्तरदायी होंगे। जिला कार्यक्रम समन्वयक, आगामी वित्तीय वर्ष के लिये श्रम बजट प्रत्येक वर्ष के दिसम्बर मास में तैयार करेगा जिसमें जिले में अकुशल शरीरिक कार्य के लिये पूर्वानुमानित माँग और स्कीम के अन्तर्गत आने वाले कार्यों के श्रमिकों को लगाने की योजना के ब्यौरे होंगे और उसे जिला पंचायत की स्थायी समिति को प्रस्तुत करेगा।

विकास कार्यक्रम के अधिकारी

मध्यवर्ती स्तर पर प्रत्येक पंचायत के लिये, राज्य सरकार किसी व्यक्ति को, जो ब्लाक विकास अधिकारी से नीचे की पंक्ति का न हो, ऐसी अर्हताओं और अनुभव के साथ जैसी कि राज्य सरकार द्वारा अवधारित की जायें, मध्यवर्ती स्तर पर पंचायत के लिये कार्यक्रम अधिकारी के रूप में नियुक्त करेगी।

कार्यक्रम अधिकारी, इस अधिनियम और उसके अधीन बनाई गई किसी स्कीम के अधीन मध्यवर्ती स्तर पर पंचायत को उसके कृत्यों का निर्वहन करने में सहायता करेगा।

कार्यक्रम अधिकारी अपनी अधिकारिता के अधीन क्षेत्र में परियोजनाओं से अद्‌भुत नियोजन अवसरों के साथ नियोजन की माँग का मेल करने के लिये उत्तरदायी होगा। कार्यक्रम अधिकारी, ग्राम पंचायतों द्वारा तैयार किये गये परियोजना प्रस्तावों और मध्यवर्ती पंचायतों से प्राप्त प्रस्तावों का समेकन करके अपनी अधिकारिता के अधीन ब्लॉक के लिये एक योजना तैयार करेगा।

कार्यक्रम अधिकारी के कृत्यों में निम्नलिखित सम्मिलित होंगे-

1. ब्लॉक के भीतर ग्राम पंचायतों और अन्य कार्यान्वयन अभिकरणों द्वारा कार्यान्वित की जाने वाली परियोजनाओं को मॉनीटर करना;

2. पात्र गृहस्थियों को बेकारी भत्ता मंजूर करना और उसका संदाय सुनिश्चित करना;

3. ब्लॉक के भीतर स्कीम के किसी कार्यक्रम के अधीन नियोजित सभी श्रमिकों को मजदूरी का तुरन्त और उचित संदाय सुनिश्चित करना;

4. यह सुनिश्चित करना कि ग्राम सभा द्वारा ग्राम पंचायत की अधिकारिता के भीतर सभी कार्यों की नियमित सामाजिक संपरीक्षा की जा रही है और यह कि सामाजिक संपरीक्षा में उठाये गये आक्षेपों पर अनुवर्ती कार्रवाई की जा रही है;

5. सभी शिकायतों को तत्परता से निपटाना जो ब्लॉक के भीतर स्कीम से कार्यान्वयन के सम्बन्ध में उत्पन्न हों; और

6. कोई अन्य् कार्य करना जो जिला कार्यक्रम समन्वयक या राज्य सरकार द्वारा उसे समनुदेशित किया जाये।

कार्यक्रम अधिकारी, जिला कार्यक्रम समन्वयक के निदेशन, नियंत्रण और अधीक्षण के अधीन कृत्य करेगा। राज्य सरकार, आदेश द्वारा निर्देश दे सकेगी कि किसी कार्यक्रम अधिकारी के सभी या किन्हीं कृत्यों का ग्राम पंचायत या किसी स्थानीय प्राधिकारी द्वारा निर्वहन किया जायेगा।

पंचायत के कर्त्तव्य

ग्राम पंचायत, ग्राम सभा और वार्ड सभाओं की सिफारिशों के अनुसार किसी स्कीम के अधीन ग्राम पंचायत क्षेत्र में कार्यान्वयन के लिये ली जाने वाली परियोजना की पहचान और ऐसे कार्य के निष्पादन और पर्यवेक्षण के लिये उत्तरदायी होगी। कोई ग्राम पंचायत, ग्राम पंचायत के क्षेत्र के भीतर किसी स्कीम के अधीन किसी परियोजना को जिसे कार्यक्रम अधिकारी द्वारा मंजूर किया जाये, ले सकेगी।

प्रत्येक ग्राम पंचायत, ग्राम सभा और वार्ड सभाओं की सिफारिश पर विचार करने के पश्चात् एक विकास योजना तैयार करेगी और स्कीम के अधीन जब कभी कार्य की माँग उत्पन्न होती है, किये जाने वाले संभव कार्यों का एक शैल्फ रखेगी। ग्राम पंचायत, परियोजनाओं के विकास के लिये जिसके अन्तर्गत उस वर्ष के प्रारम्भ से जिसमें इसे निष्पादित किया जाना प्रस्तावित है, की संवीक्षा और प्रारम्भिक पूर्वानुमोदन के लिये कार्यक्रम अधिकारी को विभिन्न कार्यों के बीच अग्रता का क्रम सम्मिलित है, अपने प्रस्तावों को अग्रेषित करेगी।

कार्यक्रम अधिकारी, ग्राम पंचायत के माध्यम से कार्यान्वित की जाने वाली किसी स्कीम के अधीन उसकी लागत के अनुसार कम से कम पचास प्रतिशत कार्य को आवंटित करेगा। कार्यक्रम अधिकारी, प्रत्येक ग्राम पंचायत को निम्नलिखित का प्रदाय करेगाः–

1. उसके द्वारा निष्पादित किये जाने वाले स्वीकृत कार्य के लिए मस्टर रोल ; और
2. ग्राम पंचायत के निवासियों को अन्यत्र उपलब्ध नियोजन के अवसरों की एक सूची।

ग्राम पंचायत आवेदकों के बीच नियोजन के अवसरों का आवंटन करेगी तथा कार्य के लिये उनसे रिपोर्ट करने के लिये कहेगी।

किसी स्कीम के अधीन किसी ग्राम पंचायत द्वारा आरंभ किया गया कार्य अपेक्षित तकनीकी मानकों और मापमानों को पूरा करेगा।

ग्राम सभा के सामाजिक कार्य

ग्राम सभा, ग्राम पंचायत के भीतर कार्य के निष्पादन को मॉनीटर करेगी। ग्राम सभा, ग्राम पंचायत के भीतर आरंभ की गई स्कीम के अधीन सभी परियोजनाओं की नियमित सामाजिक संपरीक्षा करेगी। ग्राम पंचायत, सभी सुसंगत दस्तावेज, जिनके अन्तर्गत मस्टर रोल, बिल, वाउचर, माप पुस्तिकायें, मंजूरी आदेशों की प्रतियां और अन्य सम्बन्धित लेखा बहियाँ और कागजपत्र भी हैं, सामाजिक संपरीक्षा करने के प्रयोजन के लिये ग्राम सभा को उपलब्ध करायेगी।

राज्य सरकार दायित्व

राज्य सरकार जिला कार्यक्रम समन्वयक और कार्यक्रम अधिकारियों को ऐसे अनिवार्य कर्मचारीवृन्द और तकनीकी सहायता, जो स्कीमों के प्रभावी कार्यान्वयन के लिये आवश्यक हों, उपलब्ध करायेगी।

शिकायत दूर करने हेतु तंत्र

राज्य सरकार, स्कीम के कार्यान्वयन की बाबत किसी व्यक्ति द्वारा की गई किसी शिकायत के निपटान के लिये नियमों द्वारा ब्लॉक स्तर पर शिकायत दूर करने हेतु समुचित तंत्र अवधारित करेगी और ऐसी शिकायतों को दूर करने के लिये विचार करेगी।

राष्ट्रीय ग्रामीण रोजगार गारंटी अधिनियम के अन्तर्गत रोजगार की स्थापना हेतु जो नियम अधिसूचित किये गये हैं वे ग्रामीण विकास के लिये अत्यन्त महत्त्वपूर्ण हैं। 2005 में संसद में यह अधिनियम पारित किया गया कि 100 दिन की रोजगार की गारंटी योजना ग्रामीण विकास के लिये उपयोगी होगी। केन्द्रीय सरकार संसद द्वारा विधि द्वारा इस निमत किये गये समंक विनियोग के पश्चात् अनुदान या उधार के रूप में ऐसी धन राशि जिसे केन्द्रीय सरकार राष्ट्रीय निधि के लिए आवश्यक समझे उसे जमा कर सकेगी। राष्ट्रीय निधि के खाते में जमा रकम ऐसी रीति से और ऐसी शर्तों और परिसीमाओं के द्वारा जो केन्द्रीय सरकार के अधीन विहीत किये जाये उसका उपयोग किया जायेगा।

राज्य रोजगार गारंटी निधि

राज्य सरकार स्कीम के कार्यान्वयन के लिये जो अधिसूचना जारी करेगी वह सूचना राज्य रोजगार गारंटी निधि के रूप में ज्ञात एक निधि के रूप में स्थापित करेगी राज्य निधि के खाते में जमा रकम ऐसी रीति से और शर्तों और परसीमाओं के अधीन रहते हुए जो इस अधिनियम और उसके अधीन बनायी गई स्कीमों के कार्यान्वयन के परियोजनों के लिए राज्य सरकार द्वारा विहित की जाये और इस अधिनियम के कार्यान्वयन के सम्बन्ध में प्रशासनिक खर्चों को पूरा करने के लिये व्यय की जायेगी। इसके अन्तर्गत राज्य सरकार की और ऐसी रीति में प्राधिकारी द्वारा जो राज्य सरकार द्वारा विहित किया जाये से प्रसारित किया जायेगा।

वित्त पोषण पैटर्न

ऐसे नियमों के, जो केन्द्रीय सरकार द्वारा इस निमित्त बनाये जायें, अधीन रहते हुये, केन्द्रीय सरकार निम्नलिखित की लागत को पूरा करेगी अर्थात्-

1. स्कीम के अधीन अकुशल शारीरिक कार्य के लिये मजदूरी के संदाय के लिये अपेक्षित रकम;

2. स्कीम की सामग्री लागत के तीन चौथाई तक रकम, जिसके अन्तर्गत अनुसूची-2 के उपबंधों के अधीन रहते हुए कुशल और अर्द्धकुशल कर्मचारी को मजदूरी का संदाय भी है;

3. स्कीम की कुल लागत का ऐसा प्रतिशत, जो केन्द्रीय सरकार द्वारा प्रशासनिक खर्चों के प्रति अवधारित किया जाये, जिसके अन्तर्गत कार्यक्रम अधिकारियों और उनके सहायक कर्मचारीवृन्द के वेतन और भत्ते, केन्द्रीय परिषद् के प्रशासनिक खर्च, अनुसूची-2 के अधीन दी जाने वाली सुविधायें और ऐसी अन्य मद भी हैं, जो केन्द्रीय सरकार द्वारा विनिश्चित की जायें।

राज्य सरकार निम्नलिखित की लागत को पूरा करेगी, अर्थात्-

1. स्कीम के अन्तर्गत संदेय बेकारी भत्ते की लागत;

2. स्कीम की सामग्री लागत का एक चौथाई जिसके अन्तर्गत अनुसूची-2 के अधीन रहते हुये कुशल और अर्द्धकुशल कर्मकारों की मजदूरी का संदाय भी है;

3. राज्य परिषद् के प्रशासनिक खर्च।

पारदर्शिता और उत्तरदायित्व

जिला कार्यक्रम समन्वयक और जिले के सभी अभिकरण किसी स्कीम के कार्यान्वयन के प्रयोजन के लिये उनके व्ययन पर रखी गई निधि के उचित उपयोग और प्रबंध के लिये उत्तरदायी होंगे। राज्य सरकार, इस अधिनियम के उपबंधों और उसके अधीन बनाई गई स्कीमों के कार्यान्वयन के सम्बन्ध में श्रमिकों के नियोजन और उपगत व्यय की समुचित बहियाँ और लेखा रखने की रीति विहित कर सकेगी। राज्य सरकार, नियमों द्वारा, स्कीमों और स्कीमों के अधीन कार्यक्रमों के उचित निष्पादन के लिये और स्कीमों के कार्यान्वयन में सभी स्तरों पर पारदर्शिता और दायित्व सुनिश्चित करने के लिये की जाने वाली व्यवस्थाओं को अवधारित कर सकेगी।

10

प्रशासनिक व्यवस्था

स्कीम के कियान्वयन हेतु ग्रामीण विकास एवं पंचायती राज विभाग, राजस्थान सरकार, प्रशासनिक विभाग होगा। स्कीम के लिये राज्य स्तर पर शासन सचिव, ग्रामीण विकास राज्य कार्यक्रम समन्वयक होगा। जिला स्तर पर स्कीम के क्रियान्वयन के लिए जिला कलेक्टर, जिला कार्यक्रम समन्वयक होंगे। जो कि जिला स्तर पर इस योजना के क्रियान्वयन के लिये पूर्ण रूप से उत्तरदायी होंगे। पंचायत समिति स्तर पर स्कीम के क्रियान्वयन के लिये कार्यक्रम अधिकारी होंगे। पंचायत समिति क्षेत्र में स्कीम के क्रियान्वयन एवं समन्वय की संपूर्ण जिम्मेदारी कार्यक्रम अधिकारी की होगी। राज्य स्तर, जिला स्तर, पंचायत समिति स्तर एवं ग्राम पंचायत स्तर पर स्कीम के प्रभावी क्रियान्वयन एवं प्रबोधन के लिए आवश्यक अधिकारी/कर्मचारियों की व्यवस्था की जायेगी।

मुख्य कार्यकारी संस्थायें एवं उनकी भूमिका

(1.) ग्राम स्तर पर ग्राम सभा, ग्राम में स्कीम के अन्तर्गत किये जाने वाले कार्यों की अभिशंषा करेगी, ग्राम पंचायत के अधिकार क्षेत्र में किये जाने वाले कार्यों की निगरानी करेगी एवं सामाजिक लेखा परीक्षण करायेगी।

(2.) ग्राम स्तर पर ग्राम पंचायत की स्कीम के अन्तर्गत अग्रलिखित प्रमुख जिम्मेदारियाँ होंगी-

1. ग्राम पंचायत, पंचायत क्षेत्र के अन्तर्गत हर परिवार के पात्र वयस्कों का पंजीकरण एवं उन्हें जॉब कार्ड जारी करेगी।

2. ग्राम पंचायत, वार्ड की सिफारिश के आधार पर स्कीम के अन्तर्गत अपने क्षेत्र में शुरू की जाने वाली परियोजनाओं की पहचान करने एवं ग्राम सभा के अनुमोदन उपरांत, उन्हें अनुमोदन के लिये कार्यक्रम अधिकारी को अग्रेषित करने के लिए जिम्मेदारी होगी।

3. ग्राम पंचायत द्वारा पंचायत क्षेत्र की एक समग्र विकास योजना तैयार की जावेगी। काम की माँग पैदा होने पर, स्कीम के अन्तर्गत किये जा सकने वाले संभावित कार्यों की सूची तैयार करेगी।

4. ग्राम पंचायत, रोजगार चाहने वाले आवेदकों के बीच रोजगार के अवसरों को आवंटित करेगी और उन्हें कार्य स्थल पर रिपोर्ट करने के लिये कहेगी।

5. स्कीम के अन्तर्गत, ग्राम पंचायत के स्तर पर किये जाने वाले समस्त कार्यों में से कम से कम 50% कार्यों का क्रियान्वयन ग्राम पंचायत द्वारा किया जावेगा।

पंचायत समिति स्तर पर, कार्य योजना का अनुमोदन पंचायत समिति द्वारा किया जायेगा कार्य योजना को जिला परिषद् को प्रेषित किया जावेगा। ग्राम पंचायत एवं पंचायत समिति स्तर पर प्रारम्भ किये गये कार्यों का पर्यवेक्षण और निगरानी भी पंचायत समिति द्वारा की जावेगी। कार्यक्रम अधिकारी की प्रमुख जिम्मेदारियाँ निम्नलिखित होंगी-

1. अपने क्षेत्र की ग्राम पंचायतों द्वारा पंचायत समिति व अन्य कार्यकारी एजेन्सियों द्वारा तैयार किये गये परियोजना प्रस्तावों को समेकित करके पंचायत समिति स्तरीय योजना तैयार करना।

2. रोजगार के लिये आवेदकों का पंजीकरण एवं योजना के अन्तर्गत रोजगार चाहने वालों को रोजगार की उपलब्धता सुनिश्चित करने के लिये समस्त पर्यवेक्षण एवं समन्वय का दायित्व।

3. रोजगार की माँग को ध्यान में रखते हुये रोजगार के अवसरों का समन्वय तथा बेरोजगारी भत्ते का भुगतान।

4. स्कीम के अन्तर्गत कार्यकारी एजेंसियों को राशि रिलीज करने के लिये जिला कार्यक्रम समन्वयक से राशि प्राप्त करना।

5. स्कीम के अन्तर्गत प्राप्त राशि, क्रियान्वयन एजेंसी को निर्मुक्त राशि एवं उपयोग की गई राशि आदि का, व्यवस्थित तरीके से रिकार्ड संधारण का दायित्व।

6. ग्राम पंचायतों एवं अन्य कार्यकारी एजेंसियों द्वारा क्रियान्वित किये जा रहे कार्यों की मॉनीटरिंग करना।

7. स्कीम के अन्तर्गत श्रमिकों को देय मजदूरी का पूर्ण पारदर्शिता से भुगतान सुनिश्चित करना।

8. स्कीम की निगरानी, शिकायतों का नियमानुसार निपटारा और नियमित सामाजिक लेखा परीक्षा करना।

9. स्कीम के सम्बन्ध में पंचायत समिति की साधारण सभा की आवश्यकतानुसार सहायता करना।

10. कार्यक्रम अधिकारी, जिला कार्यक्रम समन्वयक के प्रशासनिक नियंत्रण में होगा एवं उनके निर्देशानुसार कार्य का संपादन करेगा।

11. राज्य सरकार एवं जिला कार्यक्रम समन्वयक द्वारा निर्देशित सभी कार्यों का निष्पादन करना।

12. अधिनियम के अन्तर्गत अन्य समस्त दायित्व एवं कर्त्तव्यों का निर्वहन करना।

अधिनियम के अन्तर्गत अन्य समस्त दायित्व एवं कर्त्तव्यों का निर्वहन करना। जिला स्तर पर जिला परिषद् का प्रमुख कार्य विभिन्न पंचायत समितियों से प्राप्त कार्य प्रस्तावों को अंतिम रूप देकर मंजूरी देना तथा जिला परिषद्/पंचायत समिति स्तर पर शुरू की गई परियोजनाओं का पर्यवेक्षण एवं निगरानी करना है।

जिला कार्यक्रम समन्वयक की प्रमुख जिम्मेदारियाँ निम्नलिखित होंगी-

1. जिले में स्कीम के क्रियान्वयन हेतु आवश्यक सभी प्रशासनिक एवं अन्य स्वीकृतियाँ जहाँ आवश्यक हों, जारी करना।

2. जिले में कार्यक्रम अधिकारियों एवं क्रियान्वयन एजेंसियों के साथ समन्वय कर रोजगार हेतु आवेदित श्रमिकों को अधिनियम के प्रावधानों के अनुसार

रोजगार उपलब्ध कराना सुनिश्चित करना।

3. कार्यों की प्रगति की समीक्षा, प्रबोधन एवं पर्यवेक्षण नियमित रूप से करना।

4. प्रगतिरत कार्यों का सामयिक निरीक्षण करना।

5. प्राप्त शिकायतों/परिवेदनाओं का समाधान करना।

6. प्रत्येक आगामी वित्तीय वर्ष के लिये माह दिसम्बर में लेबर बजट तैयार करना, जिसमें जिले में संभावित अकुशल श्रम रोजगार की माँग एवं योजना के अन्तर्गत अनुमत कार्यों पर श्रमिकों को लगाये जाने की योजना, जिला परिषद् के अनुमोदन हेतु प्रस्तुत करना।

7. जिला कार्यक्रम समन्वयक, जिला स्पर पर स्कीम के निष्पादन के लिये जिम्मेदार होगा एवं जिला पर स्कीम के निष्पादन के लिये जिम्मेदार होगा एवं जिला परिषद् को उसके कार्यों के निष्पादन में सहयोग करेगा।

8. जिला कार्यक्रम समन्वयक ग्राम पंचायतों के अतिरिक्त संबंधित राजकीय विभाग, स्वयंसेवी संस्थायें, स्वयं सहायता समूहों आदि का स्कीम के क्रियान्वयन के लिये कार्यकारी एजेंसियों के रूप में चयन कर सकेगा।

9. राज्य सरकार द्वारा समय-समय पर जारी दिशा निर्देशों की पालना करना।

10. अधिनियम के अन्तर्गत अन्य समस्त कर्त्तव्यों एवं दायित्वों की पालना करना।

अधिनियम की धारा 12(1) के अन्तर्गत राज्य परिषद् का गठन किया जावेगा। राज्य परिषद् द्वारा प्रमुख रूप से निम्नलिखित कार्य संपादित किये जावेंगे-

1. स्कीम एवं इसके क्रियान्वयन के सम्बन्ध में सुझाव देना।

2. स्कीम के अन्तर्गत कराये जाने वाले कार्यों की प्राथमिकता का निर्धारण।

3. मॉनिटरिंग एवं रिहर्सल मैकेनिज्मि की समय-समय पर समीक्षा एवं सुधार हेतु सुझाव।

4. अधिनियम के प्रावधानों एवं स्कीम के सम्बन्ध में नीचे स्तर तक जानकारी देना।

5. अधिनियम के प्रावधानों एवं स्कीम के क्रियान्वयन की राज्य स्तर पर मॉनिटरिंग एवं केन्द्रीय रोजगार गारन्टी परिषद् के साथ समन्वय।

6. अधिनियम की अनुसूची 1 के खण्ड 1 के संदर्भ में, स्कीम के अन्तर्गत अन्य नये कार्यों को जोड़े जाने का अनुमोदन कर अपनी अभिशंषा के साथ भारत सरकार को प्रेषित करना।

7. राजस्थान ग्रामीण रोजगार गारन्टी स्कीम की वार्षिक रिपोर्ट तैयार कर राज्य विधान सभा में प्रस्तुत करना।

8. योजना का राज्य में क्रियान्वयन तथा राज्य की ग्रामीण अर्थव्यवस्था के सम्बन्ध में सूचना एकत्रित कराने एवं मॉनिटरिंग कराने का अधिकार।

9. अन्य कार्य जो राष्ट्रीय ग्रामीण रोजगार गारन्टी परिषद् एवं राज्य सरकार द्वारा निर्धारित किये जावें।

10. अधिनियम के अन्तर्गत अन्य समस्त कार्यों एवं दायित्वों का निर्वहन करना।

राज्य परिषद् को उसके कार्यों का संपादन में सहायता देने हेतु, एक कार्यकारी समिति का गठन निम्नानुसार किया गया है–

क्र.सं		पदनाम
1.	अतिरिक्त मुख्य सचिव विकास राजस्थान सरकार	अध्यक्ष
2.	प्रमुख शासन सचिव, ग्रा. वि. एवं पंचायतीराज विभाग, राजस्थान सरकार	सदस्य
3.	प्रमुख शासन सचिव, आयोजना एवं वित्त, राजस्थान सरकार	सदस्य
4.	प्रमुख शासन सचिव, सा. नि. विभाग, राजस्थान सरकार	सदस्य
5.	प्रमुख शासन सचिव, वन विभाग, राजस्थान सरकार	सदस्य
6.	प्रमुख शासन सचिव, जल संसाधन, राजस्थान सरकार	सदस्य
7.	शासन सचिव, ग्रामीण विकास विभाग, राजस्थान सरकार	सदस्य
8.	शासन सचिव, पंचायतीराज विभाग, राजस्थान सरकार	सदस्य
9.	शासन सचिव, विधि विभाग, राजस्थान सरकार	सदस्य

10. शासन सचिव, श्रम एवं रोजगार, राजस्थान सरकार — सदस्य

11. परियोजना निदेशक एवं पदेन उप सचिव ग्रा.रो. — सदस्य-सचिव

उक्त कार्यकारी समिति की बैठक प्रत्येक 3 माह अथवा परिषद् के निर्देशानुसार आवश्यकता होने पर आयोजित की जा सकेगी।

स्कीम की जानकारी

अधिनियम के प्रावधानों एवं स्कीम की जानकारी प्रत्येक गाँव के प्रत्येक पात्र व्यक्ति को देने के लिये निम्नानुसार कार्यवाही की जावेगी-

1. अधिनियम के प्रावधानों व स्कीम की ग्राम सभाओं में जानकारी देना।
2. अधिनियम के प्रावधानों व स्कीम के बारे में प्रत्येक गाँव/मजरा/ढाणी तक लाउड-स्पीकर द्वारा जानकारी देना।
3. ग्राम के प्रमुख स्थानों यथा विद्यालय, आँगनबाड़ी, पटवार-घर, ग्राम पंचायत भवन, ग्राम की चौपाल एवं अन्य प्रमुख स्थानों पर पोस्टर लगाकर जानकारी देना।
4. नुक्कड़ नाटक, सामाजिक सम्मेलन आदि में जानकारी देना।
5. रेड़ियो/दूरदर्शन के माध्यम से प्रचार-प्रसार करना।
6. स्थानीय समाचार-पत्रों में विज्ञापनों के माध्यम से प्रचार करना।
7. अन्य प्रभावी माध्यम जिनका जिला कार्यक्रम समन्वयक द्वारा चयन किया जावे।

दूर-दराज के क्षेत्र जहाँ पर भुखमरी एवं पलायन की विशेष समस्या है, ऐसे क्षेत्रों में अधिनियम के प्रावधानों एवं योजना के सम्बन्ध में विशेष जानकारी देने की व्यवस्था सुनिश्चित की जावेगी।

11

राष्ट्रीय ग्रामीण गारंटी आयोजन

आयोजन, रोजगार गारन्टी योजना की सफलता का प्रमुख आधार है। गारन्टी योजनायें इस प्रकार से तैयार की जावेंगी ताकि रोजगार की माँग उत्पन्न होने पर निर्धारित 15 दिवस में रोजगार उपलब्ध करया जा सके।

अधिनियम में ऐसी आयोजना प्रक्रिया की परिकल्पना की गई है जिसमें निर्धारित समय से पूर्व विभिन्न स्तरों की रोजगार की माँग, आवश्यक संसाधन एवं रोजगार के अवसरों को ध्यान में रखते हुए रोजगार की माँग के अनुसार यथा समय रोजगार मुहैया कराया जा सके। अधिनियम के प्रावधानों के अनुसार रोजगार गारन्टी योजना के पर्सपेक्टिव प्लान वार्षिक योजना एवं शेल्फ ऑफ प्रोजेक्ट तथा श्रम बजट तैयार कराया जावेगा।

भावी योजना

योजना के अन्तर्गत प्रत्येक जिले की 5 वर्ष के लिए भावी योजना तैयार की जावेगी। इस भावी योजना को तैयार करते समय निम्नलिखित बिन्दुओं को ध्यान में रखा जावेगा–

(1.) योजना तैयार करने के लिये राजस्व गाँव की इकाई माना जावेगा।

(2.) योजना में गाँव की आर्थिक, सामाजिक एवं आधारभूत सुविधाओं की उपलब्धता की बेस लाइन को रेखांकित कर, ग्राम के सर्वांगीण विकास के सभी आवश्यक पहलुओं को सम्मिलित करते हुये हॉलेस्टिक प्लान तैयार किया जावेगा। रेखांकित बेस लाइन पर ही परियोजना अवधि समाप्ति के पश्चात् योजना के प्रभाव का आंकलन किया जावेगा।

(3.) गेप्स का आंकलन एवं संसाधनों की आवश्यकता का विश्लेषण करते समय तात्कालिक गरीबी को भी ध्यान में रखा जावेगा।

(4.) बेस लाइन को रेखांकित कर, परिणाम आउट कम आधारित व्यूह रचना निर्धारित की जावे।

(5.) परिणाम मापन की विधियों का उल्लेख किया जावेगा।

(6.) संसाधनों का नक्शा भी संलग्न किया जावेगा।

(7.) जो जिले राष्ट्रीय काम के बदले अनाज कार्यक्रम अन्तर्गत सम्मिलित हैं, उन जिलों के राष्ट्रीय काम के बदले अनाज कार्यक्रम हेतु तैयार किये गये पर्सपेक्टिव प्लांन्स को अधिनियम के प्रावधानों एवं दिशा-निर्देशों को दृष्टिगत रखते हुये पुनः संशोधित किया जावेगा।

(8.) विभिन्न स्तर यथा-ग्राम पंचायत, पंचायत समिति एवं जिला स्तर पर तैयार की गई संशोधित पर्सपेक्टिव प्लान को विभिन्न स्तरों की पंचायतराज संस्थाओं यथा-ग्राम सभा, पंचायत समिति की साधारण सभा, जिला परिषद् एवं जिला आयोजन समिति द्वारा अनुमोदन करवाना होगा।

(9.) जिले की भावी योजना में जिले में 5 वर्ष की अवधि में प्राथमिकता से कराये जाने वाले कार्यों का उल्लेख होगा, परन्तु यह प्लान क्षेत्र की आवश्यकता, क्रियान्वयन के अनुभवों एवं भारत सरकार द्वारा नये अनुमोदित कार्यों को दृष्टिगत रखते हुये संशोधित किया जा सकेगा।

वार्षिक योजना

योजना जिले की वार्षिक कार्य योजना के रूप में रहेगी, जिसमें वर्ष के दौरान आवश्यकता के आधार पर कराये जाने वाले कार्यों का, प्राथमिकता के क्रम में उल्लेख होगा। वार्षिक कार्य योजना तैयार करने में पंचायती राज संस्थाओं की प्रभावी भूमिका एवं जन-समुदाय की भागीदारी सुनिश्चित की जावेगी।

प्रत्येक वर्ष के माह सितम्बर-अक्टूबर में प्रत्येक ग्राम पंचायत द्वारा वार्ड सभा/ग्राम सभाओं का आयोजन किया जायेगा, जिसमें श्रमिक मजदूरी की माँग का अनुमान एवं आगामी वित्तीय वर्ष में श्रम की माँग की पूर्ति हेतु लिये जाने वाले कार्य प्रस्तावित किये जायेंगे। वार्ड सभा/ग्राम सभा द्वारा अनुशंषित कार्यों की वार्षिक कार्य योजना ग्राम पंचायत द्वारा अनुमोदित की जाकर पंचायत समिति के कार्यक्रम अधिकारी को प्रेषित की जावेगी। ग्राम पंचायत द्वारा अग्रेषित वार्षिक कार्य योजना में वर्तमान में रोजगार हेतु माँग, गत वर्ष की माँग, गत वर्ष माँग किये गये कार्य, प्रगतिरत कार्य, आगामी वर्ष हेतु प्रस्तावित कार्य, संभावित लागत व कार्यकारी एजेन्सी का उल्लेख होगा। कार्यक्रम अधिकारी द्वारा ग्राम पंचायतों से प्राप्त वार्षिक कार्य योजना के कार्य प्रस्तावों की तकनीकी फिजिबिलिटी का सही परीक्षण किया जावेगा। साथ यह भी सुनिश्चित किया जावेगा कि प्रस्तुत वार्षिक योजना गत वर्ष के अनुभव एवं रोजगार हेतु पंजीकृत श्रमिकों की माँग को पूरी करने के लिये पर्याप्त हैं। यदि कार्यक्रम अधिकारी यह महसूस करता है कि ग्राम पंचायत द्वारा प्रस्तुत कार्यों की सूची श्रमिक माँग की पूर्ति के लिये अपर्याप्त है, तो वह पूरक कार्यों की सूची सम्बन्धित ग्राम पंचायत से प्राप्त करेगा। कार्यक्रम अधिकारी किसी भी ग्राम पंचायत से प्राप्त प्रस्तावों को निरस्त नहीं करेगा। यदि प्रस्ताव अधिनियम के प्रावधानों व योजना के मानदण्डों के अनुरूप नहीं है अथवा तकनीकी दृष्टि से फिजिबल नहीं है तो कार्यक्रम अधिकारी सम्बन्धित प्रस्तावों पर अपनी टिप्पणी अंकित करते हुये, पंचायत समिति की समग्र वार्षिक योजना तैयार करेगा। पंचायत समिति की साधारण सभा द्वारा, ग्राम पंचायत द्वारा वार्षिक योजना में प्रस्तुत प्रस्तावों को निरक्त नहीं किया जायेगा, परन्तु अधिनियम व स्कीम के मानदण्डों के अनुरूप कार्य प्रस्ताव नहीं होने पर, ऐसे कार्य प्रस्तावों के स्थान पर दूसरे अनुमत कार्य प्रस्ताव प्रस्तुत करने के लिये उन्हें वापस लौटा दिया जायेगा।

ग्राम पंचायत द्वारा प्रस्तुत कार्य प्रस्तावों की प्राथमिकता पंचायत द्वारा यथावत रखी जायेगी। जो कार्य प्रस्ताव एक से अधिक ग्राम पंचायतों में क्रियान्वित किये जाने हैं, ऐसे कार्य प्रस्तावों को पंचायत समिति की वार्षिक कार्य योजना में सम्मिलित किया जा सके तथा पंचायत समिति की साधारण सभा में उन्हें अनुमोदित करा कर जिला कार्यक्रम समन्वयक को प्रेषित किया जायेगा। जिला कार्यक्रम समन्वयक विभिन्न पंचायत समितियों से प्राप्त प्रस्तावों को अपने स्तर पर परीक्षण करेगें। जिला कार्यक्रम समन्वयक द्वारा कार्य की उपयुक्तता, रोजगार की माँग की पूर्ति की दृष्टि से पर्याप्ता एवं तकनीकी एवं वित्तीय दृष्टि से उनकी फिजिबिलिटी का परीक्षण किया जावेगा। जिला कार्यक्रम समन्वयक द्वारा अन्य कार्यकारी एजेन्सियों के प्रस्तावों का भी परीक्षण किया जायेगा, परन्तु उसे यह सुनिश्चित करना होगा कि ग्राम पंचायत एवं पंचायत समिति की कार्यों की प्राथमिकता में

कोई परिवर्तन नहीं हो। परीक्षण उपरांत जिला कार्यक्रम समन्वयक द्वारा जिला स्तर पर वार्षिक कार्य योजना तैयार कर उसे जिला परिषद् एवं जिला आयोजन समिति से अनुमोदित करवाया जायेगा। जिस योजना में पंचायत समितिवार एवं ग्राम पंचायतवार कराये जाने वाले शेल्फ ऑफ प्रोजेक्ट का स्पष्ट उल्लेख होगा। वार्षिक कार्य योजना में सम्मिलित सभी कार्यों के तकनीकी अनुमान एवं स्वीकृतियाँ खण्ड-21 के अनुसार जारी की जावेंगी।

जिला स्तर पर अनुमोदित वार्षिक योजना को जिला कार्यक्रम समन्वयक द्वारा जिले के सभी कार्यक्रम अधिकारियों को सूचित किया जायेगा। कार्यक्रम अधिकारियों द्वारा पंचायत समिति की योजना में सम्मिलित ग्राम पंचायतवार क्रियान्वित किये जाने वाले शेल्फ ऑफ प्रोजेक्ट्स जिसमें लागत, समयावधि लगने वाले मानव दिवस, कार्यकारी एजेन्सी का उल्लेख होगा के सम्बन्ध में सभी ग्राम पंचायतों को अवगत कराया जायेगा। यह प्रक्रिया आगामी वित्तीय वर्ष के लिए माह दिसम्बर में पूर्ण करनी होगी। राजस्थान ग्रामीण रोजगार गारन्टी स्कीम के अन्तर्गत प्रत्येक वर्ष की वार्षिक कार्य योजना तैयार की जावेगी। वार्षिक कार्य योजना के समबद्ध रूप से कियान्वयन हेतु राज्य सरकार द्वारा समय-समय पर पृथक् से निर्देश जारी किये जा सकेंगे। ग्राम पंचायतवार अनुमादित कार्य, जो आगामी वित्तीय वर्ष में कराये जाने हैं, को कियान्विति से पूर्व उनका प्रचार-प्रसार आवश्यक होगा।

श्रम बजट

अधिनियम की धारा 14 (6) के अन्तर्गत जिला कार्यक्रम समन्वयक द्वारा आगामी वित्तीय वर्ष में संभावित अकुशल कार्य करने वालों की संख्या एवं उनको कार्यों पर लगाये जाने की योजना का श्रम बजट माह दिसम्बर तक वार्षिक कार्य योजना में वर्णित प्रक्रियानुसार तैयार किया जायेगा, जिसके आधार पर भारत सरकार से आगामी वित्तीय वर्ष के लिये आवश्यक राशि की माँग की जा सकेगी।

पंजीकरण एवं नियोजन

स्कीम के अन्तर्गत केन्द्र सरकार द्वारा अधिसूचित क्षेत्रों में समस्त ग्रामीण परिवारों के वयस्क सदस्य ही रोजगार के पात्र होंगे। स्कीम के अन्तर्गत प्रत्येक वित्तीय वर्ष, में ग्रामीण क्षेत्रों में प्रत्येक परिवार 100 दिवस के निश्चित रोजगार के लिये पात्र होंगे। 100 दिवस के रोजगार में परिवार के सभी वयस्क सदस्यों को दिया गया रोजगार शामिल होगा। एक समय में परिवार के एक से अधिक सदस्य, कार्य पर रोजगार हेतु लग सकेंगे। परिवार का स्थानीय निवासी होना आवश्यक है।

नोटः-स्थानीय-निवासी से आशय ग्राम पंचायत क्षेत्र में निवास करने वाले परिवार से है। इसमें पलायन करने वाले परिवार भी सम्मिलित होंगे, जो रोजगार हेतु पलांयन कर गये हैं।

परिवार का वयस्क सदस्य, जो अकुशल शारीरिक श्रम कार्य करने का इच्छुक हो, रोजगार का पात्र होगा। परिवार के मुखिया द्वारा स्थानीय ग्राम पंचायत में रोजगार के पंजीकरण हेतु आवेदन किया जावेगा।

नोटः-परिवार से आशय पति-पत्नी, माता-पिता एवं उसके बच्चे, जो पूर्ण रूप से परिवार के मुखिया पर आश्रित हैं तथा एक व्यक्ति, जो अकेला रहता है, के परिवार से भी है।

पंजीकरण हेतु आवेदन

रोजगार के इच्छुक परिवार के वयस्क व्यक्ति, जो अकुशल कार्य करने के इच्छुक हैं, वे सादा कागज पर निर्धारित प्रारूप, जो ग्राम पंचायत कार्यालय में उपलब्ध होगा, में आवेदन कर सकेंगे। यदि कोई व्यक्ति आकर ग्राम पंचायत में मौखिक रूप से पंजीकरण हेतु निवेदन करता है तो ऐसे आवेदक का भी पंजीकरण किया जायेगा। यदि किसी आवेदन में कोई कमी हो तो आवेदन प्राप्त कर्ता कार्मिक द्वारा, उसी समय उक्त कमी की पूर्ति करवाई जावेगी। आवेदन कर्ता को सुनवाई का मौका दिये बिना आवेदन निरस्त नहीं किया जावेगा।

पंजीकरण हेतु प्राप्त आवेदन-पत्रों का इस आशय का सत्यापन ग्राम पंचायत द्वारा किया जायेगा कि वे स्थानीय ग्राम पंचायत के निवासी हैं एवं परिवार जिसका आवेदन-पत्र में उल्लेख किया है, के वयस्क सदस्य हैं। सत्यापन का कार्य घर-घर जाकर या ग्राम सभा का आयोजन कर आवेदन दिनों से अधिकतम 15 दिवस के भीतर किया जायेगा।

सत्यापन के पश्चात् ग्राम पंचायत द्वारा परिवारों का निर्धारित प्रारूप में पंजीकरण किया जायेगा। प्रत्येक पंजीकृत परिवार को रजिस्ट्रेशन नम्बर दिया जायेगा। पंजीकृत परिवारों की प्रतियाँ कार्यक्रम अधिकारी को रिकॉर्ड हेतु प्रेषित की जावेंगी।

परिवारों को पंजीकरण का अधिक से अधिक अवसर देने के लिये पंजीकरण पूरे वर्ष खुला रहेगा। पंजीकरण ग्राम पंचायत कार्यालय में कार्यालय समय में करवाया जा सकेगा। ग्राम पंचायत क्षेत्र में स्थित गाँव/मजरा/ढ़ाणियों में एक-एक दिवस के शिविर आयोजित करके भी पंजीकरण किया जा सकेगा, ताकि दूर-दराज के क्षेत्र में आवासित परिवारों को इस स्कीम का लाभ प्राप्त हो सकें।

पंजीकृत परिवारों की ग्राम सभा का भी आयोजन किया जायेगा और गलत सूचना के आधार पर पंजीकृत व्यक्तियों के नामों को चिह्नित किया जायेगा और उनकी सूचना कार्यक्रम अधिकारी को दी जायेगी। कार्यक्रम अधिकारी द्वारा स्वतंत्र रूप से तथ्यों का सत्यापन कर तथा सुनवाई का मौका दिया जाकर ऐसे गलत नामों का पंजीकरण निरस्त करने की कार्यवाही हेतु ग्राम पंचायत को सूचित किया जायेगा। ग्राम पंचायत ऐसे गलत नामों का पंजीकरण निरस्त करेगी। पंजीकरण निरस्त करने की कार्यवाही हेतु पंजीकृत श्रमिकों के नामों की सूची सार्वजनिक की जायेगी और ग्राम सभा में प्रस्तुत की जायेगी।

जॉब कार्ड

प्रत्येक पंजीकृत परिवार को पंजीकरण के 15 दिवस के भीतर ग्राम पंचायत द्वारा जॉब कार्ड जारी किया जायेगा। जॉब कार्ड का वितरण समुदाय के व्यक्तियों के समक्ष किया जायेगा। जॉब कार्ड पर परिवार के वयस्क सदस्यों का फोटो भी निर्धारित स्थान पर लगाया जावेगा। फोटो पर होने वाला व्यय योजनान्तर्गत प्रशासनिक व्यय हेतु निर्धारित राशि से वहन किया जायेगा। जारी किये गये जॉब कार्ड की एक प्रति ग्राम पंचायत में रिकॉर्ड हेतु रखी जायेगी।

जॉब कार्ड 5 वर्ष के लिये वैद्य होगा, जिसमें अतिरिक्त नाम सम्मिलित किये जा सकेंगे एवं मृत्यु होने व निवास परिवर्तन की स्थिति में नाम हटाये जा सकेंगे, जिसकी तत्काल सूचना परिवार के सदस्यों द्वारा ग्राम पंचायत को देनी होगी। पंजीकृत परिवारों के नाम जोड़े जाने एवं हटाये जाने के अपडेटिंग का कार्य प्रत्येक वर्ष में एक बार माह सितम्बर में किया जायेगा। सभी जोड़े गये एवं हटाये गये नामों की सूची ग्राम सभा में पढ़कर सुनानी होगी। इस प्रक्रिया के तहत जोड़े गये एवं हटाये गये व्यक्तियों की सूची कार्यक्रम अधिकारी को तत्काल प्रेषित की जावेगी। जॉब कार्ड गुम होने/नष्ट होने की स्थिति में डुप्लीकेट जॉब कार्ड जारी किया जा सकेगा परन्तु इसके लिये परिवार के मुखिया को आवेदन करना होगा, जिसे पंजीकरण हेतु नये आवेदन पत्र मानते हुये सत्यापन व पंजीकरण की अन्य समस्त प्रक्रियायें पूर्ण की जाकर, डुप्लीकेट जॉब कार्ड जारी किया जा सकेगा।

यदि किसी व्यक्ति को जॉब कार्ड जारी नहीं होने व जॉब कार्ड की प्रविष्टि पर आपत्ति है तो वह अपनी आपत्ति ग्राम पंचायत के सरपंच को प्रस्तुत कर सकता है। सरपंच द्वारा आपत्ति प्राप्त होने के एक सप्ताह में आपत्ति का निराकरण कर आपत्तिकर्ता को अवगत कराया जायेगा। सरपंच के निर्णय से असन्तुष्ट होने पर क्षेत्र के कार्यक्रम अधिकारी को सरपंच के निर्णय के 15 दिवस में आपत्ति प्रस्तुत की जा सकेगी। कार्यक्रम

अधिकारी द्वारा यथोचित जाँच के उपरान्त, आपत्ति प्रस्तुत करने की एक सप्ताह की समयावधि में अपील का निस्तारण करना होगा।

प्रस्तावित संशोधन एवं ग्राम पंचायत द्वारा जारी किये गये संशोधनों की जानकारी कार्यक्रम अधिकारी को दी जायेगी, यदि कार्यक्रम अधिकारी द्वारा किसी भी परिवर्तित प्रविष्टि को संदिग्ध माना जाता है तो ऐसे मामले जिले के जिला कार्यक्रम समन्वयक के समक्ष आदेश हेतु प्रस्तुत किये जावेंगे, जिनके स्तर पर यथोचित निर्णय लिये जावेंगे।

कार्य के लिये आवेदन

प्रत्येक पंजीकृत परिवार के सदस्य को रोजगार की आवश्यकता होने पर स्थानीय ग्राम पंचायत के सचिव को रोजगार के लिये आवेदन निर्धारित प्रारूप में देना होगा, जिसमें जितने दिनों के लिये रोजगार चाहा गया है, का भी उल्लेख होगा। एक से अधिक व्यक्तियों द्वारा संयुक्त रूप से भी रोजगार के लिये आवेदन किया जा सकेगा। यह सुनिश्चित किया जावेगा कि रोजगार हेतु आवेदन कम से कम 14 निरंतर दिवस के लिये हों। यदि किसी व्यक्ति द्वारा रोजगार हेतु आवेदन, कार्यक्रम अधिकारी को किया जाता है तो कार्यक्रम अधिकारी द्वारा प्राप्त आवेदन पत्र को सम्बन्धित ग्राम पंचायत, जिसका आवेदक मूल निवासी है, को रोजगार उपलब्ध कराने हेतु अग्रेषित किया जायेगा। एक ही व्यक्ति द्वारा अनेक आवेदन प्रस्तुत किये जा सकते हैं, परन्तु यह तब जबकि तत्सम्बन्धी अवधि जिनके लिये नियोजन चाहा गया है, अति व्याप्त नहीं होती है।

रोजगार के अवसरों का आवंटन

आवेदक को, कार्यों का आवंटन जहाँ तक सम्भव हो कार्य हेतु आवेदन के समय आवासित ग्राम के 5 किलोमीटर की परिधि में किया जाये। यदि किसी कारणवश 5 कि.मी. की अधिक दूरी पर कार्य हेतु लगाये जाते हैं, तो रोजगार पर लगाये जाने वाले व्यक्तियों को कार्य आवंटन करते समय यह ध्यान रखा जाये कि वृद्ध एवं महिलाओं को स्थानीय कार्य पर ही प्राथमिकता दी जावे।

पंजीकृत परिवार द्वारा कार्य हेतु आवेदन करने पर ग्राम पंचायत द्वारा क्रियान्वित कार्य पर रोजगार उपलब्ध कराया जाय। यदि यह संभव नहीं हो तो अन्य कार्यकारी एजेन्सी द्वारा कराये जाने वाले कार्य पर, कार्यक्रम अधिकारी अथवा सचिव, ग्राम पंचायत के निवेदन पर लगाया जा सकेगा। यह कार्यकारी एजेन्सी इस प्रकार लगाये गये श्रमिक को कार्य देने के लिये बाध्य होगी।

अधिनियम की अनुसूची-2 के बिन्दु संख्या-13 के अनुसार श्रमिकों को रोजगार देने के लिये नया कार्य तब ही प्रारम्भ किया जाये, जबकि ऐसे कार्यों के लिये न्यूनतम

(10 श्रमिक) उपलब्ध हों तथा वर्तमान में संचालित कार्यों पर इन श्रमिकों को रोजगार पर लगाया जाना सम्भव नहीं हों, परन्तु उक्त शर्त वृक्षारोपण से सम्बन्धित कार्य एवं पहाड़ी क्षेत्रों में लागू नहीं होगी।

रोजगार हेतु आवेदित श्रमिकों को सम्भव हो तो ग्राम पंचायत क्षेत्र में वर्तमान में संचालित कार्यों पर रोजगार पर लगाया जायेगा। यदि वर्तमान में संचालित कार्यों पर श्रमिकों को लगाना सम्भव नहीं है तो न्यूनतम (10 श्रमिक) होने पर नये कार्य प्रारम्भ कर, उन्हें रोजगार दिया जायेगा।

पंजीकृत श्रमिकों को ग्राम पंचायत क्षेत्र में ही कार्य पर नियोजित किया जाये। यदि किसी कारणवश कार्य हेतु आवेदित श्रमिकों को ग्राम पंचायत क्षेत्र में संचालित कार्यों पर एवं शेल्फ ऑफ प्रोजेक्ट्स में नियोजित किया जाना संभव नहीं है तो इस बारे में कार्यक्रम अधिकारी को सूचना दी जायेगी।

ग्राम पंचायत से उक्त पैरा में वर्धित प्राप्त सूचना के आधार पर कार्यक्रम अधिकारी द्वारा उन्हें कार्य आवंटित किया जायेगा। कार्यक्रम अधिकारी द्वारा इस आशय की सूचना सम्बन्धित ग्राम पंचायत को दी जायेगी, ताकि वे इस रोजगार का इन्द्राज रोजगार रजिस्टर में कर सकें।

रोजगार देने की सूचना श्रमिक को ग्राम पंचायत के सचिव द्वारा जॉब कार्ड में अंकित पते पर दी जायेगी। स्कीम के अन्तर्गत रोजगार के आवंटन में महिलाओं को इस प्रकार से प्राथमिकता दी जायेगी ताकि कार्य पर कम से कम एक तिहाई महिलाओं को रोजगार मिल सके।

शारीरिक रूप से विकलांग व्यक्ति द्वारा रोजगार हेतु आवेदन करने पर उसकी योग्यता एवं क्षमता के अनुसार कार्य देना होगा। प्रत्येक आवेदक को उनकी पात्रता के अनुरूप रोजगार की उपलब्धता सुनिश्चित करने के लिये कार्यक्रम अधिकारी पर्यवेक्षण करेगा।

समयबद्ध नियोजन

ग्राम पंचायत द्वारा यह सुनिश्चित करना होगा कि रोजगार हेतु आवेदित श्रमिक को कार्य के आवेदन की तिथि के 15 दिवस के भीतर रोजगार उपलब्ध हो। कार्यक्रम अधिकारी यह सुनिश्चित करेंगे कि रोजगार हेतु आवेदित श्रमिक को आवेदन की तिथि से 15 दिवस के भीतर रोजगार उपलब्ध हो जावे। यदि ग्राम पंचायत द्वारा 15 दिवस की अवधि में रोजगार आवंटित किया जाना सम्भव नहीं हो तो कार्यक्रम अधिकारी द्वारा कार्य आवंटन किया जायेगा, जिसकी सूचना सम्बन्धित ग्राम पंचायत को दी जायेगी।

कार्यक्रम अधिकारी द्वारा निर्देशित कार्यकारी एजेन्सी यदि श्रमिकों को कार्य पर लगाये जाने में असमर्थ रहती है या यथा समय कार्य प्रारम्भ नहीं किया जाता है अथवा ग्राम पंचायत द्वारा लगाये गये श्रमिक को रोजगार नहीं दिया जाता है तो ऐसी स्थिति में कार्यक्रम अधिकारी को दायित्व होगा कि वे आवेदकों को कार्य पर लगाया जा कर रोजगार सुनिश्चित करें। जिला कार्यक्रम समन्वयक अपने क्षेत्र के कार्यक्रम अधिकारियों एवं कार्यकारी एजेन्सियों के माध्यम समन्वय से स्थापित कर यह सुनिश्चित करेगा कि कार्य हेतु आवेदकों को उनकी पात्रता के अनुसार निर्धारित अवधि में रोजगार उपलब्ध हो।

रोजगार का रिकार्ड संधारण

प्रत्येक कार्यकारी संस्था द्वारा मजदूरी भुगतान की राशि तथा की गई मजदूरी के दिनों का इन्द्राज जॉब कार्ड में किया जायेगा। मस्टररोल की एक प्रति ग्राम पंचायत, जिसमें श्रमिक लगे हुये है एवं कार्य का संपादन किया जा रहा है को भेजी जायेगी। ग्राम पंचायत द्वारा रोजगार की सूचना परिवारवार, रोजगार रजिस्टार में इन्द्राज की जायेगी। ग्राम पंचायत स्तर पर रोजगार की सूचना के संधारण की जिम्मेदारी ग्राम पंचायत के सचिव की एवं पंचायत समिति स्तर पर कार्यक्रम अधिकारी की होगी। इस सम्बन्ध में कोई समस्या एवं व्यवधान होने पर जिला कार्यक्रम समन्वयक को सूचित करना होगा।

विभिन्न गतिविधि दिवस

स्कीम के अंतर्गत पंजीकृत परिवारों से कार्य के लिये आवेदन प्राप्त करने, कार्य पर लगे श्रमिकों को मजदूरी का भुगतान, एवं कार्य आवंटन के सम्बन्ध में स्थानीय परिस्थितियों को दृष्टिगत रखते हुये कार्यक्रम अधिकारी द्वारा विभिन्न गतिविधि दिवस नियत किये जा सकते हैं, परन्तु उक्त गतिविधियों का संपादन अन्य दिवसों में भी किया जा सकेगा।

12

ग्रामीण विकास हेतु कार्यों का क्रियान्वयन

स्कीम के अन्तर्गत निम्न कार्यों को उनकी वरीयता के आधार पर कार्यान्वित कराया जा सकेगा–

1. जल संरक्षण एवं जल संग्रहण।
2. सूखे को रोकने के कार्य, जिसमें वन विकास एवं वृक्षारोपण कार्य सम्मिलित है।
3. सिंचाई नहरें जिसमें माईनर एवं माईको सिंचाई के कार्य सम्मिलित हैं।
4. अनुसूचित जातियों/अनुसूचित जनजातियों का या गरीबी रेखा से नीचे कुटुम्बों या भूमि सुधार के हिताधिकारियों, भारत सरकार की इन्दिरा आवास योजना के अधीन हिताधिकारियों की स्वयं की गृहस्थी भूमि के लिये सिंचाई, प्रसुविधा, बागवानी, उद्यान और भूमि विकास प्रसुविधा का उपबन्ध।

5. परम्परागत जल स्रोतों का जीर्णोद्धार/नवीनीकरण, जिसमें तालाबों से गाद मिट्टी निकालने का कार्य सम्मिलित है।

6. भूमि विकास के कार्य।

7. बाढ़ नियंत्रण एवं बाढ़ बचाव कार्य जल अवरुद्ध क्षेत्र में जल निकासी कार्य सम्मिलित है।

8. बारहमासी सड़कों का निर्माण। सड़क निर्माण के कार्य में कलवर्ट का निर्माण भी सम्मिलित होगा। ग्राम के मध्य सड़क कार्य नाली निर्माण सहित भी इसमें सम्मिलित होगा।

9. अन्य कोई कार्य जिन्हें केन्द्रीय सरकार, राज्य सरकार के परामर्श से अधिसूचित करें।

क्षेत्र की आवश्यकता एवं महत्त्व को दृष्टिगत रखते हुये उपरोक्त के अतिरिक्त अन्य कार्यों के प्रस्ताव जिलों से प्राप्त कर राज्य सरकार व राज्य परिषद् के अनुमोदन उपरांत भारत सरकार को अधिसूचित करने के लिये प्रेषित किये जायेंगे। स्कीम के अन्तर्गत सृजित परिसम्पत्तियों के रख-रखाव पर होने वाला व्यय इस स्कीम के अन्तर्गत अनुमत होगा। साथ ही अन्य योजनाओं में कराये गये कार्यों, जो उपरान्त उपखण्ड-(1) में वर्णित कार्यों की सूची में सम्मिलित है, के अन्तर्गत सृजित सम्पत्तियों के रख-रखाव पर होने वाला व्यय भी इस स्कीम के अन्तर्गत किया जा सकेगा। स्कीम के अन्तर्गत कराये जाने वाले कार्यों में श्रम एवं सामग्री का क्रमशः 60 : 40 का अनुपात रहेगा। यह अनुपात जहाँ तक संभव हो सभी स्तर यथा-ग्राम पंचायत/पंचायत समिति/जिला स्तर पर सुनिश्चित किया जाये। बड़ी परियोजनाओं में यह अनुपात जिला स्तर पर सुनिश्चित किया जावे। कुशल एवं अर्द्ध कुशल श्रमिकों पर होने वाला व्यय सामग्री भाग माना जावेगा। स्कीम के अन्तर्गत गैर अनुमत कार्य पर व्यय राशि भारत सरकार द्वारा किसी भी स्थिति में वहन नहीं की आयेगी। यह सुनिश्चित किया जायेगा कि केवल अनुमत कार्य, जो भावी योजना एवं वार्षिक कार्य योजना में सम्मिलित हैं, का कियान्वयन ही किया जाये। एक प्रकृति से सम्बन्धित समस्त कार्यों को एक श्रेणी में सम्मिलित करते हुये एक कार्य माना जायेगा जैसा-किसी ग्राम पंचायत क्षेत्र में जल संरक्षण एवं जल संग्रहण से सम्बन्धित समस्त कार्यों को इस कार्य अन्तर्गत सम्मिलित करते हुये एक कार्य माना जायेगा। स्कीम के अन्तर्गत स्वीकृत प्रत्येक कार्य को एक अलग विशेष नम्बर दिया जायेगा, ताकि कार्यों की अलग पहचान हो तथा दोहरातन न हो। विभिन्न प्रकार के निर्माण कार्यों के मॉडल डिजाइन, लागू ग्रामीण कार्य निर्देशिका में वर्णित अनुसार एवं

जिला दर निर्धारण समिति द्वारा अनुमादित दरों के अनुसार कार्यों के अनुमान तैयार कर कार्य संपादित कराये जावेंगे। जिन कार्यों के मॉडल डिजाइन नहीं दिये गये हैं, ऐसे कार्यों के मॉडल डिजाईन एवं कार्य की इकाई लागत अनुमान जिला दर निर्धारण समिति से अनुमोदित कराई जाकर कार्य संपादित कराये जा सकेंगे।

कार्यों की स्वीकृतियां

योजनान्तर्गत समस्त कार्यों की प्रशासनिक एवं वित्तीय स्वीकृतियाँ जारी करने के लिये जिला कार्यक्रम समन्वयक सक्षम प्राधिकृत अधिकारी होगें। जिला कार्यक्रम समन्वयक द्वारा रुपये 50.00 लाख तक के कार्यों की स्वीकृति स्वयं जारी की जा सकेगीं उससे अधिक राशि के कार्यों की स्वीकृति जारी करने से पूर्व जिला कार्यक्रम समन्वयक द्वारा राज्य सरकार से अनुमोदन प्राप्त किया जाना आवश्यक होगा। प्रत्येक कार्य का विस्तृत तकमीना सम्बन्धित तकनीकी अधिकारी द्वारा तैयार किया जायेगा। तकनीकी स्वीकृति जारी करने हेतु सक्षम प्राधिकृत अधिकारी निम्नानुसार होंगे-

पंचायतीराज संस्थाओं द्वारा सम्पादित कार्यों के लिये:

क्र.सं. सक्षम अधिकारी	तकनीकी स्वीकृति की सीमा
1. कनिष्ठ अभियन्ता	रु 2.00 लाख तक
2. सहायक परियोजना अधिकारी अभि.संवर्ग सहायक अभियन्ता, जिला परिषद्/ सहायता अभियन्ता, पं.सं.	रु 5.00 लाख तक
3. परियोजना अधिकारी अभि. संवर्ग जिला परिषद्/अधिशासी अभियन्ता, जिला परिषद् के साथ अधिशाषी अभियन्ता ई.जी.एस.।	रु 25.00 लाख तक
निर्माण कार्यों में केवल अकुशल मजदूरों के टास्क में 30% की कटौती के फलस्वरूप होने वाले संशोधित तकनीकी तकमीने अधिशाषी अभियन्ता, ई. जी. एस. द्वारा किये जा सकेंगे। उक्त संशोधन के कारण ही यदि तकनीकी स्वीकृति 25.00 लाख से अधिक हो जाती है, तो उस स्थिति में भी अधिशाषी अभियन्ता ई.जी.एस. ही तकनीकी स्वीकृति जारी कर सकेंगे।	
4. राज्य सरकार	रु 25.00 लाख तक

नोटः-तकनीकी स्वीकृति प्रदान करते समय मानचित्र में दिये गये परिणामों को ध्यान में रखते हुये तथा गणना कर मात्रा निकाली जायेगी ताकि विशेष विवरण एवं दरों की सहायता को जाँचा जायेगा। तकनीकी स्वीकृति से पहले प्रस्ताव के निर्दिष्ट सिद्धान्त, बनावट की ठोसता एवं कार्य की उपयोगिता को कार्य स्थल निरीक्षण कर निर्माण की सम्भावना को सुनिश्चित करना होगा।

राजकीय विभागों द्वारा सम्पादित कार्यों के लिये-राजकीय विभागों द्वारा सम्पादित किये जाने वाले कार्यों के लिये तकनीकी स्वीकृतियाँ सम्बन्धित विभाग के सक्षम प्राधिकृत अधिकारी द्वारा जारी की जायेगी। यदि किसी निर्माण कार्य पर स्वीकृत राशि की सीमा से अधिक व्यय/मूल्यांकन होता है तो उसकी संशोधित तकनीकी स्वीकृति जारी करनी होगी, जिसको उपखण्ड (2) में उल्लेखित तकनीकी स्वीकृति जारी करने हेतु सक्षम अधिकारी से एक उच्च स्तर के अधिकारी द्वारा किया जा सकेगा।

लागत में जहाँ तकनीकी मापदण्डों कार्य में विस्तार या मापदण्ड आदि में परिवर्तन में परिवर्तन के कारण संशोधित स्वीकृति अपेक्षित हो, ऐसे प्रकरणों में सक्षम तकनीकी अधिकारी द्वारा संशोधित तकनीकी स्वीकृति जारी की जाने पर, संशोधित वित्तीय स्वीकृति रु 25.00 लाख की सीमा तक जिला कार्यक्रम समन्वयक द्वारा जारी की जा सकेगी। कार्यों की स्वीकृति लागू ग्रामीण कार्य निर्देशिका में दिये गये प्रावधान कार्य निर्देशिका में दिये गये प्रावधान लागू होंगे। उपरोक्त के अतिरिक्त कार्यों के निष्पादन के सम्बन्ध में लागू ग्रामीण कार्य निर्देशिका में दिये गये प्रावधान लागू होंगे।

कार्यों का संपादन

जिला कार्यक्रम समन्वयक द्वारा जारी प्रशासनिक एवं वित्तीय स्वीकृति के अनुसरण में संबंधित पंचायत समिति के कार्यक्रम अधिकारी द्वारा प्रारम्भ करने की स्वीकृति पृथक् से जारी की जावेगी। इस स्वीकृति के उपरान्त भी संबंधित कार्यकारी एजेंसी को इस कार्य के पेटे मस्ट्रोल, कार्यक्रम अधिकारी द्वारा जारी किया जायेगा। कार्यक्रम अधिकारी द्वारा किसी भी नये कार्य को प्रारम्भ करने की स्वीकृति जारी करने से पूर्व अधिनियम के प्रावधान के अनुसार स्कीम के अन्तर्गत चालू कार्यों पर श्रमिकों को समायोजित करने की संभावना नहीं होने व न्यूनतम आवश्यक श्रमिकों की संख्या की उपलब्धता सुनिश्चित करने के उपरांत ही नवीन कार्य प्रारम्भ करने की स्वीकृति जारी की जायेगी। अधिनियम के प्रावधान के अनुसार ग्राम पंचायत क्षेत्र में कराये जाने वाले कार्यों की संपूर्ण लागत के कम से कम 50 प्रतिशत लागत के कार्य ग्राम पंचायत द्वारा संपादित कराये जावेंगे। अन्य कार्यकारी एजेन्सियों में पंचायत समिति, जिला परिषद् अन्य राजकीय विभाग, सहकारी समितियाँ, अच्छे रिकार्ड धारी स्वयंसेवी संस्थायें, स्वयं सहायता समूह

आदि भी हो सकेंगे। अन्य एजेन्सियों का चयन जिला कार्यक्रम समन्वयक द्वारा उनके पास उपलब्ध तकनीकी दक्षता, एजेंसी की साख एवं लाभान्वितों के हित को दृष्टिगत रखते हुये किया जायेगा। अन्य कार्यकारी एजेन्सियों का एक पैनल तैयार किया जायेगा, जिसका उपयोग विकल्प के रूप में आवश्यक होने पर किया जा सकेगा। कार्यकारी एजेन्सियों का उल्लेख वार्षिक कार्य योजना में भी करना होगा।

यदि कोई ग्राम पंचायत किन्हीं कारणों से आवंटित कार्य 15 दिवस के भीतर प्रारम्भ करने में असमर्थ रहती है तो इस स्थिति का पूर्व आंकलन कर इस आशय की सूचना सम्बन्धित कार्यक्रम अधिकारी को दी जायेगी। कार्यक्रम अधिकारी द्वारा अन्य कार्यकारी एजेन्सियों, जो पैनल में उपलब्ध हैं, में से किसी एक कार्यकारी एजेन्सी को ऐसे ग्राम पंचायत में कार्य क्रियान्वित करने के लिये कार्यकारी एजेन्सी के रूप में कार्य करने हेतु निर्देशित किया जा सकेगा। स्कीम के क्रियान्वयन में ठेकेदारी प्रथा प्रतिबन्धित रहेगी। कार्य की संरचना की सुरक्षा एवं गुणवत्ता के निर्धारित मापदण्डों को सुनिश्चित करते हुये मानव श्रम के स्थान पर कार्य करने वाली मशीनों का प्रयोग प्रतिबन्धित रहेगा। कार्यों पर मस्टररोल कार्यक्रम अधिकारी द्वारा ही जारी किये जायेगें। मस्टररोल पाक्षिक रखे जायेगें, जिसमें साप्ताहिक अवकाश रविवार का होगा।

कार्य का मापन

स्कीम के अन्तर्गत कार्यों का मापन, मूल्यांकन एवं निरीक्षण आदि का कार्य ग्रामीण कार्य निर्देशिका-2004 में दी गई व्यवस्था के अनुसार किया जायेगा। कार्यों के मापन समय पर सुनिश्चित करने के लिये पंचायत समिति में उपलब्ध सभी कनिष्ठ अभियंताओं में कार्य विभाजन इस प्रकार किया जायेगा कि प्रत्येक 10 ग्राम पंचायतों पर एक कनिष्ठ अभियंता उपलब्ध हो सके। कार्य हेतु मस्टररोल 15 दिवस के रखें जायेगे। कार्यक्रम अधिकारी प्रत्येक ग्राम पंचायत एवं कार्यकारी एजेन्सी को मस्टररोल जारी करेगा, जिसका इन्द्राज मस्टररोल रजिस्टर में किया जायेगा। जहाँ टास्क, पृथक् से प्रति श्रमिक के लिये निर्धारित किया गया है, वहाँ श्रमिक द्वारा व्यक्तिगत रूप से संपादित कार्य का माप के आधार पर तथा जहाँ टास्क समूह के लिये निर्धारित हैं, वहाँ समूह द्वारा संपादित कार्य का माप लेकर उसके आधार पर प्रत्येक श्रमिक का औसत निकाला जावेगा एवं तदनुसार मूल्यांकन के आधार पर मजदूरी का भुगतान किया जायेगा। कोई भी समूह 5 से अधिक व्यक्तियों का नहीं बनाया जायेगा एवं यथा संभव समूह बनाने में श्रमिकों को ही प्रोत्साहित किया जायेगा ताकि वे आपस में मिलकर ऐसे समूह बनायें जो आपसी सहयोग व सामंजस्य से कार्य कर सकें।

कार्य स्थल पर सुविधायें

स्कीम के अन्तर्गत कराये जाने वाले कार्यों के स्थल पर स्वच्छ पेयजल, विरामकाल के लिये शेड और प्राथमिक उपचार बॉक्स उपलब्ध कराये जायेंगे। अगर एक कार्य स्थल पर 6 वर्ष से कम उम्र के 5 वर्ष से अधिक बच्चे महिला मजदूरों के साथ आते हों, तो एक महिला मजदूर उन बच्चों की देखभाल हेतु लगाई जावेगी, जिसे श्रमिक दर अनुसार भुगतान देय होगा। अधिनियम में दिये गये प्रावधान अनुसार कार्य स्थल पर उपलब्ध करवाई गई सुविधाओं पर होने वाला व्यय कार्य का ही भाग होगा, अतः यह व्यय प्रत्येक कार्य के लागत अनुमान में सम्मिलित किया जायेगा। यदि श्रमिक रोजगार के दौरान कार्य स्थल पर घायल हो जाता है तो वह राज्य सरकार द्वारा निःशुल्क चिकित्सकीय उपचार का हकदार होगा तथा घायल श्रमिक को अस्पताल में भर्ती कराने के मामले में राज्य सरकार द्वारा पूरे उपचार, दवाइयों और निःशुल्क आवास का इन्तजाम किया जायेगा और घायल व्यक्ति को दैनिक भत्ता दिया जायेगा, जो रुपये 37/- प्रति दिवस निर्धारित किया जाता है एवं यह भत्ता सौ दिवस की कार्य सीमा की अवधि को दृष्टिगत रखते हुये, जितने दिनों का रोजगार उस परिवार को अभी नहीं मिला है, कि सीमा तक दैनिक भत्ता देय होगा। पंजीकृत श्रमिक के कार्य स्थल पर दुर्घटना/अन्य कारणों से मृत्यु या हमेशा के लिये विकलांग होने की स्थिति में मृतक के वैध उत्तराधिकारी अथवा विकलांग, जैसा भी मामला हो, अनुग्रह राशि के रूप में 25,000 रुपये अथवा केन्द्र सरकार द्वारा अधिसूचित राशि का भुगतान किया जायेगा। सरकार की किसी अन्य योजना में ऐसा लाभ अदेय होगा। यदि किसी ऐसे व्यक्ति के जो स्कीम के अधीन नियोजित है, साथ में आने वाले बालक को दुर्घटनावश कोई शारीरिक क्षति होती है तो ऐसा व्यक्ति बालक के लिये निःशुल्क ऐसा चिकित्सीय उपचार, जो स्कीम में विनिर्दिष्ट किया जावे और उसकी मृत्यु या निःशक्तता की दशा में, अनुग्रहपूर्वक संदाय के रूप में रुपये 5000/- तक प्राप्त करने का हकदार होगा।

कार्यों पर व्यय राशि के उपयोगिता एवं पूर्णता प्रमाण पत्र

स्कीम के अन्तर्गत स्वीकृत कार्यवार व्यय राशि के उपयोगिता प्रमाण-पत्र एवं पूर्णता पत्र ग्रामीण कार्य निर्देशिका-2004 में दिये गये निर्देशों के अनुसार सक्षम अधिकारी द्वारा जारी किया जायेगा संबंधित कार्यक्रम अधिकारी को यथा समय प्रेषित किये जायेगें। कार्यक्रम अधिकारी द्वारा प्राप्त पूर्णता प्रमाण-पत्र एवं उपयोगिता प्रमाण-पत्र के आधार पर यह सुनिश्चित किया जायेगा कि कार्यकारी एजेंसी द्वारा कार्य के पेटे किया गया व्यय स्कीम के दिशा-निर्देशों एवं स्वीकृति की शर्तों के अनुरूप है।

13

मजदूरी भुगतान एवं बेरोजगारी भत्ता

श्रमिकों को मजदूरी का भुगतान निर्धारित टॉस्क अनुसार दैनिक रूप से आवंटित कार्य के पेटे उनके द्वारा संपादित कार्य की मात्रा के आधार पर देय होगा। पुरुष एवं महिला श्रमिकों को एक समान मजदूरी का भुगतान किया जायेगा। मजदूरी का भुगतान 15 दिवस की अवधि में सुनिश्चित करने के लिए श्रमिक को प्रथम 7 दिवस के संपादित कार्य का आंशिक अग्रिम भुगतान की प्राप्ति रसीद, ए.सी.रोल पर ले जाकर ग्राम पंचायत के रिकार्ड में संधारित की जायेगी व संबंधित पखवाडे के मस्टररोल में इसको इन्द्राज किया जायेगा। पखवाडे में संपादित कार्य का मापन पखवाडे समाप्ति के तत्काल बाद किया जायेगा, आंशिक मजदूरी जिसका भुगतान पूर्व में अग्रिम किया जा चुका है, का समावेश करते हुये शेष मजदूरी का भुगतान पखवाडा समाप्ति के बाद अधिकतम 7 दिवस की अवधि में सुनिश्चित किया जायेगा। टॉस्क आधारित मजदूरी के भुगतान का आधार एवं दर कार्यस्थल पर प्रदर्शित की जायेगी। स्कीम के अन्तर्गत मजदूरी नकद दी जावेगी, परन्तु फिलहाल जिलों में राष्ट्रीय काम के बदले अनाज कार्यक्रम व संपूर्ण ग्रामीण रोजगार योजना इस स्कीम में सम्मिलित होने की ट्रान्जिट अवधि में, आंशिक मजदूरी गेहूँ के रूप में दी जा सकेगी। मजदूरी के भुगतान में पूरी पारदर्शिता बरती जायेगी। नकद

मजदूरी तथा बेरोजगारी भत्ते का भुगतान पहले से घोषित तारीख पर सम्बन्धित व्यक्ति को सीधे और समुदाय के स्वतंत्र व्यक्तियों की उपस्थिति में किया जाये। यदि आवेदक को उसके आवास के 5 कि.मी. के दायरे के बाहर रोजगार मुहैया कराया जाता है तो उसे परिवहन और निर्वाह व्यय के लिये 10 प्रतिशत अतिरिक्त मजदूरी दी जायेगी।

पुरुष एवं महिलाओं द्वारा टॉस्क के आधार पर वर्षवार एवं जिलेवार अर्जित औसत मजदूरी की सूचना राज्य परिषद् को दी जायेगी। श्रमिकों की सहमति एवं उनकी इच्छा पर उनके कल्याण हेतु सामाजिक सुरक्षा की योजनायें यथा स्वास्थ्य बीमा, दुर्घटना बीमा, उत्तरजीवी एवं मातृत्व लाभ आदि के लिये मजदूरी के एक भाग का अंशदान किया जा सकता है। यह व्यवस्था पूर्ण रूप से पारदर्शी एवं जवाबदेही हो। इसकी प्रक्रिया पृथक् से निर्धारित की जा सकेगी।

कार्य का क्रियान्वयन ग्राम पंचायत द्वारा करवाये जाने पर मजदूरी का भुगतान ग्राम पंचायत द्वारा किया जायेगा। यदि कार्य का क्रियान्वयन अन्य कार्यकारी एजेंसी/संस्था द्वारा किया जाता है तो ऐसे संपादित कार्यों का भुगतान संबंधित कार्यकारी एजेंसी द्वारा उपरान्त निर्धारित प्रक्रिया के अनुसार सुनिश्चित करना होगा, जिसकी सूचना संबंधित ग्राम पंचायत एवं कार्यक्रम अधिकारी को देनी होगी तथा भुगतानशुदा मस्टररोल की कॉपी प्रस्तुत करनी होगी। अकुशल श्रमिकों के लिये मजदूरी की दर अनुसूची इस प्रकार नियत की जावेगी कि 7 घंटे तक कार्य करने वाला व्यक्ति आमतौर पर मजदूरी अर्जित कर सके। यदि स्कीम के अधीन विनिर्दिष्ट अवधि के भीतर मजदूरी का संदाय नहीं किया जाता है तो श्रमिक मजदूरी संदाय अधिनियम, 1936 (4 आफ 1936) के उपबंधों के अनुसार प्रतिकर का संदाय प्राप्त करने के हकदार होंगे।

बेरोजगारी भत्ता

यदि किसी पात्र आवेदक को काम की माँग किये जाने अथवा उस तारीख से जिससे वह काम की माँग करता है, जो भी बाद में हो 15 दिवस के भीतर रोजगार नहीं दिया जाता है, तो उसे बेरोजगारी भत्ता दिया जायेगा। बेरोजगारी भत्ते की दरें, अधिनियम की धारा 7(2) के अन्तर्गत राज्य सरकार द्वारा राज्य प्रथम 30 दिवस में बेरोजगारी भत्ते की दर रुपये 19/-प्रति दिवस तथा शेष अवधि के लिये रुपये 37/- प्रति दिवस निर्धारित किया जाता है। यदि किसी आवेदन को रोजगार नहीं दिया जाता है तो उसे उतनी अवधि के लिये बेरोजगारी भत्ता मिलेगा, जितनी अवधि के लिये आवेदक के परिवार ने मजदूरी और बेरोजगारी भत्ता अर्जित नहीं किया है तथा जो वित्तीय वर्ष के दौरान अधिकतम 100 दिन के कार्य की मजदूरी के बराबर हो सकता है। रोजगार उपलब्ध नहीं कराये जाने की

स्थिति में संबंधित व्यक्ति को बेरोजगारी भत्ते का भुगतान सुनिश्चित करने का दायित्व कार्यक्रम अधिकारी का होगा।

राज्य सरकार का बेरोजगारी भत्ते के भुगतान का दायित्व निम्न स्थितियों में समाप्त हो जायेगा:-

1. ग्राम पंचायत अथवा कार्यक्रम अधिकारी द्वारा आवेदक को कार्य पर स्वयं के उपस्थित होने अथवा अपने परिवार के किसी एक वयस्क सदस्य को उपस्थित होने के निर्देश दिये जाने पर।

2. समयावधि जिसके लिये कार्य की माँग की गई है, के समाप्त होने तथा परिवार के किसी सदस्य के कार्य पर उपस्थित नहीं होने पर।

3. आवेदक के वयस्क सदस्यों द्वारा वित्तीय वर्ष में कम-से-कम 100 दिवस का कार्य प्राप्त करने के लिये जाने पर।

4. यदि परिवार के आवेदक द्वारा मजदूरी एवं बेरोजगारी भत्ते दोनों को मिलाकर वित्तीय वर्ष में 100 दिवस की मजदूरी के बराबर भुगतान प्राप्त कर लिया गया है।

आवदेक, जो-

1. अपने परिवार के सदस्यों द्वारा स्कीम के अन्तर्गत रोजगार को स्वीकार नहीं करता है।

2. कार्यक्रम अधिकारी या कार्यकारी एजेन्सी द्वारा कार्य पर उपस्थित होने हेतु अधिसूचित करने के 15 दिवस में कार्य पर उपस्थित नहीं होता है।

3. सम्बन्धित कार्यकारी एजेन्सी से बिना अनुमति के एक सप्ताह से अधिक अवधि के लिये कार्य से निरन्तर अनुपस्थित रहता है अथवा किसी माह में एक सप्ताह से अधिक अवधि के लिये अनुपस्थित रहता है, पर तीन माह की अवधि के लिये बेरोजगारी भत्ते के भुगतान के लिये पात्र नहीं होगा, परन्तु स्कीम के अन्तर्गत किसी भी समय रोजगार प्राप्त करने का पात्र होगा।

वित्त पोषण

स्कीम के अन्तर्गत जिला स्तर पंचायत समिति स्तर एवं ग्राम पंचायत स्तर पर प्राधिकृत अधिकारी होंगे-

1. जिला एवं पंचायत समिति स्तर पर बैंक खातों का संचालन, राज्य सरकार द्वारा इस बात अधिकृत अधिकारियों के संयुक्त हस्ताक्षरों से किया जायेगा।

2. ग्राम पंचायत स्तर पर बैंक खाते का संचालन संबंधित ग्राम पंचायत के सरपंच एवं ग्राम सचिव/ग्राम सेवक के संयुक्त हस्ताक्षर से किया जायेगा।

वित्तीय मापदण्ड

अकुशल मजदूरी के लिये 60 प्रतिशत एवं कार्यों के सामग्री घटक (जिसमें अर्द्ध कुशल एवं कुशल श्रमिकों की मजदूरी शामिल है) के लिये 40 प्रतिशत निधियों का उपयोग किया जायेगा। केन्द्र सरकार एवं राज्य सरकार द्वारा इस स्कीम के अन्तर्गत निम्नलिखित मदों हेतु राशि उपलब्ध करवाई जायेगी–

केन्द्र सरकार द्वारा

अकुशल शारीरिक श्रमिकों के लिये मजदूरी पर होने वाला सम्पूर्ण व्यय। योजना की सामग्री लागत पर होने वाले व्यय का तीन चौथाई तक हिस्सा, जिसमें परियोजनाओं के निष्पादन के लिये कुशल और अर्द्ध कुशल श्रमिकों का मजदूरी भुगतान शामिल है। कार्यक्रम अधिकारियों एवं उनके सहयोगी स्टॉफ पर होने वाला व्यय।

राज्य सरकार द्वारा

योजना की सामग्री लागत का 1/4 हिस्सा, परियोजनाओं के कार्यान्वयन के लिये कुशल और अर्द्ध कुशल श्रमिकों को मजदूरी का भुगतान शामिल है। योजना के अन्तर्गत बेरोजगारी भत्ता, यदि कोई हो, पर आने वाली लागत। राज्य परिषद् पर होने वाला प्रशासनिक व्यय।

स्कीम की निधियों का प्रबन्धन

स्कीम के अन्तर्गत भारत सरकार द्वारा निधियों का प्रवाह केन्द्र सरकार से संबंधित जिलों के रिवाल्विंग फण्ड में, जिलों से संबंधित पंचायत समितियों के रिवाल्विंग फण्ड में, पंचायत समितियों से संबंधित ग्राम पंचायतों/कार्यकारी संस्थाओं के खातों में स्थानान्तरित किया जायेगा। राज्य सरकार द्वारा राज्य स्तर, जिला स्तर, पंचायत समिति स्तर एवं ग्राम पंचायत स्तर पर बैंक खाते खोले जायेगे रिवाल्विंग फण्ड स्थापित किये जायेगे।

रिवाल्विंग फण्ड की उक्त व्यवस्था के तहत ग्राम पंचायत को स्वीकृत राशि का 60 प्रतिशत व्यय करने के उपरांत कार्यक्रम अधिकारी को राशि की माँग भेजी जाकर

राशि प्राप्त की जायेगी। पंचायत समिति स्तर पर रिवाल्विंग फण्ड में उपलब्ध राशि का 60 प्रतिशत राशि उपयोग होने के उपरांत जिला कार्यक्रम समन्वयक को माँग प्रेषित कर राशि प्राप्त की जायेगी। जिला स्तर पर रिवाल्विंग में उपलब्ध राशि का 60 प्रतिशत व्यय हो जाने पर आगामी किश्त के लिये प्रस्ताव राज्य सरकार को प्रेषित किये जायेंगे। राज्य सरकार द्वारा प्रस्तावों का परीक्षण कर उपयोगिता प्रमाण-पत्र एवं अन्य आवश्यक दस्तावेजों के साथ किश्त जारी करने के लिये भारत सरकार को प्रस्ताव प्रेषित किये जायेंगे।

14

विकास की गुणवत्ता

स्कीम के अन्तर्गत क्रियान्वित किये जो रहे कार्यों में गुणवत्ता आंकलन एवं साधारण हेतु राज्य एवं जिला स्तर पर क्वालिटी मॉनीटर्स का पैनल तैयार किया जायेगा। क्वालिटी मॉनीटर्स यह सुनिश्चित करेंगे कि किये जाने वाले कार्यों की गुणवत्ता निर्धारित मापदण्डों के अनुरूप हो। पंचायतीराज संस्थाओं एवं अन्य क्रियान्वयन एजेंसियों द्वारा गुणवत्ता नियंत्रण के दायित्व का सम्पादन करेंगे। राज्य एवं जिला स्तरीय क्वालिटी मॉनीटर्स का पैनल क्रमश: राज्य एवं जिला स्तर पर तैयार किया जायेगा। जिला स्तरीय क्वालिटी मॉनीटर्स जिला कार्यक्रम समन्वयक को रिपोर्ट देंगे तथा राज्य स्तरीय क्वालिटी मॉनीटर्स राज्य सरकार को रिपोर्ट देंगे। क्वालिटी मॉनीटर्स के चयन हेतु विस्तृत दिशा निर्देश राज्य सरकार द्वारा जारी किये जायेंगे।

प्रबोधन एवं मूल्यांकन

स्कीम का समस्त स्तर पर प्रबोधन एवं मूल्यांकन नियमित रूप से किया जायेगा। ग्राम सभा द्वारा कायों की प्रबोधन एवं रोजगार सृजन का लेखा जांच रखा जायेगा साथ ही रोजगार चाहने हेतु पंजीयन कार्य की मॉनीटरिंग, जॉब कार्ड जारी होने की सूचना

एवं समय पर भुगतान होना, भी ग्राम सभा द्वारा सुनिश्चित किया जायेगा। अन्य कार्यकारी संस्थाओं द्वारा क्रियान्वित किये जाने वाले कार्यों हेतु जारी मस्टररोल एवं इनके भुगतान, आदि कार्यों की मॉनीटरिंग ग्राम पंचायत द्वारा की जायेगी। इसी प्रकार कार्यक्रम अधिकारी पंजीकरण रोजगार चाहने वाले परिवारों को उपलब्ध कराये गये रोजगार दिवस, बेरोजगारी भत्ते का भुगतान, सामाजिक अंकेक्षण, वित्तीय एवं भौतिक प्रगति के लक्ष्य पर अर्जित करने, आदि कार्यों के लिये उत्तरदायी होगा। कार्यक्रम अधिकारी द्वारा समस्त प्रतिवेदन जिला कार्यक्रम समन्वयक को प्रेषित किये जायेंगे। इसी प्रकार जिले की समस्त पंचायत समितियाँ के उक्त कार्यों की मॉनीटरिंग जिला कार्यक्रम समन्वयक द्वारा की जायेगी। राज्य के समस्त जिलों की योजना की मॉनीटरिंग राज्य सरकार पर की जायेगी।

राज्य की संकलित वांछित सूचना, राज्य सरकार द्वारा केन्द्र सरकार को प्रेषित की जायेगी। बाह्य मॉनीटर्स द्वारा गुणवत्ता का अंकेक्षण राज्य एवं जिला स्तर पर किया जायेगा। राज्य सरकार द्वारा राजस्थान ग्रामीण रोजगार गारन्टी परिषद् के अनुमोदन पश्चात् राज्य/जिला स्तरीय गुणवत्ता मॉनीटर्स को मनोनीत किया जायेगा।

योजना के प्रभावी मॉनीटरिंग हेतु वैब आधारित एम. आई. एस. विकसित किया गया है, जिसमें राज्य/जिले/पंचायत समिति स्तर की समस्त सूचनायें उपलब्ध रहेंगी। राष्ट्रीय एवं राज्य परिषद् द्वारा समय पर स्कीम के अन्तर्गत कराये गये कार्यों का मूल्यांकन कराया जायेगा। उक्त मूल्यांकन राज्य के मूल्यांकन संगठन एवं उच्च स्तरीय संस्थाओं द्वारा किया जायेगा। राज्य सरकार द्वारा कराये गये मूल्यांकन के प्रतिवेदन की प्रति केन्द्र सरकार को प्रेषित की जायेगी। इसी प्रकार जिला परिषद् द्वारा क्रियान्वित कार्यों का मूल्यांकन किया जा सकेगा, जिसकी रिपोर्ट राज्य सरकार को प्रेषित की जायेगी। जिले में योजनान्तर्गत प्रगति के आधार पर उनका श्रेणीयन राज्य परिषद् द्वारा अथवा सुप्रसिद्ध संस्थाओं द्वारा विभिन्न पैरामीटर्स के आधार पर कराया जायेगा। श्रेणीयन को सार्वजनिक भी किया जायेगा। आंकलन के लिये विभिन्न पैरामीटर्स यथा रोजगार चाहने वालों को कार्य की उपलब्धता, पूर्ण कार्यों की उपादेयता, सूचना तन्त्र, रिकार्ड, की पारदर्शिता, मजदूरी का समय सीमा में भुगतान ग्राम सभाओं की भागीदारी आदि हो सकते हैं।

सामाजिक अंकेक्षण एवं पारदर्शिता

प्रत्येक क्रियान्वित किये जाने वाले कार्य के सम्पादन, पर्यवेक्षण, प्रगति तथा गुणवत्ता का आंकलन करने के लिये प्रत्येक ग्राम स्तर पर एक सतर्कता समिति का गठन किया जायेगा। समिति का कार्यक्षेत्र सम्पादित किये जाने वाले कार्यस्थल से संबंधित ग्राम होगा। ग्राम सभा की प्रत्येक त्रैमासिक की बैठक में रोजगार की माँग, पंजीयन, जॉब

कार्ड, कार्य पर कार्यरत लोगों की सूची अथवा ऐसे लोगों की सूची जिन्हें रोजगार प्राप्त नहीं हुआ है, किये गये भुगतान की राशि, अकुशल मानव श्रम पर किये गये भुगतान, कार्य पूर्ण करने में लगा समय, कुशल श्रमिक, सामग्री, सृजित मानव दिवस, सतर्कता एवं मूल्यांकन समिति की रिपोर्ट, मस्टररोल की प्रतियाँ, अवलोकनार्थ के समक्ष प्रस्तुत की जायेगी। मस्टररोल पर दर्शाये गये श्रमिकों, भुगतान की राशि, कार्य दिवस, अकार्य दिवस, के सम्बन्ध में ग्राम सभा के समक्ष पढ़कर सुनाया जाना अनिवार्य होगा।

पारदर्शिता एवं उत्तरदायित्व

(1) स्कीम के अन्तर्गत समस्त कार्यों के भौतिक एवं वित्तीय वर्ष की समाप्ति पर प्रत्येक जिले द्वारा किया जाना होगा।

(2) राज्य एवं जिला स्तर पर ऑडिट का कार्य चार्टर्ड एकाउंटेंट द्वारा किया जायेगा।

(3) स्थानीय निधि अंकेक्षकों द्वारा भी ऑडिट का कार्य सम्पादित किया जायेगा। ऑडिट की एक प्रति राजस्थान ग्रामीण रोजगार गारन्टी परिषद् को भेजी जायेगी।

(4) महालेखाकार द्वारा भी योजना के लेखों का अंकेक्षण कार्य किया जायेगा। महालेखाकार कार्यालय की टीम को ऑडिट कार्य हेतु चार्टर्ड एकाउंटेट द्वारा किये गये ऑडिट की एक प्रति उपलब्ध करानी होगी।

(5) जिला कार्यक्रम समन्वयक कार्यालय में भी जिला आंतरिक अंकेक्षण सेल का गठन किया जायेगा जिसके द्वारा आवश्यकता पड़ने पर ग्राम सभा की रिपोर्ट का विशेष ऑडिट किया जा सकता है। ऑडिट में पाई गई गम्भीर अनियमितताओं की रिपोर्ट जिला कार्यक्रम समन्वयक और राजस्थान ग्रामीण रोजगार गारन्टी परिषद् को भेजी जायेगी। परिषद् द्वारा गम्भीर अनियमितताओं के निराकरण हेतु आवश्यक कार्यवाही की जायेगी। राजस्थान ग्रामीण रोजगार गारन्टी परिषद् को ऑडिट रिपोर्ट प्रेषित किया जाना आवश्यक होगा, चाहे वह ऑडिट चार्टर्ड एकाउंटेंट, स्थानीय निधि अंकेक्षक द्वारा, चाहे वह ऑडिट चार्टर्ड महालेखाकार के अंकेक्षकों द्वारा अथवा सामाजिक अंकेक्षण द्वारा किया गया हो। परिषद् यह सुनिश्चित करेगा कि गम्भीर आर्थिक अनियमितताओं, धोखाधड़ी, गलत नाप, मस्टररोल में असत्य प्रविष्टियाँ एवं अन्य गम्भीर अनियमितताओं जिसमें कि राजकीय संसाधानों का दुरुपयोग किया गया हो, के संबन्ध में जल्द से जल्द कार्यवाही हो तथा इस प्रकार की दुष्प्रवृत्तियों को रोकने के लिये आवश्यक कदम उठाये जायेंगे।

सूचना का अधिकार

सूचना के अधिकार के सम्बन्ध में सूचना का अधिकार अधिनियम 2005 के नियमों, राष्ट्रीय ग्रामीण रोजगार गारंटी अधिनियम की अनुसूची-1 के कॉलम 16 व 17 के प्रावधानों एवं राज्य सरकार द्वारा यथासमय पर इन प्रावधानों सम्बन्धी जारी निर्देशों के अनुसार प्रत्येक स्तर पर आवेदक द्वारा आवेदन करने एवं सूचना के अधिकार के अधिनियम के तहत नियमों के अन्तर्गत निर्धारित शुल्क जमा कराने पर स्कीम के सम्बन्ध में सूचना उपलब्ध करायी जायेगी।

प्रशिक्षण

ग्रामीण विकास विभाग द्वारा यह सुनिश्चित किया जायेगा कि राजस्थान ग्रामीण रोजगार गारन्टी स्कीम के सफल क्रियान्वयन हेतु प्रत्येक स्तर पर संबंधित जन प्रतिनिधियों एवं कर्मचारियों को आवश्यक प्रशिक्षण की व्यवस्था हो। स्कीम के अन्तर्गत प्रशिक्षण हेतु इन्दिरा गाँधी पंचायतराज एवं ग्रामीण विकास संस्थान, जयपुर प्रशिक्षण के लिये नॉडल एजेन्सी होगी। संस्थान द्वारा स्कीम के अन्तर्गत प्रशिक्षण की आवयकता का यथा समय आंकलन कर प्रशिक्षण मॉड्यूल तैयार कर विभिन्न स्तर के प्रशिक्षण कार्यक्रम आयोजित किये जायेंगे।

15

ग्रामीण विकास में खाद्य नीति

भारत में एक उपयुक्त नीति की निम्न कारणों से सख्त जरूरत है :

1. भूमि में निरन्तर कृषि कार्य में प्रयुक्त होने से उसकी शक्ति में निरन्तर ह्रास हो जाता है, अतः कृषि में उर्वरा शक्ति को बनाये रखने तथा उसमें वृद्धि के लिए उर्वरक नीति जरूरी है।

2. कुछ फसलों में अधिक उर्वरा शक्ति की जरूरत होती है, अतः ऐसी फसलों के उत्पादन हेतु उर्वरकों की नीति जरूरी है।

3. कृषि उत्पादों की गुणवत्ता बढ़ाने तथा बनाये रखने तथा उसके सुधार के लिए भी उर्वरक नीति आवश्यक है।

4. देश में कृषि उत्पादों की बढ़ती माँग के कारण गहन कृषि हेतु कृषि में प्रति हैक्टेयर अधिक उर्वरकों का उपयोग करने के लिए सस्ते एवं पर्याप्त मात्रा में उर्वरकों की पूर्ति हेतु भी उर्वरक नीति का महत्त्व है।

5. प्रति हैक्टेयर उत्पादकता वृद्धि के लिए भी उन्नत बीजों के साथ-साथ उर्वरकों की उपयुक्त मात्रा एवं सही उपयोग हेतु उर्वरक नीति का विशेष

महत्त्व है।

6. कृषि विकास की सफलता हेतु भी उर्वरक नीति की जरूरी पड़ती है, क्योंकि कम क्षेत्र में भी अधिक उर्वरकों का प्रयोग कर अधिक उत्पादन प्राप्त किया जा सकता है।
7. कृषि उत्पादन लागत में कमी के लिए भी उर्वरक नीति की जरूरी पड़ती है।

भारत में उर्वरक नीति के उद्देश्य

भारत में उर्वरकों की आवश्यकता को मद्देनजर रखते हुए उर्वरक नीति के प्रमुख उद्देश्य एवं तत्त्व इस प्रकार हैं :

1. कृषि में प्रति हैक्टेयर उत्पादकता में वृद्धि करना,
2. कृषि के लिए उर्वरकों की पर्याप्त पूर्ति,
3. कृषि के लिए उर्वरकों की सस्ती दरों पर पूर्ति करना ताकि किसान उन्हें खरीद सकें,
4. उर्वरकों की पूर्ति के लिए अनुदान देकर उन्हें सुलभ बनाना,
5. उर्वरकों की सामयिक एवं उचित वितरण व्यवस्था करना,
6. फसलों उके लिए समय पर उर्वरक उपलब्ध कराना,
7. जिन उर्वरकों की देश में पूर्ति कम है उनका उत्पादन बढ़ाना तथा उनके आयात की व्यवस्था करना,
8. उर्वरकों के उपयोग को बढ़ावा देना आदि।

उर्वरकों अथवा खाद के प्रकार

भारत में निम्नलिखित प्रकार के उर्वरक अथवा खाद का प्रयोग किया जाता है—

1. पशुओं के गोबर की खाद—भारत में प्रतिवर्ष गोबर से 100 करोड़ टन खाद प्राप्त हो सकती है, परन्तु 40 करोड़ टन गोबर प्रतिवर्ष ईंधन के काम में ले लिया जाता है। गाय-बैलों के गोबर की खाद अन्य उर्वरकों की तुलना में 10 गुना नाइट्रोजन प्रदान करती है, परन्तु खाद तैयार करने का दोषपूर्ण ढंग होने से अधिकांश नाइट्रोजन नष्ट हो जाती है। अत: ग्रामीण क्षेत्रों में ईंधन के वैकल्पिक साधनों की व्यवस्था होनी चाहिए, जिससे गोबर को खाद के काम में ही लाया जा सके।

2. ग्राम व नगर मैला कम्पोस्ट—एक अनुमान के अनुसार, 100 लाख टन मैला कम्पोस्ट से भारत के खाद्यान्न उत्पादन में 10 लाख टन की वृद्धि की जा सकती है, परन्तु लोगों की संकीर्ण धार्मिक मनोवृत्ति, तकनीकी उपकरणों व कर्मचारियों का अभाव आदि मैला कम्पोस्ट के समुचित उपयोग में बाधक रहे हैं। सामुदायिक विकास योजनाओं में मैला कम्पोस्ट के प्रयोग के लिए पर्याप्त प्रयत्न किये जा रहे हैं, परन्तु वांछित सफलता नहीं मिल सकी है।

3. रुधिर चूर्ण खाद—कसाईखाना में व्यर्थ जाने वाले रक्त, पशुओं के सींग, बाल, हड्डियां तथ मछलियों का प्रयोग, नाइट्रोजन खाद के रूप में बहुत उपयोगी सिद्ध हो सकते हैं। चाय व कहवा के बागों में रुधिर खाद बहुत लोकप्रिय है। इस प्रकाद की खाद के प्रयोग की काफी गुंजाइश है, परन्तु धार्मिक भावनाएँ इसके प्रयोग में भी बाधक हैं।

4. तिलहन व खली—तिलहन व खली खाद के महत्त्वपूर्ण साधन हैं, परन्तु इनके निर्यात से इनका खाद के रूप में प्रयोग नहीं हो पाता। इनका खाद के रूप में तभी प्रयोग हो सकता है, जबड़क इनके निर्यात में कमी हो जाए।

5. हरी खाद—भारत में कुछ फसलें ऐसी होती हैं, जिनकी पत्तियाँ भूमि को नाइट्रोजन प्रदान करती हैं, जैसे—उड़द, चना, मेथी आदि। इस प्रकार की खाद भारत में पर्याप्त मात्रा में प्रयुक्त होती है, यद्यपि इनके प्रयोग की मात्रा बढ़ाने की भी काफी गुंजाइश है।

6. फसलों का हेर-फेर व मिश्रित फसलें—फसलों में हेर-फेर कर भूमि की उर्वरा शक्ति में वृद्धि की जा सकती है। कभी-कभी मि की पड़त छोडने की पद्धति भी अपनायी जाती है। मिश्रित फसलें भी उर्वरता में सन्तुलन बनाये रखती हैं। परन्तु इन दोनों क्षेत्रामें में कभी और अनुसन्धान की आवश्यकता है, इसलिए भारत में इनका कम प्रचलन है।

7. रासायनिक उर्वरक—विकासशील देशों में कृषि के लिए रासायनिक उर्वरकों की पूर्ति व प्रयोग में वृद्धि आवश्यक होती है। भारत में कृषि भूमि की उर्वराशक्ति में कमी के कारण रासायनिक खादों का तो और अधिक महत्व है। परन्तु हमारी अर्थव्यवस्था कृषि प्रधान होते हुए भी रासायनिक उर्वरकों के प्रयोग में अन्य देशों के बहुत पीछे है। उदाहरणार्थ, नीदरलैण्ड में प्रति हैक्टेयर 789 किलोग्राम, जापान में 437 किलोग्राम, इंग्लैण्ड में 375 किलोग्राम तथा फ्रांस में 312 किलोग्राम रासायनिक उर्वरकों का प्रयोग होता है, जबड़क भारत में प्रति हैक्टेयर केवल 60 किलोग्राम का

ही प्रयोग होता है। भारत में उर्वरकों की पूर्ति एवं इसके उत्पादन में वृद्धि की ओर 1977 के बाद सरकार ने विशेष ध्यान दिया है।

भारत में रासायनिक उर्वरकों की पूर्ति

द्वितीय विश्वयुद्ध के पूर्व भारत में अमोनियम सल्फेट व सुपर फास्फेट थोडी-थोडी मात्रा में बागानों की फसल के लिए उत्पन्न किया जाता था, पर देश में अधिक उपज देने वाली उन्नत फसलों के बढ़ते प्रयोग के कारण रासायनिक खादों के उत्पादन व आयात में तेजी से वृद्धि हुई है।

भारत में रासयनिक खाद निर्माण के लिए सबसे बड़ा सार्वजनिक उपक्रम **फर्टिलाइजर कारपोरेशन ऑफ इण्डिया लिमिटेड** है, जिसके अन्तर्गत सिंदरी (बिहार), ट्राम्बे (महाराष्ट्र), गोरखपुर (उत्तर प्रदेश), नांगल (पंजाब), दुर्गापुर (पश्चिम बंगाल), बरौनी (बिहार) आदि हैं। इसके अतिरिक्त रूरकेला खाद फैक्ट्री 1962 में चालू की गई है, नैवली में भी एक इकाई कार्यरत है। चेन्नई व ट्रावनकोर में भी खाद कारखाने बनाए गए हैं। इसके अतिरिक्त जिंक स्मेल्टर (शोधक कारखाना), उदयपुर व सोडियम सल्फेट कारखाना डीडवाना भी महत्वपूर्ण हैं। निजी क्षेत्र में खाद कारखने वाराणसी, बड़ौदा, विशाखापट्टनम, एन्नौर, कोटा में श्रीराम फर्टिलाइजर्स व कानपुर के नाम उल्लेखनीय हैं।

1960-61 में रासायनिक खाद का आयात केवल 419 हजार टन था जो 1999-2000 में बढ़कर 2075 हजार टन रहा। 2000-01 में यह घटकर 2090 हजार टन रह गया। 2001-02 के बजट अनुमान के अनुसार यह नवम्बर, 2001 तक 1950 हजार टन रहा है। नाइट्रोजन खाद का उत्पादन 2000-01 में 10962 हजार टन हुआ जबड़क 1127 हजार टन आयात किया गया। फास्फेट खाद का उत्पादन 2000-01 में 3743 हजार टन हुआ, जबड़क 1073 हजार टन आयात किया गया।

भारत में रासायनिक उर्वरकों के प्रयोग में भी निरन्तर वृद्धि हो रही है। 2000-01 में सभी प्रकार के रासायनिक उर्वरकों का उपयोग 167.02 लाख टन से अधिक हुआ जो 1980-81 के 55.16 लाख टन के मुकाबले लगभग तीन गुना था। आठवीं योजना के अन्त तक उर्वरकों का उपयोग बढ़कर 164 लाख टन करने का लक्ष्य था वह पूरा हो गया। 2000-01 के अन्त तक देश में उर्वरक उत्पादन की क्षमता काफी बढ़ी है, जिसमें नाइट्रोजन उत्पादन क्षमता 109.62 लाख टन तथा सुपर फास्फेट उत्पादन क्षमता 37.43 लाख टन थी। वर्ष 2001-02 में नाइट्रोजन और फास्फेटिक का उत्पादन 150.4 लाख टन बढ़ने की आशा है, जिसमें नाइट्रोजन का उत्पादन 110 लाख टन

तथा फास्फेट का उत्पादन 40.8 लाख टन होगा। जहाँ 1965-66 में उर्वरकों का उपयोग लगभग 8 टन था वह 1980-81 में 55 लाख टन तथा 2001-02 में 193.06 लाख टन होने का अनुमान है। नाइट्रोजन और फास्फेटी उर्वरकों के घरेलू उत्पादन में कमी को आयातों से पूरा किया जाता है जिस पर निरन्तर आर्थिक सहायता दी जाती है। पोटाश के मामले में सम्पूर्ण आवश्यकता आयात की जाती है। पोटाश के लिए आयातों पर निर्भरता है।

भारत सरकार द्वारा रासायनिक खाद उद्योग के लिए अनुदान (Subsidy for Chemical Fertilizer Industry by Government of India)—भारत में 1 नवम्बर, 1977 से खाद के मूल्यों में कमी होने तथा विभिन्न रियायतें एवं छूट देने तथा बढ़ते हुए उपयोग और उत्पादन के कारण इस उद्योग को भारत सरकार के द्वारा दी जाने वाली अनुदान की राशि में भी वृद्धि हुई है। 1985-86 में इस उद्योग को केवल 1924 करोड़ रुपये की अनुदान राशि दी गई थी। 1990-91 में बढ़कर 4389 करोड़ रुपये हो गयी और 2000-01 में यह बढ़कर 13800 करोड़ रु. तथा 2001-02 में 14170 करोड़ रु. होने का अनुमान है।

रासायनिक खाद उद्योग की समस्याएँ व उनके समाधान

भारत में यह उद्योग अभी काफी नया है। उद्यपि भारत सरकार के इस उद्योग के विकास की ओर काफी ध्यान दिया गया है, लेकिन फिर भी अभी इस उद्योग को निम्नलिखित समस्याओं का सामना करना पड़ रहा है, जिनका समाधान अत्यन्त आवश्यक है—

1. क्षमता का पूर्ण उपयोग नहीं—वर्तमान में देश में इस उद्योग से संबंधित जितनी इकाइयाँ कार्यरत हैं, उनका पूर्ण क्षमता से उत्पादन नहीं हो रहा है, जिनकी वजह से हमें रासायनिक खादों का दूसरे देशों से आयात करना पड़ता है। अतः इन उद्योगों में स्थापित क्षमता के पूर्ण उपयोग के लिए हमें आवश्यक कदम उठाने चाहिए।

2. कच्चे माल का अभाव—भारत में गंधक का अभाव है जिससे इस उद्योग को उत्पादन में परेशानी होती है। जिप्सम व पाइराइट्स से गंधक प्राप्त किया जा सकता है।

3. रासायनिक तकनीक का अभाव—भारत तकनीकी के क्षेत्र में प्रारंभ से ही पिछड़ा हुआ है। रासायनिक तकनीक का भी अभाव है। अतः इस दिशा में अनुसंधान व विकास पर विशेष रूप से ध्यान देने की आवश्यकता है।

रासायनिक खाद उद्योग का भविष्य (Future of Fertilizer Industry)— जहाँ तक इस उद्योग के भविष्य का प्रश्न है, रासायनिक खाद के उपर्युक्त उपभोग, उत्पादन, गिरते आयात व बढ़ती हुई अनुदान की राशि के आंकड़े हमें यह बताते हैं कि इस उद्योग का भविष्य में निःसन्देह उज्जवल है। भारत सरकार कृषि उपजों के उत्पादन को बढ़ाने के लिए हर संभव प्रयास कर रही है। यही कारण है कि भारत सरकार ने आठवीं पंचवर्षीय योजना में कुल प्रस्तावित व्यय का लगभग 50 प्रतिशत ग्रामीण विकास पर खर्च करने की बात कही थी।

□□□

16

ग्रामीण विकास में कृषिगत नीति

कृषिगत पदार्थों की सरकार की मूल्य निर्धारण नीति में साधारणतया निम्नलिखित मूल्यों एवं उनके निर्धारण को सम्मिलित किया जाता है—

1. न्यूनतम समर्थन-मूल्य (Minimum Support Prices) अथवा वसूली-मूल्य (Procurement Prices),
2. निकासी मूल्य (Issue Prices) तथा
3. बाजार मूल्य (MaRKET prices)।

1. न्यूनतम समर्थन मूल्य (Minimum Support Prices) अथवा वसूली मूल्य (Procurement Prices)—भारत में गत वर्षों में न्यूनतम समर्थन मूल्यों को ही वसूली मूल्य अथवा खरीद मूल्य बताया गया है। वास्तव में ये मूल्य वे होते हैं जो देश की सरकार के द्वारा कृषकों से उनके उत्पादों को क्रय करने के लिए निर्धारित किये जाते हैं जिससे कृषकों को उनके उत्पादों का उचित मूल्य प्राप्त हो सके और उपभोक्ताओं के हितों को भी संरक्षण मिल सके, लेकिन इसका अभिप्राय यह नहीं है कि सरकार इन मूल्यों पर कृषकों से जोर-जबरदस्ती उनके उत्पादों को क्रय कर

सकती है। ऐसा अनिवार्य लेवी में तो संभव होता है, लेकिन साधारण तौर पर नहीं। लेकिन इस संबंध में ध्यान रखने योग्य बात यह है कि सरकार के द्वारा न्यूनतम समर्थन मूल्य घोषित हो जाने परभी कोई भी कृषक अपने उत्पादों को बाजार में खुले मूल्य पर बेच सकता है। यदि खुले बाजार के मूल्य न्यूनतम समर्थन मूल्य से नीचे जाने लगें या उनमें साधारण तौर पर गिरने की प्रवृत्ति देखने को मिले तो ऐसी स्थिति में कृषक अपना समस्त उत्पाद सरकार द्वारा निर्धारित न्यनूतम मूल्य पर बेचने के प्रचास करेगा और सरकार को उसके समस्त उत्पाद को उन मूल्यों पर क्रय करना होगा। इस तरह सरकार के द्वारा न्यूनतम समर्थन मूल्य निश्चित करने का मुख्य उद्देश्य उत्पादकों के हितों की रक्षा करना होता है जिससे उन्हें बहुत अधिक उत्पाद होने पर भी हानि न हो। न्यूनतम समर्थन मूल्य की घोषणा करने से उत्पादकों को अनिश्चितता नजर नहीं आती है और वे कृषिगत फसलों के उत्पादन संबंधी सही निर्णय लेने में सक्षम होते हैं। सरकार भी अपनी सार्वजनिक वितरण प्रणाली को सुचारू रूप से संचालित करने के लिए न्यूनतम समर्थन मूल्यों पर कृषकों से कृषिगत उत्पाद खरीदने में सफल होती है और कृषिगत उत्पादों का बफर स्टॉक रख पाती है। जब बाजार में कृषिगत उत्पादों के मूल्य बढ़ने की प्रवृत्ति रखते हैं तो सरकार उपभोक्ताओं के हितों की रक्षा करने के लिए बफर स्टॉक में से माल निकाल कर बाजार में भेजना शुरू कर देती है ऐसा करने से मुद्रा स्फीति पर स्वत: नियंत्रण लगता है। इस तरह स्पष्ट है कि सरकार बफर स्टॉक के माध्यम से बजार में मूल्यों एवं मुद्रा स्फीति पर आसानी से नियंत्रण लगा लेती है और उत्पादकों एवं उपभोक्ताओं के हितों की रक्षा करती है। बाजार में मूल्य बढ़ने परसरकार अपने बफर स्टॉक से पूर्ति बढ़ाती है। जिससे कृषिगत पदार्थों के मूल्य कम हो जाते हैं तथा बाजार में मूल्य कम होने पर सरकार खरीद प्रारंभ कर देती है जिससे कृषिगत उत्पादों के मूल्य स्वत: बढ़ने लगते हैं।

भारत सकार के न्यूनतम समर्थन मूल्य के अन्तर्गत वर्तमान में अनेक प्रकार के अनाज, तिलहन व अन्य व्यापारिक फसलें सम्मिलित हैं।

न्यूनतम समर्थन मूल्य का निर्धारण (Determination of Minimum Support Prices)—साधारण के द्वारा न्यूनतम समर्थन मूल्य का निर्धारण कृषिगत उत्पादों की लागत के आधार पर किया जाता है। इस संबंध में फॉर्म-प्रबंधन अध्ययनों में लागत संबंधी चार अवधारणाएँ काम में लायी जाती हैं। X_1, X_2, Y तथा Z। इन चारों लागत संबंधी अवधारणाओं का संक्षिप्त विवेचन निम्न प्रकार किया गया है—

(क) लागत X_1—इस लागत में कृषिगत पदार्थों की निम्नलिखित लागतों को सम्मिलित किया जाता है—(i) खेतिहर मजदूरों को मजदूरी (ii) किरोय पर लिये

गये बैल का किराया (iii) काम में लिये गये स्वयं के बैल की लागत (iv) किराये की मशीन का किराया (v) काम में ली गयी स्वयं की मशीन की लागत (vi) समस्त काम में लिये गये बीजों की लागत (vii) कीटनाशक रसायन एवं अन्य औषधियों का मूल्य (viii) कुल काम में ली गयी खाद का मूल्य (ix) कुल काम में लिये गये उर्वरकों की लागत (x) कृषि उत्पादों के दौरान काम में ली गयी स्थायी परिसम्पत्तियाँ-भवन, भूमि, मशीनरी एवं औजार इत्यादि का ह्रास (xi) सिंचाई की लागत (xii) वास्तविक कार्यशील पूँजी का ब्याज (xiii) भू-राजस्व जैसे समस्त कर (xiv) फसलों के उत्पादन के लिए गए दीर्घकालीन ऋणों पर ब्याज (xv) अन्य समस्त व्यय-जो उपर्युक्त सूची में सम्मिलित नहीं हुए हों।

(ख) लागत X_2—कृषिगत पदार्थों की इस लागत में लागत X_1 तथा किराये पर ली गयी कृषि भूमि का किराया सम्मिलित होता है।

(ग) लागत Y—कृषिगत उत्पादों की इस लागत में लागत X_2+ अपनी स्वयं की भूमि का अनुमानित किराया भू-राजस्व की रकम को घटाकर । अपनी स्वयं की स्थायी पूँजी पर अनुमानित ब्याज (भूमि के अलावा) का योग सम्मिलित होता है।

(घ) लागत Z—कृषिगत उत्पादों की इस लागत में लागत Y + कृषकों के अपने परिवार के द्वारा लगाये गये श्रम का अनुमानित पारिश्रमिक जोड दिया जाता है। इस तरह लागत Z सबसे अधिक होती है जिसमें स्वयं की भूमि का किराया तथा स्थायी पूँजी पर ब्याज सम्मिलित होता है।

वर्तमान में भारत में कृषिगत उत्पादों की लागत संबंधी समंक विभिन्न राज्य सरकारों तथा कृषिगत विश्वविद्यालयों के माध्यम से एकत्रित किये जाते हैं तथा कृषिगत लागत और मूल्य आयोग (CACP) इन्हीं लागत संबंधी समंकों के आधार पर अपनी रिपोर्ट प्रस्तुत करते हैं जब कृषिगत उत्पादों की लागत का क्षेत्र काफी व्यापक एवं विस्तृत हो जाता है तो औसत लागत के आधार पर न्यूनतम समर्थन मूल्य निश्चित करना संभव नहीं होता है। CACP के द्वारा इस संबंध में यह सुझाव रखा गया है कि न्यूनतम समर्थन मूल्य निर्धारित करने के लिए सबसे कम कार्यकुशल कृषक श्रमिक की मजदूरी को भी मध्यनजर रखा जाना चाहिए जिससे कृषिगत उत्पादों की कीमत में उसको भी सम्मिलित कियाा जा सके।

2. निकास मूल्य (Issue Prices)—निकासी मूल्य का अभिप्राय ऐसे मूल्यों से लिया जाता है जिन पर केन्द्रीय सरकार अपने केन्द्रीय भण्डारों से सार्वजनिक वितरण प्रणाली या रोलर आटा मिलों के लिए अनाज निर्गमित करती है। निकासी मूल्य भारतीय

खाद्य निगम (FCI) द्वारा विभिन्न तथा अन्य संस्थानों को अनाज देते समय वसूल किये जाते हैं। साधारणतया ये मूल्य बाजार मूल्य से कम होते हैं। ये मूल्य राशन की दुकानों पर उपभोक्ताओं से लिये जाने वाले मूल्यों पर भी प्रभाव डालते हैं। राशन की दुकानों के मूल्य निकासी मूल्यों से कुछ अधिक होते हैं। सरकार को अनाज के संग्रहण एवं वितरण संबंधी व्ययों को भी पूरी तरह ध्यान में रखना चाहिए जिससे खाद्यान्नों पर जो बड़ी मात्रा में सरकारी सहायता (सब्पिड़ी) प्राप्त होती है उस पर नियंत्रण रखा जा सके। यदि सरकार न्यूनतम समर्थन मूल्य तो निरन्तर बढ़ाती रहे और निकासी मूल्यों को यथास्थिर रखा जाए तो सरकारी सहायता की राशि को बढ़ाना होगा। सरकार को इस संबंध में यह भी सोचना पड़ता है कि यदि उसके द्वारा सरकारी सहायता की रकम कम की जाती है तो इससे निर्धन वर्ग को हानि होगी और उन्हें अनाज क्रय करने के लिए ऊँचे मूल्य देने होंगे। इसलिए व्यावहारिक जीवन में निकासी मूल्य राशन की दुकानों के खुदरा मूल्यों को बढ़ावा भी संभव नहीं होता है।

3. बाजार मूल्य (Market Prices)—बाजार मूल्य वे मूल्य होते हैं जो साधारणतया बाजार में वस्तुओं और सेवाओं की माँग और पूर्ति की सापेक्षिक शक्तियों के द्वारा निर्धारित होते हैं। जब बाजार मूल्य काफी बढ़ने लगते हैं तो सरकार इन मूल्यों को कम करने के लिए बफर स्टॉक से माल निकाल कर बाजार में भेजती है, जिससे बाजार मूल्य कम हो जाते हैं। इसके विपरीत जब बाजार मूल्य कम होने लगते हैं तो सरकार न्यूनतम समर्थन मूल्य पर कृषकों से उनके उत्पादों को क्रय करके बाजार मूल्यों को कम होने से रोकती है तथा कृषकों के हितों की रक्षा करती है।

न्यूनतम समर्थन मूल्य अथवा वसूली मूल्यों में वृद्धि कहाँ तक उचित है?

केवल निम्नलिखित दशाओं में ही न्यूनतम समर्थन मूल्य अथवा वसूली मूल्यों में सरकार को वृद्धि करनी चाहिए—

1. जब कृषिगत इन्पुट्स की लागत में निरन्तर वृद्धि हो रही हो।
2. जब कृषकों के स्वयं के पारीवारिक सदस्यों की श्रम लागत सही नहीं जोडी गयी हो।
3. जब कृषिगत उत्पादों में जोखिम व अनिश्चितता का वातावरण अधिक देखने को मिले, साधारणतया ऐसा ही होता है।
4. जब पूर्व निर्धारित कृषि संबंधी व्यापार की शर्तों में परिवर्तन हो गया हो।

कृषि मूल्य नीति को सुधारने के लिए उपयुक्त सुझाव

कृषिगत पदार्थों की मूल्य नीति को सुधारने के लिए निम्नलिखित सुझाव प्रमुख रूप से दिये जाते हैं—

1. सरकारी संस्थाओं को कृषिगत पदार्थों के मूल्य निर्धारित करते समय कृषिगत पदार्थों की लागत संबंधी अवधारणाओं को मध्यनजर रखना चाहिए।

2. जहाँ तक संभव हो, विपणन व्यवस्था में मध्यस्थता को समाप्त करना चाहिए।

3. सरकार के द्वारा कृषिगत पदार्थों की मूल्य नीति निश्चित करते समय सदैव यह बात ध्यान में रखनी चाहिए कि उसके द्वारा निर्धारित मूल्य नीति का गरीब से गरीब लोगों (जो गरीबी की रेखा के नीचे रह रहे हैं) को अधिकतम लाभ प्राप्त हों। इस प्रकार हम देखते हैं कि कृषिगत पदार्थों के मूल्य अथवा सरकारी नीति एक महत्वपूर्ण नीति है जो देश की अर्थव्यवस्था व जनसाधारण को प्रत्यक्ष रूप से निर्धारित करती है जिसका निर्धारण बहुत सोच-समझकर किया जाना चाहिए।

भारत में कृषि साख की आवश्यकता/महत्त्व

भारतीय कृषक के लिए यह कहा जाता है कि वह ऋण में जन्म लेता है, ऋण में जीवन पर्यन्त रहता है और ऋण में ही मरता है। उसे बीज, खाद, लगान आदि के लिए साख की आवश्यकता पड़ती है। इसके अतिरिक्त जीवनयापन, सामाजिक कार्यों, ब्याज तथा पुराने ऋण चुकाने इत्यादि के लिए भी भारतीय कृषक को ऋण लेना पड़ता है। भूमि में स्थाई सुधार, ऊँची कीमतों के यन्त्रों, भूमि के क्रय, मकान व कुआँ निर्माण इत्यादि के लिए भी दीर्घकालीन ऋणों की आवश्यकता होती है। 1960 में साख की वार्षिक मांग 1,400 करोड़ रुपये थी, जो 1980-81 में बढ़कर लगभग 6400 करोड़ रुपये हो गई और 1992-93 में कृषि की कुल वित्त व्यवस्था का लक्ष्य 17438 करोड़ रुपये करने का रखा गया था। वर्तमान में भारत में कृषि साख की आवश्यकता 50 हजार से 60 हजार करोड़ रुपये होने का अनुमान है।

भारत में कृषि वित्त एवं साख के प्रमुख स्त्रोत

भारत में कृषि वित्त एवं साख के प्रमुख संस्थागत स्त्रोतों का विवेचन निम्नलिखित बिन्दुओं के अन्तर्गत किया गया है—

1. सहकारी साख संस्थाएँ (Co-operative Credit Institutions)—भारत में कृषि सहकारी साख्र संस्थाओं को मोटे तौर पर दो भागों में विभीजित किया जा सकता है—(क) अल्पकालीन सहकारी साख संस्थाएँ तथा (ख) दीर्घकालीन सहकारी साख संस्थाएँ। इनका विवरण निम्नलिखित है—

(क) अल्पकालीन सहकारी साख संस्थाएँ—भारत में अल्पकालीन सहकारी साख व्यवस्था का निम्नलिखित ढंग से संगठन किया गया है—

(i) प्राथमिक कृषि साख समितियाँ—इन समितियों के द्वारा कृषि कार्यों के लिए अल्पकालीन ऋण सामान्यतः एक वर्ष के लिये दिये जाते हैं, जिनकी ब्याज दर 12 से 14 प्रतिशत होती है। लाभ का हिस्सेदारों में लाभांश के रूप में वितरण नहीं किया जाता वरन् उसका उपयोग कुएँ बनाने, स्कूल की देखभाल करने इत्यादि ग्राम कल्याणकारी कार्यों में किया जाता है। इन समितियों द्वारा 1950-51 में 23 करोड़ रुपये के ऋण दिये गये। 1989-90 तक 5507 करोड़ रुपये के ऋण प्रदान किये गये तथा 1993-94 में 6,000 करोड़ रुपये के ऋण वितरित किये तथा 1995-96 में यह राशि 11944 करोड़ रुपये हो गई। वर्ष 2001-2002 तक ऋण की राशि 27080 करोड़ रुपये हो जाने की संभावना है। इस प्रकार साख निर्माण कार्य में इन कृषि साख समितियों का काफी प्रसार हुआ है। आजकल वाणिज्य बैंक एक नवीन योजनान्तर्गत प्राथमिक सहकारी साख समितियों के माध्यम से भी ऋण उपलब्ध कराते हैं।

(ii) केन्द्रीय सहकारी बैंक—ये बैंक एक निर्दिष्ट क्षेत्र में प्राथमिक साख समितियों के संघ हैं, जिनका कार्य-क्षेत्र संभवतः, संपूर्ण जिला होता है। इन बैंकों के प्रमुख कार्य प्राथमिक साख समितियों को ऋण देना है, किन्तु इनसे यह अपेक्षा की गई थी कि ये सामान्य जनता की जमाओं को आकर्षित करेंगे, पर यह आशा धूमिल ही रही। अधिकांश केन्द्रीय सहकारी बैंक, राज्य सहकारी बैंक तथा प्राथमिक सहकारी साख समितियों के मध्यवर्ती का कार्य करते हैं। इन बैंकों द्वारा द्वितीय योजना के अन्त तक सहकारी समितियों द्वारा 141 करोड़ रुपये का ऋण दिया गया, जहां तृतीय योजना के अन्त में ऋण की राशि 400 करोड़ रुपये हो गई। गत 5 वर्षों में सहकारी समितियों ने लगभग 3000 करोड़ रुपये से लेकर 6060 करोड़ रुपये के प्रतिवर्ष ऋण दिये हैं, जबड़क दीर्घकालीन ऋणों का वार्षिक औसत 400 करोड़ रुपये है। वर्ष 1991-92 में सहकारी बैंकों से 5238 करोड़ रुपये के कृषि ऋण प्रदान किये हैं तथा 1992-93 में इन बैंकों के द्वारा 6670 करोड़ रुपये के कृषि ऋण वितरण का लक्ष्य निर्धारित किया गया था। केन्द्रीय बैंक के प्रतिवर्ष लगभग 9,600 करोड़ रुपये के ऋण बकाया हो जाते हैं।

(iii) राज्य सहकारी बैंक—इन बैंकों को शीर्ष बैंक भी कहा जाता है। यह बैंक राज्य के केन्द्रीय सहकारी बैंकों को ऋण देता है, उनके कार्य का नियन्त्रण करता है। यह रिजर्व बैंक ऑफ इण्डिया से उधार लेता है और उसके साथ केन्द्रीय बैंकों और प्राथमिक साख समितियों के बीच कडी का कार्य करता है। इन बैंकों द्वारा 1950-51 में 42 करोड़ रुपये के ऋण दिये गये, जबड़क 1978-79 तक इन बैंकों द्वारा 2000 करोड़ रुपये के अल्पकालीन ऋण दिये गये तथा 2000-01 में लगभग 30047 करोड़ रुपये के ऋण बकाया थे।

अल्पकालीन सहकारी साख संस्थाओं का मूल्यांकन—सहकारी साख प्रणाली उन किसानों को, जो सहकारी साख समिति के नजदीक रहते हैं तथा जिनके बारे में समिति को पूरी जानकारी होती है, ऋण देती है, किन्तु सहकारी समितियां संगठन एवं वित्त की दृष्टि से काफी दुर्बल हैं और व्यवहार में कृषि क्षेत्र के लिए साख उपलब्ध कराने के बारे में उनकी क्षमता सीमित है। इसके साथ-साथ वाणिज्य बैंक प्रणाली को ग्रामीण क्षेत्रों में फैलाने का प्रयास भी सफल नहीं हुआ है। पिछले कुछ दशकों में प्राथमिक कृषि साख समिति को एक सबल संस्था बनाने की ओर भी ध्यान नहीं दिया गया। सहकारी साख संस्थाएँ कृषि की आवश्यकतानुसार ऋण भी प्रदान करने में असमर्थ रही है।

(ख) दीर्घकालीन सहकारी साख संस्था—भारत में कृषि के दीर्घकालीन विकास हेतु ऋण भूमि विकास बैंक द्वारा दिया जाता है। तृतीय पंचवर्षीय योजनाकाल में भूमि विकास बैंकों द्वारा कुल 780 करोड़ रुपये के ऋण प्रदान किये गये, जबड़क चतुर्थ योजना में ऋणों की राशि बढ़कर 1276 करोड़ रुपये हो गई। वर्ष 1996-97 में 2729 करोड़ रुपये के ऋण दिये जाने का लक्ष्य रखा गया है।

2. साहूकार और महाजन तथा देशी बैंकर--किसानों को सबसे अधिक ऋण साहूकार या महाजन से मिलता है। महाजन दो प्रकार के होते हैं—(i) खेतिहर और (ii) पेशेवर।

खेतिहर महाजन किसानों को ऋण देने के साथ-साथ स्वयं खेती भी करते हैं, लेकिन पेशेवर महाजन केवल उधार देने का ही व्यवसाय करते हैं। इस श्रेणी के ऋणदाताओं का गाँवों में काफी प्रभाव पाया जाता है। महाजन किसानों को अल्पकालीन, मध्यकालीन या दीर्घकालीन सभी प्रकार के ऋण देते हैं। इनको इससे कोई मतलब नहीं कि किसान किस उद्देश्य के लिए कर्ज ले रहा है? गाँव का महाजन जमानत और बिना किसी जमानत दोनों प्रकार से किसानों को ऋण देता है। पेशेवर महाजन कुल साख का लगभग 16 प्रतिशत भाग देते हैं, जबड़क गैर-पेशेवर महाजन

कुल साख का लगभग 47 प्रतिशत भाग देते हैं। इस प्रकार ये साहूकार और महाजन कुल साख का 50 से 55 प्रतिशत भाग देते हैं। महाजन जितना रुपया उधार देता है उससे अधिक वह रुक्कों से लिखा देता है, इसके अतिरिक्त ब्याज में भी वह संयम नहीं बरतता। उसकी ब्याज दर 40% से 100% तक होती है। अधिकांशत: वह ब्याज की राशि किसान से ऋण देते समय ही काट लेता है। ब्याज के अतिरिक्त महाजन गिरह, तुलाई, नजराना इत्यादि के रूप में दी जाने वाली राशि भी काट लेता है। कभी-कभी तो कर्ज देते समय महाजन की गिद्ध दृष्टि किसानों की भूमि हड़पने पर भी लग जाती है। इन सब बातों के अतिरिक्त महाजन किसान के बीवी बच्चों को अपने यहाँ बुलाकर बेगार लेते हैं। किसान महाजन के अतिरिक्त व्यापारियों एवं रिश्तेदारों से भी ऋण ले लेते हैं।

साहूकारों और महाजनों के चंगुल से किसानों को निकालने के लिए सरकार ने अनेक नियम, अधिनियम बनाये हैं। यद्यपि महाजनों पर काफी प्रतिबन्ध लगा दिये गये हैं, फिर भी किसान की विवशता, अज्ञानता, अधिनियमों की अनभिज्ञता का लाभ उठाकर अब भी महाजन किसान का शोषण करते हैं। जैसे-जैसे सहकारी साख समितियों का कार्य क्षेत्र विस्तृत, सरल एवं शुद्ध होता जायेगा, वैसे-वैसे महाजनों की कृषि साख में शोषणकारी भूमिका समाप्त होती चली जायेगी।

भारत में साख व्यवस्था का प्रारंभ साहूकारों एवं देशी बैंकरों द्वारा ही किया गया था। देशी बैंकर को परिभाषित करते हुए **केन्द्रीय बैंकिंग जांच समिति, 1929** ने लिखा है कि "इम्पीरियल बैंक (अब स्टेट बैंक), विनिमय बैंक्स, व्यापारिक बैंक और सहकारी समितियों को छोडकर अन्य व्यक्ति या फर्में जो कि हुण्डियों का व्यवसाय करती हों, ऋण देती हों एवं डिपाजिट्स स्वीकार करती हों, देशी बैंकर्स कहलाती है।" देशी बैंकर्स सभी राज्यों में आन्तरिक व्यापार को आर्थिक सहायता देने में महत्वपूर्ण भूमिका निभाते हैं तथा अप्रत्यक्ष रूप से कृषि में सहायता करते हैं। ये बैंकर प्रत्यक्ष रूप से देश की सामान्य बैंकिंग व्यवस्था से संबंधित नहीं होते। इनकी कार्यपद्धति यह है कि जनता से डिपाजिट्स लेते हैं और उन पर 3 से 6% तक ब्याज देते हैं। ये प्राय: मित्रों व संबंधियों से ही जमाएँ स्वीकार करते हैं। इस कारण उनकी जमा लेने की क्षमता सीमित होती है। मुख्यत: ये उत्पादक कार्यों के लिए ही उधार देते हैं, लेकिन कभी-कभी उपभोग ऋण भी प्रदान करते हैं। ऋण के लिए प्रोनोट लिखाने के साथ-साथ भूमि, जेवर, फसल आदि की जमानता भी मांगते हैं। ये कभी-कभी व्यक्तिगत जमानत पर भी ऋण देते हैं। पर्याप्त प्रतिभूति वाले ऋणों पर 8 से 12 प्रतिशत तक एवं अपर्याप्त प्रतिभूति वाले ऋणों पर 18 प्रतिशत तक ब्याज लेते हैं। कभी-

कभी ऋण वस्तुओं के रूप में भी दिया जाता है। ग्रामीण किसान, शिल्पकार, साहूकार और जमींदार भी इनसे ऋण लेते हैं।

3. व्यापारिक बैंक—14 बैंकों के राष्ट्रीयकरण से पहले व्यापारिक बैंकों ने कृषि साख की व्यवस्था करने में बहुत कम योगदान दिया था। अधिकतर महाजन, देशी बैंकर व व्यापारी ही कृषि साख की व्यवस्था करते थे। 1951 में बैंकों द्वारा कृषि साख की केवल 0.09% मांग की पूर्ति होती थी। व्यापारिक बैंकों का शहरी दृष्टिकोण था जिससे उन्होंने कृषि साख में प्रत्यक्ष रूप से बहुत कम भाग लिया। वे छोटे किसानों को ऋण देना जोखिमपूर्ण समझते थे।

बैंकों की राष्ट्रीयकरण व कृषि साख—1969 में बैंकों के राष्ट्रीयकरण के बाद व्यापारिक बैंकों की कृषि साख में भूमिका बढ़ी है। 1970 में व्यापारिक बैंकों ने कृषि को 400 करोड़ रुपये के ऋण दिये, अब तो व्यापारिक बैंकों का कृषि साख में लगभग 10 प्रतिशत भाग है। बैंकों के राष्ट्रीयकरण से पहले सितम्बर, 1967 में बैंकों पर सामाजिक नियंत्रण के अन्तर्गत बैंक कृषि मशीनरी खरीदने व पम्प सैट लगाने हेतु साख प्रदान करते थे, परन्तु बैंकों के राष्ट्रीयकरण ने इस दिशा में कार्य को काफी गति प्रदान की। गांवों में व्यापारिक बैंकों का विस्तार किया गया और अब भी हो रहा है। रिजर्व बैंक के निर्देशन में कुछ बैंकों ने गहन कृषि विकास के लिए 'ग्राम आधार योजना' प्रारंभ की है। अब व्यापारिक बैंकों व सहकारी बैंकों की क्रियाओं में भी तालमेल बिठाया जा रहा है। यह निश्चित है कि भविष्य में व्यापारिक बैंक कृषि साख का काफी विस्तार कर सकेंगे।

वर्ष 1980 में 6 और व्यापारिक बैंकों का राष्ट्रीयकरण किया गया जिसके फलस्वरूप 20 राष्ट्रीयकृत व्यापारिक बैंक कृषि वित्त में उत्तरोत्तर वृद्धि कर रहे हैं। 1981-82 में किसानों को अपनी कुल उधार का 28% भाग व्यापारिक बैंकों से पूरा हो गया था।

आर्थिक सर्वेक्षण के अनुसार व्यापारिक बैंकों तथा क्षेत्रीय ग्रामीण बैंकों के द्वारा कृषि विकास के लिए दिये गये ऋण वर्ष 1985-86 में 3131 करोड़ रुपये थे, जो वर्ष 1996-97 में बढ़कर 14467 करोड़ रुपये हो गये तथा वर्ष 2000-01 में 27,788 करोड़ रुपये होने का अनुमान है तथा वर्ष 2001-02 में बढ़कर इसके 34735 करोड़ रुपये होने की आशा है। कृषि को वाणिज्यिक बैंकों के कुल ऋण प्रवाह का हिस्सा 1997-98 के 50 प्रतिशत से बढ़कर 2000-01 में 52 प्रतिशत हो गया। वर्ष 2001-02 में इसके 52 प्रतिशत बने रहने की संभावनाएं है।

भारतीय रिजर्व बैंक के एक वार्षिक प्रतिवेदन के अनुसार 31 मार्च, 1994 को कषि के बकाया ऋणों की राशि 20,930 करोड़ रुपये थी, वह 31 मार्च, 1999 को बढ़कर 37,631 करोड़ रुपये हो जाने की संभावना है।

ग्रामीण क्षेत्रों में राष्ट्रीयकृत व्यापारिक बैंकों की शाखाओं में भी तेजी से वृद्धि हुई है। वर्ष 1969 में ग्रामीण शाखाओं की संख्या 1832 थी, वह जून 2001 तक बढ़कर 32,600 से भी अधिक हो गयी है जो कुल बैंक शाखाओं का लगभग 49.4 प्रतिशत है।

4. रिजर्व बैंक—रिजर्व बैंक किसानों को सीधा ऋण नहीं देता, परन्तु यह राज्य सहकारी बैंकों को धन देकर कृषि साख विस्तार करने में योगदान देता है। इस रूप में यह अल्पकालीन, मध्यकालीन तथा दीर्घकालीन तीनों प्रकार के ऋणों की व्यवस्था करता है। इसने कृषि साख के लिए दो विशेष कोष स्थापित किये हैं—**(i) राष्ट्रीय कृषि साख (दीर्घालीन कोष)**—इस कोष से मध्यकालीन और दीर्घकालीन ऋण दिये जाते हैं। **(ii) राष्ट्रीय कृषि साख (स्थिरीकरण कोष)**—इस कोष से किसानों को राज्य सहकारी बैंकों द्वारा अल्पकालीन ऋण न देने की दशा में ऋण दिया जाता है। इसके अतिरिक्त रिजर्व बैंक भूमि प्रबन्धक बैंकों को दीर्घकालीन साख की पूर्ति के लिए ऋण देता है। कृषि साख में रिजर्व बैंक की भूमिका निरन्तर बढ़ती जा रही है। वर्ष 1950-51 में रिजर्व बैंक द्वारा 5.37 करोड़ रुपये की कृषि साख की व्यवस्था की गयी थी जो वर्ष 1981 व 1982 में बढ़कर क्रमशः 485 करोड़ रुपये और 1900 करोड़ रुपये हो गयी।

5. किसान क्रेडिट कार्ड योजना—ग्रामीण क्षेत्र में उधार को आसान बनाने की दृष्टि से 1998-99 से किसान क्रेडिट कार्ड योजना प्रारंभ की गई है। इस योजना ने लोकप्रियता प्राप्त की है और 27 वाणिज्यिक बैंकों, 373 जिला केन्द्रीय सहकारी बैंकों और 196 क्षेत्रीय ग्रामीण बैंकों द्वारा इसका कार्यान्वयन किया गया है।

6. स्टेट बैंक ऑफ इण्डिया—ग्रामीण साख सर्वेक्षण समिति की सिफारिश पर 'ग्रामीण साख एकीकृत योजना' को लागू करने के लिए इम्पीरियल बैंक का राष्ट्रीयकरण करके स्टेट बैंक ऑफ इण्डिया की स्थापना की गई। यह बैंक गोदामों के निर्माण के लिए ऋण देता है। इसी के साथ गोदामों की रसीदों पर भी ऋण देता है। भूमि बन्धक बैंकों के ऋणपत्र खरीदता है। स्टेट बैंक ऑफ इण्डिया प्रत्यक्ष रूप से साख की धरोहर या जमानत पर भी ऋण देता है। स्टेट बैंक ने ग्रामीण क्षेत्र में अपनी सुविधाओं का काफी विस्तार किया है।

7. सरकार—राज्य सरकारों ने भी काश्तकारों की धन संबंधी आवश्यकताओं की पूर्ति करने का कार्य किया है। सरकारें, काश्तकारों को दो प्रकार के ऋण देती हैं—(i) बीज, खाद, मवेश इत्यादी खरीदने के लिए अल्पकालीन ऋण, तथा (ii) कृषि सुधार के लिए अपेक्षाकृत दीर्घकालीन ऋण। काश्तकारों की आवश्यकता को देखते हुए ये ऋण बहुत कम और छोटे होते हैं। अकाल के दिनों में राज्य-सरकारें तकाबी ऋण देती हैं। सरकारी ऋणों या तकाबी ऋणों से किसानों को केवल 4.5% भाग ही मिला है। सरकारी ऋण किसानों को संकट काल में मदद देने के लिए है, इन ऋणों को प्राप्त करने में अनेक प्रकार की औपचारिकताएँ पूरी करनी पड़ती हैं जिनमें काफी समय, शक्ति और पैसा नष्ट होता है। ये 359 करोड़ रुपये थी। राज्य सरकारें 350 से 400 करोड़ रुपये तक वार्षिक अल्पकालीन ऋण प्रदान करती हैं।

8. कृषि पुनर्वित्त निगम—भारत की पंचवर्षीय योजनाओं में कृषि व सिंचाई पर सार्वजनिक विनियोग बढ़ रहा है। हमारे देश में अनुसूचित बैंकों ने कृषि साख के लिए न के बराबर कार्य किया है, लेकिन इस संबंध में उनकी अपनी कठिनाइयां हैं। इस संबंध में यह आवश्यकता प्रतीत होने लगी थी कि कृषि पुनर्वित्त निगम जैसी संस्था की स्थापना की जाये। इसी आधार पर जुलाई, 1963 को कृषि पुनर्वित्त निगम की स्थापना की गई। इस निगम का प्रमुख कार्य विकस के बड़े कार्यक्रम के लिए पुनर्वित्त की सुविधा प्रदान करना है। यह भूमि को कृषि योग्य बनाने के लिए धन देता है। इसके अतिरिक्त यह विशेष फसलों, जैसे—सुपारी, नारियल, काजू, इलायची, फलों के बाग इत्यादि के लिए भी वित्तीय सुविधाएँ देता है। यही निगम विदेशों से खरीदे जाने वाले पूँजीगत माल के संबंध में स्थापित भुगतान की गारण्टी देता है। यही निगम 12 महीने से अधिक अवधि के लिए जमा भी स्वीकार करता है। इस निगम का संचालन 9 सदस्यों का एक संचालन बोर्ड करता है। निगम ने अपने दस वर्षों के कार्यकाल में काफी प्रगति की है। इसने समय-समय पर अपनी ऋण नीति को उदार बनाया है। निगम ने अपने कार्य के सुसंचालन के लिए विभिन्न राज्यों में प्रादेशिक शाखाएँ खोली हैं।

9. कृषि वित्त निगम—कृषि वित्त निगम के क्षेत्र में एक प्रमुख कार्य 1 अप्रैल, 1968 को कृषि वित्त निगम लिमिटेड की स्थापना होना है। यह निगम व्यापारिक बैंकों को कृषि साख बढ़ाने में सहयोग प्रदान करता है। स्थापना के समय इसकी पूँजी 100 करोड़ थी एवं 14 राष्ट्रीयकृत बैंक इस निगम के 86% पूँजी के हिस्सेदार थे। इस निगम ने व्यापारिक बैंकों को पिछड़े क्षेत्रों में ऋण देने के लिए प्रेरित किया है।

10. क्षेत्रीय ग्रामीण बैंक—यह निर्विवाद रूप से मान लिया गया है कि योजनाबद्ध आर्थिक विकास के 50 वर्षों के बाद भी ग्रामीण साख व्यवस्था की पूर्ति में अधिक सुधार नहीं हो पाया है। ग्रामीण सहकारी साख संस्थाएँ तथा वाणिज्यिक बैंक, जिन्हें स्थानीय परिस्थितियों की जानकारी भी नहीं होती, इस क्षेत्र में ग्रामीण साख पूर्ति करने में असफल रहे हैं। इन्हीं बातों को ध्यान में रखते हुए बैंक आयोग, 1972 ने दो प्रकार के ग्राम बैंकों की स्थापना की सिफारिश की। ग्राम सहकारी बैंक और ग्राम अनुषंगी बैंक। सरकार ने इन्हीं सिफारिशों को ध्यान में रखकर क्षेत्रीय ग्रामीण बैंकों की स्थापना की है। 2 अक्टूबर, 1975 को क्षेत्रीय ग्रामीण बैंकों की 5 शाखाएँ थी जो 30 जून, 1998 तक 196 क्षेत्रीय ग्रामीण बैंकों की स्थापना हो चुकी है। इस तिथि को सिक्किम को छोड़कर शेष सभी राज्यों के 370 जिलों में इनकी 14463 शाखायें कार्य कर रही थीं। इनके द्वारा 1985-86 में 1510 करोड़ रुपये के ऋण और 31 मार्च, 1991 तक 12 हजार करोड़ रुपये के ऋण प्रदान किये गये तथा इसी तिथि को बकाया राशि 4 हजार करोड़ रुपये थी। 1995-96 में 1500 करोड़ रुपये कृषि साख के रूप में वितरित किये गये तथा 1996-97 में 1684 करोड़ रु. का लक्ष्य निर्धारित किया गया। वर्ष 2000-01 में क्षेत्रीय ग्रामीण बैंकों द्वारा 4956 करोड़ रु. के कृषि ऋण वितरित किये जाने की संभावना है।

11. राष्ट्रीय कृषि ग्रामीण विकास बैंक (National Bank for Agriculture and Rural Development, NABARD)—भारतीय अर्थव्यवस्था एक ग्रामीण कृषि प्रधान अर्थव्यवस्था है। प्रारंभ से ही यहाँ की लगभग 75 प्रतिशत जनसंख्या कृषि व्यवसाय पर निर्भर है और यहां कृषि परम्परागत व पिछड़े तरीकों से की जाती है जिसके प्रमुख कारण अशिक्षा, धन की कमी व तकीनकी ज्ञान का अभाव है। धन की कमी को दूर करने के लिए भारत सरकार ने एक विशेष अधिनियम पारित करके एक शीर्षस्थ बैंक के रूप में 12 जुलाई, 1982 को राष्ट्रीय कृषि एवं ग्रामीण विकास बैंक के नाम से नाबार्ड की स्थापना की है, जिसका प्रधान कार्यालय मुम्बई में है।

नाबार्ड कृषि वित्त की व्यवस्था राज्य सहकारी बैंकों, राज्य सरकारों को ऋण और व्यापारिक बैंकों के अल्पकालीन ऋणों को पुनर्वित्त व्यवस्था करके करता है। इस बैंक ने वर्ष 1982-83 के दौरान 4957 परियोजनाएँ स्वीकृत करके उन्हें 1268 करोड़ रुपये के ऋण वितरित किये तथा वर्ष 1989-90 में नाबार्ड के द्वारा 9211 परियोजनाओं के लिए 2039 करोड़ रुपये के ऋण स्वीकृत किये गये। बैंक ने अपनी स्थापना से लेकर 31 मार्च, 2000 तक 2,25,000 परियोजनाओं के लिए 81,090 करोड़ रुपये के ऋण स्वीकृत किये तथा 45,600 करोड़ रुपये के ऋण वितरित किये।

ऋण सुविधाएँ बढ़ाने के लिए अधिक जमाओं की आवश्यकता पड़ती है। अत: अगर क्षेत्रीय ग्रामीण बैंकों का समुचित विस्तार किया जाए, तो कृषि क्षेत्र में इनसे काफी योगदान मिल सकता है।

भारत में कृषि पदार्थों के विपणन की समस्या

भारतीय अर्थव्यवस्था का आधार कृषि है। कृषि की सम्बद्ध केवल उत्पादन वृद्धि पर ही नहीं बड़ल्क उत्पादित उपज के उचित विपणन पर भी निर्भर करती है, जिससे कृषक और उपभोक्ता दोनों लाभान्वित हों। कृषि विपणन का अर्थ कृषक के स्वयं के उपभोग के लिए उपज का भाग रखकर बिक्री योग्य आधिक्य को बाजार में बेचने से है। इसमें उत्पादित माल के विक्रय से संबंधित गतिविधियाँ भी सम्मिलित हैं, जैसे कृषि उपज का एकीकरण, इसे संवारना, इसका श्रेणीकरण गोदामों में रखना, वित्तीय व्यवस्था करना, विक्रय स्थल तक ले जाना, विक्रय करना आदि। कृषि विपणन की कुशलता से ही कृषक को अधिक उत्पादन करने की प्रेरणा मिलती है। जिससे देश की समूची अर्थव्यवस्था लाभान्वित होती है।

भारत में कृषि पदार्थों के विपणन की समस्या अथवा इसके दोष निम्न हैं—

1. कृषि उत्पत्ति की अपर्याप्तता तथा घटिया किस्म—भारत में अधिकांश कृषि जोत अनार्थिक है, जिससे उत्पत्ति पारिवारिक उपभोग के लिए भी अपर्याप्त रहती है। देश में अधिकांश कृषि अभी भी परम्परागत ढंग से की जाती है, जिससे कम व घटिया किस्म की उत्पत्ति होती है, जिसे स्थानीय मध्यस्थ के माध्यम से ही बेचना पड़ता है।

2. महाजन की भूमिका—ऋणग्रस्त होने के कारण कृषक को अपनी उपज को महाजन के पास गिरवी रखना पड़ता है तथा उसी के माध्यम से बेचना पड़ता है। कृषक को ऐसी स्थिति में अपनी उपज के लिए उचित मूल्य नहीं मिल पाता है।

3. वित्तीय सुविधाओं का अभाव—कृषक को हल, बैल, बीज, सिंचाई आदि के व्यय के लिए गाँव के साहूकार पर निर्भर रहना पड़ता है और वह उसी के चंगुल में फँसा रहने के कारण अपनी उपज का मूल्य प्राप्त करने में असफल रहता है।

4. कृषकों में संगठन का अभाव—अपनी उपज को बेचने व उचित मूल्य प्राप करने के लिए कृषकों का कोई संगठन नहीं है। दूसरी ओर क्रेता व्यापारिक लेन-देन में दक्ष और संगठित होते हैं।

5. यातायात व संचार सुविधाओं का अभाव—देश में अधिकांश ग्रामीण क्षेत्रों में यातायात व संचार के साधन अभी भी अविकसित हैं, जिससे कृषक को बाजार मूल्यों का ज्ञान नहीं होता तथा वह अपनी उपज को उन स्थानों पर नहीं ले जा सकता, जहाँ उसे उचित मूल्य प्राप्त हों।

6. उत्पत्ति की ग्रेडिंग एवं प्रमापीकरण का अभाव—भारत में उपज के श्रेणीकरण, ग्रेडिंग तथा प्रमापीकरण का नितान्त अभाव है, अत: फसल का उचित मूल्य प्राप्त नहीं होता। सरकार द्वारा क्रय किये जाने वाली कृषि उपज की ग्रेड व नमूना तथा श्रेणी वैज्ञानिक नहीं होती।

7. भण्डारण व्यवस्थाओं का अभाव—ग्रामीण क्षेत्रों में भण्डारण की उचित व्यवस्था के अभाव में बहुत-सी उपज दीमक, चूहों, घुन, नमी, वर्षा, अग्नि आदि के कारण नष्ट हो जाती है। उचित भण्डारण व्यवस्था के अभाव में कृषक को अपनी उपज किसी को भी तथा निम्न मूल्य पर बेचने के लिए विवश होना पड़ता है।

8. चुंगी—कृषक यदि अपनी उपज अन्य स्थानों पर ले जाते हैं, तो रास्ते में पड़ने वाली चुंगी चौकियों पर उन्हें अनावश्यक रूप से तंग किया जाता है। चुंगी अधिकारी कृषक से घण्टों प्रतीक्षा करवाते हैं और उन्हें अधिक चुंगी देने के लिए विवध करते हैं।

9. बिचौलियों तथा मध्यस्थों का बाहुल्य—भारत में कृषि विपणन की कडी में दलालों, गुमाश्तों, महाजन, आढतिया, कमीशन एजेन्ट, थोक विक्रेता, फुटकर विक्रेता आदि मध्यस्थों का बाहुल्य है, जिनके हथकण्डों के कारण कृषकों को अपनी उपज का उचित मूल्य नहीं मिल पाता।

10. मण्डियों में प्रचलित कपटपूर्ण पद्धतियाँ—देश की अधिकांश मण्डियाँ न तो संगठित हैं और न ही नियमों द्वारा नियंत्रित हैं। माप-तौल के बाट अप्रामाणित होते हैं। कृषक से अनेक प्रकार के व्यय भी वसूल किये जाते हैं, जैसे—प्याऊ, धर्मादा, तुलाई, नमूने आदि।

11. अन्य—भारतीय कृषकों में व्याप्त अशिक्षा, सामाजिक रूढ़िवादिता (जो उन्हें ऋणग्रस्त बना देती है), बाजार भावों एवं मण्डियों के नियमों के बारे में अनभिज्ञता, सरकारी सुविधाओं का लाभ न उठाने की प्रवृत्ति आदि के कारण भी भारत में कृषि पदार्थों के विपणन की समस्या जटिल हो गई है।

कृषि विपणन की व्यवस्था में सुधार के लिए सरकार द्वारा किये गये उपाय

कृषि विपणन की व्यवस्था में सुधार के लिये सरकार द्वारा निम्न प्रयास किये गये हैं—

1. नियंत्रित मण्डियों का विस्तार—सरकार ने कृषि विपणन की व्यवस्था में सुधार के लिए नियंत्रित मण्डियों की स्थापना व उनके विस्तार को बल दिया। इससे कृषि उपज विपणन में अवांछित परम्पराओं व धोखाखडी की प्रवृत्तियों पर रोक लगेगी। अब सम्पूर्ण देश में नियंत्रित बाजार व्यवस्था लागू हो चुकी है। समस्त भारत में नियंत्रित मण्डियों की संख्या 7000 से अधिक है।

2. माल गोदामों की व्यवस्था—बिक्री योग्य कृषि उपज को उचित समयपर बाजार में बेचने तक माल गोदामों में सुरक्षित रखने हेतु केन्द्र व राज्य सरकारों ने माल गोदामों की व्यवस्था करायी है। इस हेतु 1954 में केन्द्र सरकार ने राष्ट्रीय सहकारी कृषि एवं गोदाम मण्डल कीर स्थापना की। 31 मार्च, 1994 के अन्त तक देश में 3124 कोल्ड स्टोर लाइसेन्सशुदा थे जिनकी क्षमता 81.7 लाख टन थी।

3. परिवहन एवं यातायात का विकास—कृषि उपज के विपणन में परिवहन एवं यातायात के साधनों के अभाव के कारण भी समस्या रहती थी। इसके लिए सरकार ने पिछले वर्षों में इन साधनों का तीव्र गति से विकास किया है। अब कोई भी गांव पक्की पड़क से 8-10 मील से दूर नहीं है। वर्तमान में रेलों की लम्बाई बढ़कर लगभग 63 हजार कि.मी. तथा माल ढोने की क्षमता लगभग 45 करोड़ टन हो गई है। पक्की पड़कों की लम्बाई भी लगभग 14 लाख कि.मी. हो गई है।

4. मूल्य एवं बाजार संबंधी सूचनाओं का प्रसारण—कृषि उपज के मूल्य एवं बाजार संबंधी सूचनाओं के प्रसारण को बढ़ावा दिया गया है। रेडियो पर इनकाप्रसारण किया जाता है तथा अखबारों में भी प्रमुख मण्डियों में प्रचलित भावों को छापा जाता है।

5. न्यूनतम गारण्टी मूल्य—कृषकों को भावों में होने वाले उतार-चढावों से सुरक्षा व प्रेरणा प्रदान करने, उन्हें अपनी उपज का उचित मूल्य दिलाने तथा उपभोक्ताओं को भी उचित मूल्यों पर कृषि पदार्थ उपलब्ध करने के उद्देश्यों से कृषि मूल्य आयोग द्वारा न्यूनतम गारण्टी मूल्यों की घोषणा की जाती है।

6. सहकारी कृषि विपणन व्यवस्था को बढ़ावा—सरकार ने सहकारी कृषि विपणन व्यवस्था को बढ़ावा दिया है। 1950-51 में सहकारी कृषि विपणन समितियों

द्वारा 47 करोड़ रु. मूल्य की बिक्री की गई थी जो 1980-81 में बढ़कर 1950 करोड़ रु. मूल्य की हो गई। 1991-92 में यह 6503 करोड़ रु. हो गई।

7. विपणन व निरीक्षण निदेशालय—भारत सरकार ने देश में कृषि उपज विपणन संबंधी समस्याओं का अध्ययन करने तथा महत्वपूर्ण कृषि पदार्थों के बाजार का सर्वेक्षण व अन्वेषण करने के लिए विपणन व निरीक्षण निदेशलय की स्थापना की है। 1987 के बाद इस निदेशालय ने 80 वस्तुओं से संबंधित प्रतिवेदन प्रकाशित किये हैं। यह निदेशालय 'कृषि विपणन' नामक एक त्रैमासिक पत्रिका भी प्रकाशित करता है।

8. प्रमाणित माप-तौल की व्यवस्था—अप्रैल, 1958 से पूर्व देश में विभिन्न प्रकार के बाट-तौल प्रचलित थे जिनमें धोखाधडी की संभावना बनी रहती थी। 1 अप्रैल, 1958 से देश में नापतौल की मीट्रिक (किलोग्राम, क्विंटल) प्रणाली लागू कर दी गयी। मूल्य की गणना को सरल बनाने के लिए दशमलव मुद्रा प्रणाली लागू की गई।

9. प्रयोग एवं अनुसन्धान इकाइयों की स्थापना—कृषि उपजों के श्रेणीकरण व प्रमापीकरण के लिए देश में अनेक प्रयोगशालाओं एवं इकाइयों की स्थापना की गई है। वर्तमान में देश में लगभग 1000 श्रेणीकरण इकाइयां तथा 22 क्षेत्रीय एगमार्क प्रयोगशालाएँ कार्यरत हैं।

10. कृषि उपज का श्रेणीकरण व चिह्नांकन—अच्छी गुणवत्ता की वस्तुओं को बढ़ावा देने के लिए कृषि उपज का श्रेणीकरण व चिन्हांकन किया जाता है। इससे कृषि उपज के विपणन में सहायता मिलती है। सरकार द्वारा अब तक लगभग 163 वस्तुओं की 325 किस्मों के वर्ग निर्धारित किये जा चुके हैं। लगभग 750 ग्रेडिंग इकाइयाँ स्थापित की गई हैं जो अनेक वस्तुओं का श्रेणीकरण करती हैं।

इस प्रकार उपर्युक्त विवेचन से स्पष्ट है कि कृषि विपणन की व्यवस्था में सुधार के लिए सरकार द्वारा अनेक उपाय किये गये हैं।

कृषि विपणन में सुधार के सुझाव (Suggestions ot improve the Agricultural Marketing)—भारत में कृषि विपणन के सुधार के संबंध में निम्नलिखित सुझाव उपयोगी हो सकते हैं—

1. कृषक को महाजन के चंगुल से छुडाने हेतु सरकार द्वारा बैंकों, सहकारी समितियों आदि द्वारा कम ब्याज दर पर पर्याप्त वित्तीय सुविधायें प्रदान की जानी चाहिए।

2. यातायात व संचार व्यवस्थ को ग्रामीण क्षेत्रों में तीव्र गति से विकसित किया जाना चाहिए।

3. सुसंगठित, व्यवस्थित तथा नियमित मण्डियों का विकास होना चाहिए।

4. मण्डियों के भावों का रेडियो, समाचार-पत्रों आदि द्वारा कुशल प्रसारण होना चाहिए।

5. श्रेणीकरण व प्रमापीकरण को वैज्ञानिक बनाना चाहिए।

6. माप-तौल का प्रमापीकरण किया जाना चाहिए।

7. कृषि-क्षेत्र में सहकारी विक्रय व्यवस्था को प्रोत्साहित किया जाना चाहिए।

8. कृषकों में शिक्षा प्रसार किया जाना चाहिए।

9. ग्रामीण क्षेत्रों में व्याप्त धार्मिक व सामाजिक कुरीतियों को दूर करने का प्रयास किया जाना चाहिए, जिससे कृषक ऋणग्रस्त न हों।

10. कृषि विपणन संबंधी प्रशिक्षण की व्यवस्था की जानी चाहिए।

11. बाजार शोध एवं सर्वेक्षण पर विशेष ध्यान दिया जाना चहिए।

12. शीत भण्डारों की व्यवस्था का विस्तार होना चाहिए।

13. कृषि मूल्य-आयोग को और अधिक कुशल बनाना चाहिए।

कृषि विपणन का भारातीय अर्थव्यवस्था में महत्व बढ़ता जा रहा है। यदि इसकी उचित व्यवस्था न की गई तो देश की समूची अर्थव्यवस्था पर बुरा प्रभाव पड़ेगा। कृषि विपणन की कुशल व्यवस्था कृषि, उद्योगों, पूँजीनिर्माण, आयात प्रतिस्थापन, निर्यात संवर्धन, रोजगार वृद्धि, परिवहन व संचार के साधन आदि के लिए बहुत सहायक होगी। इससे कृषिक विपणन की प्रगति देश के औद्योगिक विकास को भी लाभान्वित करेगी। खाद्यान्न तथा अन्य फसलों के उत्पादन को चाहे जितना बढ़ा दिया जाए, किन्तु यदि इनको कृषक से उपभोक्ता तक उचित मूल्यों पर पहुँचाने की व्यवस्था न होगी, तो उत्पादनवृद्धि व्यर्थ रहेगी।

विभिन्न राज्यों में गत वर्षों में कृषि पदार्थों के वसूली मूल्य (Procurement Prices) तथा न्यूनतम समर्थन मूल्य (Minimum Support Prices) को बढ़ाने तथा कृषि इन्पुट्स के मूल्यों को कम करने के लिए समय-समय पर किसान आन्दोलन किये गये हैं। वर्तमान में भारतीय अर्थव्यवस्था में कृषिगत पदार्थों एवं इन्पुट्स की कीमतें

राजनीति से जुड गयी है। कृषिगत पदार्थों के वसूली मूल्य तथा न्यूनतम समर्थन मूल्य वे मूल्य होते हैं जिन पर सरकार किसानों से उनके उत्पाद क्रय करती है अथवा बाजार में बिक्री के लिए उनकी कीमतें निर्धारित करती है। सरकार के द्वारा इन कीमतों के निर्धारित करने का मूल उद्देश्य यह होता है कि भारतीय कृषकों को उनके उत्पादों का उचित मूल्य मिले, उनका किसी धनी वर्ग के द्वाराशोषण न हो और वे अधिक से अधिक लाभान्वित हों। ये मूल्य सरकार द्वारा निर्धारित मूल्य होते हैं जिन्हें साधारण बोलचाल की भाषा में सरकारी मूल्य भी कहा जाता है। इनसे कम मूल्य पर किसान अपनी फसल को किसी भी दबाव में आकर बेचने को तैयार नहीं होते हैं। इसके साथ ही, किसान इन मूल्यों पर अपनी फसल को बेचने के लिए सरकार को मना भी नहीं कर सकता है।

जैसाकि ऊपर बताया गया है कि भारत में पिछले वर्षों में विभिन्न राज्यों में किसान आन्दोलन किये गये हैं। इन आन्दोलनों में कृषिगत पदार्थों के मूल्यों को ऊँचा करने तथा कृषिगत इन्पुट्स की कीमतों को कम करवाने के प्रयास समय-समय पर किये गये हैं जिसके कारण सरकार के सामने कृषिगत पदार्थों के मूल्य निर्धारण की समस्या उत्पन्न हुई है जिसपर सही एवं उचित ढंग से चिार किया जाना चाहिए जिससे कृषकों व उपभोक्ताओं के हितों की रक्षा की जा सके। 1980 में महाराष्ट्र में किसानों ने गन्ना व प्याज का मूल्य बढ़ाने के लिए आन्दोलन किया था। गुजरात व तमिलनाडु में बिजली की दर को कम करने तथा कपास व तिलहन के मूल्यों को ऊँचा करने की माँग की गयी थी। कर्नाटक में किसानों ने सुधार लेवी को कम करने की बात कही थी। केरल राज्य में खेती से जुड़े हुए श्रमिकों ने अपनी मजदूरी बढ़ाने की बात कही थी। केरल राज्य में खेती से जुड़े हुए श्रमिकों ने अपनी मजदूरी बढ़ाने की बात कही थी तथा पंजाब व हरियाणा राज्यों में डीजल की दर को कम करने तथा कृषि फसलों-गेहूँ, चावल, गन्ना व तिलहन की कीमतों को बढ़ाने की माँग रखी गयी थी। भारत में समय-समय पर गत वर्षों में जितने आन्दोलन हुए हैं उनमें किसानों ने यही तर्क रखा कि कृषिगत इन्पुट्स की कीमतों में वृद्धि होने के कारण कृषि फसलें उन्हें काफी महंगी पड़ती हैं। अतः कृषिगत फसलों की कीमतों में वृद्धि की जानी चाहिए। उन्होंने साथ ही, यह तर्क भी दिया कि खेतीहर श्रमिों की मजदूरी काफी कम है, यह मजदूरी की दर काफी लम्बे समयसे यथा स्थिर चली आ रही है। इसलिए उन्होने इस मजदूरी की दर को जीवन सूचकांक से जोड़ने की बात कही है जिससे इन खेतिहर श्रमिकों का भी जीवन-स्तर ऊंचा उठ सके और वे भी अन्य कर्मचारियों के समान महंगाई का सामना कर सकें।

कृषिगत पदार्थों के मूल्य निर्धारण का महत्त्व/आवश्यकता

अब हम यह देखेंगे कि देश में विभिन्न. कृषिगत पदार्थों के मूल्य जो सरकार के द्वारा निर्धारित किये जाते हैं उनका क्या महत्त्व है? क्या इस प्रकार के मूल्य निर्धारण से कृषकों की आर्थिक स्थिति, उत्पादन व उनके उत्पादों की बिक्री की वसूली पर कोई प्रभाव पड़ता है? भारत के संदर्भ में इस प्रश्न के उत्तर में यह कहा जाता है कि इस प्रकार के मूल्य निर्धारण का कृषिगत पदार्थों के उत्पादन पर कोई अनुकूल प्रभाव नहीं पड़ता है। गत वर्षों में तिलहन व दालों के मूल्यों में वृद्धि होने के बावजूद इनके उत्पाद में वृद्धि संभव नहीं हो सकी, लेकिन गेहूँ के मूल्य बढ़ने के कारण गेहूँ का उत्पादन अवश्य बढ़ा है। इस प्रकार किसी फसल की कीमत बढ़ने पर यह आवश्यक नहीं है कि उसका उत्पादन भी बढे, कीमत बढ़ने पर उत्पादन बढ़ भी सकता है और नहीं भी।

इस प्रकार स्पष्ट है कि कृषिगत उत्पादों के उत्पादन पर बढ़ती हुई कीमतों का कोई विशेष प्रभाव नहीं पड़ता है, लेकिन मूल्य निर्धारण नीतियों का अन्य कई दृष्टि से काफी महत्व होता है। उदाहरण के लिए, उत्पादकों को अधिक से अधिक उत्पादन के लिए प्रेरित करने के लिए तथा उपभोक्ताओं के व्यक्तिगत हितों की रक्ष करने के लिए कृषिगत मूल्य नीति देश की सम्पूर्ण आवश्यकताओं को मध्यनजर रखकर देश हित में एक सन्तुलित एवं समन्वित मूल्य ढाँचा प्रस्तुत करना चाहती है। जो उत्पादकों एवं उपभोक्ताओं दोनों के लिए हितकर हो। इस नीति के तहत सरकार देश में प्रत्येक वर्ष विभिन्न मौसम में प्रमुख कृषिगत पदार्थों के लिए समर्थन मूल्य अथवा वसूली मूल्य घोषित करती है तथा विभिन्न सहकारी एवं सार्वजनिक प्रतिष्ठानों के माध्यम से (उदाहरण के लिए राष्ट्रीय कृषि सहकारी विपणन संघ, भारतीय चाय निगम, भारतीय जूट निगम, भारतीय तम्बाकू बोर्ड, भारतीय कपास निगम, भारतीय खाद्य निगम तथा विभिन्न राज्य सरकारों के अन्य प्रतिष्ठान) कृषिगत उत्पादों को उचित मूल्य पर खरीदवाने की व्यवस्था करती है।

17

ग्रामीण विकास में कुटीर एवं लघु उद्योग

प्रत्येक उद्योग को चलाने के लिए चाहे वह कुटीर उद्योग हो या लघु उद्योग हो या किसी बड़े पैमाने का उद्योग हो, या लघु उद्योग हो या किसी बड़े पैमाने का उद्योग हो, वित्त की आवश्यकता होती है। उसी को हम औद्योगिक वित्त कहते हैं। आधुनिक उद्योगों में तो बड़ी मात्रा में पूँजी का विनियोग करना पड़ता है। प्रत्येक उद्योग को चलाने के लिए चल और चल दोनों प्रकार की पूँजी की आवश्यकता होती है। सबसे पहले तो उद्योग स्थापित करने की योजना बनाने, उसकी संभावनाओं की खोज करने की औपचारिकताओं को पूरा करने के लिए वित्त की आवश्यकता पड़ती है। इसके बाद उद्योग के लिए स्थायी सम्पत्ति, जैसे—भूमि, यन्त्र आदि खरीदने पड़ते हैं जिसके लिए धन की आवश्यकता पड़ती है। फिर उद्योग चलाने के लिए कच्चा माल खरीदने, मजदूरी, वेतन, किराया और अन्य प्रकार के खर्चे पूरा करने के लिए धन की आवश्यकता होती है। कोई भी उद्योगपति अपने उद्योग का विस्तार एवं विकास करना ही चाहेगा। वह उसकी वर्तमान स्थिति से सन्तुष्ट नहीं रह सकता, अतः उसके

लिए भी वित्त की आवश्यकता पड़ेगी। भारत वर्ष में कुटीर एवं लघु उद्योगों की समस्याओं के समाधान हेतु सरकार ने अनेक उपाय किये हैं। सरकार द्वारा कुटीर एवं लघु उद्योगों के विकास के लिए किये गये उपायों को निम्नलिखित बिन्दुओं के अन्तर्गत स्पष्ट किया गया है—

1. संगठनात्मक उपाय—कुटीर एवं लघु उद्योगों की समस्याओं एवं समाधान तथा विकास के लिए अनेक संगठनों की स्थापना की गई है, जैसे—कुटीर उद्योग बोर्ड, अखिल भारतीय हाथकरघा बोर्ड, अखिल भारतीय हस्तशिल्प बोर्ड, खादी व ग्रामीण उद्योग आयोग केन्द्रीय सिल्क बोर्ड, कोयर बोर्ड, जिला उद्योग केन्द्र, लघु उद्योग विकास संगठन, राष्ट्रीय लघु उद्योग निगम आदि। संगठनों द्वारा लघु क्षेत्र के उद्योगों को सहायता प्रदान की जाती है।

2. संस्थागत वित्त सहायता—कुटीर एवं लघु उद्योगों को रियायती दर पर वित्तीय सहायता उपलब्ध कराने हेतु अनेक संस्थाओं का गठन किया गया है। सरकार ने लघु क्षेत्रों के उद्योगों को ऊँची प्राथमिकता का क्षेत्र घोषित किया है ताकि वित्तीय संस्थाएँ इस क्षेत्र में अधिकाधिक वित्तीय सुविधाएँ जुटाएँ। कार्यशील पूँजी तथा अवधि ऋणों की व्यवस्था हेतु सहकारी बैंक, वाणिज्य बैंक, क्षेत्रीय ग्रामीण बैंक, राज्य वित्त निगम, लघु उद्योग विकास कोष आदि संस्थाएँ पूँजी की व्यवस्था करती है। रिवर्ज बैंक भी लघु क्षेत्र के लिए गारण्टी योजना के अन्तर्गत वित्तीय सहायतस प्रदान करती है। यथा—

(i) **सरकार** प्रतिवर्ष लघु व कुटीर उद्योगों की राजकीय सहायता अधिनियम के अन्तर्गत लगभग 250 से 300 करोड़ रु. के ऋण प्रदान करती है।

(ii) **राज्य वित्त निगम** ने भी लघु व कुटीर उद्योगों को वित्तीय सहायता प्रदान करते हैं। वर्ष 2000–01 में इन निगमों ने 2897.7 करोड़ रु. के ऋण स्वीकृत किये तथा 1980.6 करोड़ रु. के ऋण वितरित किये।

(iii) **स्टेट बैंक ऑफ इण्डिया** व उसके सहायका बैंकों ने पायलट योजना के तहत वर्ष 1990–91 के अन्त तक 10.5 लाख ईकाइयों को 10,000 करोड़ रु. के ऋण दिये।

(iv) **रिजर्व बैंक** 93 चुनी हुई ऋणदात्री संस्थाओं को उनके द्वारा लघु उद्योगों को दिये जाने वाले ऋण पुनः भुगतान की गारण्टी देता है।

(v) व्यापारिक बैंक भी इस हेतु ऋण देते हैं। मार्च, 2001 तक व्यापारिक बैंकों की ऋण-शेष राशि 55,925 करोड़ रु. थी।

(vi) इसके अतिरिक्त भारतीय लघु उद्योग विकास बैंक भी इन उद्योगों को ऋण सुविधाएँ देता है।

3. विक्रय संबंधी सुविधाएँ—कुटीर एवं लघु उद्योगों को बिक्री के लिए सरकार द्वारा कुछ सुविधाएँ उपलब्ध की गई हैं। देश व विदेश में विक्रय प्रोत्साहन के लिए प्रदर्शनियों का आयोजन किया जाता है। लघु उद्योगों के लिए बिक्री केन्द्र खोले गये हैं। निर्यात विकास परिषदों की स्थापना की गई है। कुटीर एवं लघु उद्योगों द्वारा निर्मित वस्तुओं के लिए विपणन हेतु प्रबन्ध किये गये हैं तथा 400 से अधिक वस्तुओं को सरकारी खरीद के लिए निर्धारित कर दिया है। इनके द्वारा निर्मित पदार्थों के खरीद संबंधी नियमों में शिथिलता प्रदान की गई है।

4. तकनीकी कौशल एवं दक्षता विकास—लघु क्षेत्र के उद्योगों में तकनीकी विकास एवं दस्तकारों की कुशलता में अभिवृद्धि के लिए सरकार द्वारा सरकारी एवं गैर-सरकारी संगठनों के माध्यम से उद्यमिता विकास प्रशिक्षण, तकनीकी प्रशिक्षण दिये जाने की व्यवस्था की गई है। केन्द्रीय लघु उद्योग विकास संगठन तथा चार प्रादेशिक लघु सेवा संस्थान स्थापित किये गये हैं।

5. अन्य उपाय—कुटीर एवं लघु उद्योगों के विकास के लिए सरकार द्वारा इनके लिए कच्चा माल उपलब्ध कराने के लिए प्रयास किये गये हैं। उत्पादन शुल्क में छूट दी गई है। उद्योगों को किस्तों पर मशीनरी दिलवाने की व्यवस्था की गई है। बड़े उद्योगों की प्रतियोगिता से बचाने के लिए कुटीर एवं लघु उद्योगों को सरकारी नीति के तहत संरक्षण दिया गया है। औद्योगिक सहकारी समितियों की स्थापना कर इन उद्योगों को लाभ पहुँचाया गया है।

6. वर्ष 1999-2000 में लघु उद्योग क्षेत्र के लिए नए नीतिगत उपाय—वर्ष 1999-2000 में लघु उद्योग क्षेत्र के विकास के लिए सरकार ने निम्न नीतिगत उपाय किये हैं—

(i) बैंकों को पर्याप्त सुरक्षा प्रदान करने तथा लघु उद्योग इकाइयों विशेषकर निर्यातोन्मुख तथा लघु इकाइयों को निवेश ऋण के प्रवाह में सुधार लाने हेतु बजट (1999-2000) में नई ऋण बीमा स्कीम की घोषणा की गयी।

(ii) बैंकों द्वारा लघु उद्योगों इकाइयों के लिए कार्यकारी पूँजी की सीमा उनके वार्षिक कारोबार के 20 प्रतिशत के आधार पर निर्धारित की जाती है। इस प्रयोजनार्थ कारोबार की सीमा 4 करोड़ रुपए से बढ़ाकर 5 करोड़ कर दी गई है।

(iii) बैंकों की लघु क्षेत्र तक पहुँच बढ़ाने, लघु क्षेत्र को ऋण देने के प्रयोजनार्थ गैर-बैंकिंग वित्तीय कम्पनियों (एन.बी.एफ.सी.) अथवा अन्य वित्तीय मध्यस्थों को बैंकों द्वारा ऋण देने को बैंकों के ऋण देने के प्राथमिकता के क्षेत्र की परिभाषा में शामिल कर लिया गया है।

(iv) लघु उद्योग इकाइयों को दी गई उत्पाद शुल्क से छूट की सुविधा उन वस्तुओं को भी मिलेगी जिनका ब्रांड गारंटी क्षेत्रों में स्थित दूसरे विनिर्माता का है।

(v) ग्रामीण औद्योगीकरण हेतु एक राष्ट्रीय कार्यक्रम की घोषणा की गई है, जिसका लक्ष्य प्रत्येक वर्ष ऐसे 100 ग्रामीण समूहों की स्थापना करना होगा जो ग्रामीण औद्योगिकीकरण को बढ़ावा दे सकें।

(vi) विश्व व्यापार संगठन (डब्ल्यू.टी.ओ.) के संबंध में अद्यतन विकास का समन्वय करने हेतु डी.सी. (लघु उद्योग) के कार्यालय में एक सेल की स्थापना की गई है जो हाल की गतिविधियों के संबंध में लघु उद्योग संघों और एस.एम.ई. इकाइयों की सूचना दे सके, विश्व व्यापार संगठन करारों के अनुरूप लघु उद्योगों के लिए नीतियाँ तैयार करे तथा विश्व व्यापार संगठन से संबंधित महत्वपूर्ण सेमिनारों तथा कार्यशालाओं का आयोजन कर कसे।

(vii) सूती धागों को लघु उद्योग की सामान्य उत्पाद शुल्क से छूट स्कीम में शामिल कर लिया गया है।

(viii) लघु तथा सहायक उपक्रमों के लिए निवेश सीमा को मौजूदा 3 करोड़ रुपए से घटाकर एक करोड़ रुपए कर दिया गया है।

7. अगस्त, 2000 में अनेक रियायतों की घोषणा—प्रधानमंत्री अटल बिहारी वाजपेयी ने **30 अगस्त, 2000** को लघु उद्योगों को बढ़ावा देने के लिए एक मुश्त पैकेज की घोषणा की। इस पैकेज में लघु उद्योगों के लिए अनेक रियायतों की घोषणा की गयी। प्रमुख रियायतें इस प्रकार हैं—

(i) उत्पाद शुल्क में छूट की सीमा 50 लाख रु. से बढ़ाकर 1 करोड़ रु. कर दी गयी है।

(ii) सावधि ऋण और कार्यशील पूँजी (कंपोजिट लोन) की सीमा 10 लाख रु. से बढ़ाकर 25 लाख कर दी गयी है।

(iii) लघु क्षेत्र की इकाइयों में तकनीकी विकास के लिए लगायी गयी पूँजी की 12 प्रतिशत सब्सिड़ी देने की घोषणा की गयी है।

(iv) 10 लाख रु. तक के कारोबार वाली लघु क्षेत्र की सेवा इकाइयों को प्राथमिकता के आधार पर ऋण पाने वाली श्रेणी में शामिल किया गया है।

(v) लघु क्षेत्र में गुणवत्ता को प्रोत्साहित करने के लिए आई.एस.ओ. 9000 सर्टिफिकेट पाने वाली इकाइयों को 75,000 रुपये की अनुदान योजना को छः साल के लिए और बढ़ा दिया है।

(vi) केन्द्र और राज्य सरकारों द्वारा संयुक्त रूप से हथकरघा क्षेत्र के लिए 447 करोड़ रु. की दीनदयाल हथकरघा प्रोत्साहन योजना लागू की जाएगी। इस योजना के तहत हथकरघा उद्योग या बुनकरों व कारीगरों को उद्योग-धंधा शुरू करने के लिए तकनीकी एवं आर्थिक सहायता उपलब्ध करायी जाएगी।

(vii) लघु उद्योगों को इंस्पैक्टर राज से मुक्त करने की सिफारिश के लिए एक समिति का गठन किया गया है।

8. लघु उद्योग क्षेत्र सम्वर्धन हेतु उठाये गए अन्य कदम—प्रधानमंत्री द्वारा 30 अगस्त, 2000 को घोषित लघु उद्योग क्षेत्र विकास की व्यापक नीतिगत पैकेज को मूर्तरूप देने के लिए निम्न उपाय किये गए हैं—

(i) लघु उद्योगों के लिए उत्पाद शुल्क छूट की सीमा 1 सितम्बर, 2000 से 50 लाख से बढ़ाकर 1 करोड़ रु. तक बढ़ा दी गई है।

(ii) लघु उद्योगों को दिये जाने वाले ऋणों के सुधार के लिए मिश्रित ऋण-स्कीम की सीमा 25 लाख रु. तक बढ़ा दी गई है, 5 लाख रु. तक के ऋणों के लिए समानान्तर जमानत की अपेक्षा समाप्त कर दी गई है, लघु-उद्योगों के लिए ऋण-गारण्टी फण्ड स्कीम चालू की गई है, प्रौद्योगिकी उन्नयन ऋण सम्बद्ध पूँजीगत आर्थिक सहायता स्कीम 20 सितम्बर, 2000 से लागू की गई है, लघु सेवाओं और व्यापार उद्यमों के लिए निवेश सीमा 5 लाख रु. से बढ़ाकर 10 लाख रु. कर दी गई है तथा सिले-सिलाये वस्त्रों पर से प्रतिबन्ध हटाये जा रहे हैं।

9. वर्ष 2001-02 में लघु उद्योग क्षेत्र में घटित गतिविधियाँ—अगस्त, 2000 में घोषित व्यापक नीतिगत पैकेज के अनुसरण में वर्ष 2001-02 के दौरान लघु उद्योग क्षेत्र में निम्नलिखित गतिविधियाँ सम्पन्न हुईं—

1. हौजरी तथा हस्त उपकरण उपक्षेत्रों में स्थापित इकाइयों के लिए निवेश सीमा को 1 करोड़ रुपये से बढ़ाकर 5 करोड़ रु. कर दिया गया।
2. ऋण गारंटी निधि योजना के तहत स्थापित संचित निधि को 125 करोड़ रुपये से बढ़ाकर 200 करोड़ रुपये कर दिया गया।
3. 22.88 करोड़ रुपये के समग्र ऋण की तुलना में ऋण गारंटी दिसम्बर, 2001 के अन्त तक उपलब्ध कराई गई।
4. चमड़े के सामान, जूतों तथा खिलौनों से संबंधित 14 मदों को 29 जून, 2001 से अनारक्षित कर दिया गया है।
5. बाजार विकास सहायता योजना नामक एक नई योजना पूर्ण रूप से लघु उद्योग क्षेत्र के लिए प्रारंभ की गयी।
6. समूह विकास कार्यक्रम के तहत 4 'यूनिडो' सहायता प्राप्त परियोजनाओं को वर्ष के दौरान प्रारंभ किया गया।

उद्योग साधारणतया दो प्रकार के होते हैं—(i) बड़े पैमाने के उद्योग और (ii) छोटे पैमाने के उद्योग। जिन उद्योगों में भूमि, श्रम, पूँजी, प्रबन्ध आदि बड़े पैमाने पर प्रयोग किये जाते हैं, वे बड़े पैमाने के उद्योग कहलाते हैं एवं जिन उद्योगों में भूमि, श्रम, पूँजी, प्रबन्ध आदि का आकार अपेक्षाकृत छोटा होता है, वे छोटे पैमाने के उद्योग कहे जाते हैं। छोटे पैमाने के उद्योगों को वर्गीकरण फिर दो प्रकार से कर दिया जाता है—(i) कुटीर उद्योग और (ii) छोटे पैमाने के उद्योग। भारतीय परिस्थितियों में कुटीर उद्योगों और छोटे पैमाने के उद्योगों में अन्तर जानना आवश्यक है। दोनों प्रकार के उद्योगों को परिभाषित करके हम उनके बीच पाया जाने वाला अन्तर ज्ञात कर सकते हैं—

(i) कुटीर उद्योग—कुटीर उद्योग वे उद्योग हैं, जो एक ही परिवार के सदस्यों द्वारा एक ही छत के नीचे पूर्णत: या आंशिक रूप में चलाये जाते हैं। **राजकोषीय आयोग** के अनुसार, "कुटीर उद्योग वे हैं, जो पूर्णरूप से या मुख्यत: परिवार के सदस्यों की सहायता से ही पूर्ण या आंशिक व्यवसाय के रूप में चलाये जाते हैं।"

(ii) लघु उद्योग-राजकोषीय आयोग के अनुसार, "लघु उद्योग वे उद्योग हैं, जो मुख्यत: 10 या 15 श्रमिकों की सहायता से चलाये जाते हैं। इसमें लागत पूँजी पाँच लाख रुपये कम हो जाती है।" भारत सरकार ने अब श्रमिकों की संख्या पर ध्यान न देकर अपनी नवनी औद्योगिक नीति, 1980 के अनुसार लघु उद्योगों की परिभाषा

में विनियोजित पूँजी पर अधिक ध्यान दिया है। इस नीति के अनुसार 60 लाख रुपये से कम पूँजी विनियोग वाले उद्योगों को लघु उद्योग कहा जाता है। भारी मशीनरी वाले लघु उद्योगों में **यह सीमा 75 लाख रुपये रखी गयी है।** बहुत ही छोटे उद्योगों में यह पूँजी सीमा 5 लाख रुपये रखी गयी है।

1 मार्च, 1997 से आर्थिक सुधारों के अन्तर्गत लघु उद्योगों में संयंत्र एवं पूंजी विनियोग की सीमा 60 लाख रुपये तथा 75 लाख रुपये से बढ़ाकर 3 करोड़ रुपये भारत सरकार के द्वारा कर दी गयी है। ऐसे ही अति लघु इकाइयों (Tiny Units) **पूंजी विनियोग सीमा** भी 5 लाख रुपये से बढ़ाकर 25 लाख रुपनये कर दी गयी है। 17 फरवरी, 1999 को भारतीय केन्द्रीय मन्त्रिमण्डल ने लघु उद्योगों की पूँजी विनियोग सीमा को 3 करोड़ रुपये से घटकर 1 करोड़ रु. कर दिया जबड़क अति लघु इकाइयों की निवेश सीमा 25 लाख रु. ही रखी गयी है।

इन सबके साथ-साथ संचालन यन्त्रों का प्रयोग, पूँजी तथा बाजार के आधार पर भी कुटीर उद्योग और लघु उद्योग में अन्तर किया जा सकता है।

भारतीय अर्थव्यवस्था में लघु तथा कुटीर उद्योगों का महत्त्व

किसी भी देश की अर्थव्यवस्था में लघु तथा बड़े पैमाने के दोनों प्रकार के उद्योगों का विशेष महत्व होता है। भारत में तो प्राचीन काल से ही कुटीर व लघु उद्योगों का महत्वपूर्ण स्थान रहा है। भ्छारत अपने कारीगरों के कला-कौशल के लिए सारे विश्व में विख्यात था, परन्तु अंग्रेजों को भारत के गौरवपूर्ण कुटीर तथा लघु उद्योग अपनी आँखों में खटकने लगे, जिससे उन्होंने इन भारतीय उद्योगों को सभी प्रकार से तहस-नहस करने का सफल प्रयत्न किया। परन्तु इतनी अवनति होने के पश्चात् भी इन उद्योगों का अस्तित्व भारतीय अर्थव्यवस्था में आजभी कायम है। **महात्मा गाँधी** ने तो यहाँ तक कहा था, "भारत का उद्धार कुटीर उद्योगों के द्वारा ही हो सकता है।" इसी तरह के विचार **पं. नेहरू** ने इन शब्दों में व्यक्त किये थे, "भारत औद्योगिक राष्ट्र तभी बनेगा, जबड़क यहाँ लाखों की संख्या में छोटे-छोटे उद्योग हों।" **योजना आयोग** ने भी भारतीय अर्थव्यवस्था में इन कुटीर और लघु उद्योगों के महत्व को समझा है और इस प्रकार के उद्योगों का विकास एवं प्रयास करने के लिए अपनी योजनाओं में गंभीरता से विचार किया है। भारत के आर्थिक जीवन में निम्नलिखित कारणों से इस प्रकार के उद्योगों का महत्व अधिक है—

1. रोजगार—कुटीर तथा लघु उद्योग-धन्धे श्रम-बहुल होते हैं। भारतीय परिस्थितियों में जहाँ बेरोजगारी की समस्या एक भीषण रूप लिये खडी है, इस प्रकार

के उद्योग उस भीषणता को कम कर देंगे। 1951 में लघु एवं कुटीर उद्योगों में 61.4 लाख लोगों को रोगार प्राप्त था। अब लगभग 4.5 करोड़ व्यक्तियों को प्रत्यक्ष व अप्रत्यक्ष रोजगार मिला हुआ है। लघु उद्योगों में प्रत्यक्षरोजगार 2000-01 में 185.6 लाख होने का अनुमान है। 2001-02 के अन्त तक लघु उद्योगों में प्रत्यक्ष रूप से 7.5 करोड़ लोगों को रोजगार मिलने की संभावना है।

2. कम पूँजी और अधिक उत्पादन—कुटीर एवं लघु उद्योग पूँजीगत कम व श्रम प्रधान होते हैं और भारत में पूँजी निवेश की कमी के कारण ये उद्योग भारतीय परिस्थितियों मे श्रेयस्कर हैं। 1979-80 में लघु उद्योगों ने कुल 33,510 करोड़रु. का उत्पादन किया। वह बढ़कर 1990-91 में 1,78,699 करोड़ रु. हो गया। वर्ष 2000-01 में उनका उत्पादन 6,45,496 करोड़ मूल्य का रहा जो कुल औद्योगिक उत्पादन का लगभग 40% भाग है।

3. उत्पादन कार्य में कुशलता—छोटे पैमाने के उद्योगों में बड़े पैमाने के उद्योगों की अपेक्षा उत्पादन में कार्य-कुशलता अधिक होती है। इसका प्रमुख कारण छोटे पैमाने के उद्योगों की भली-भाँति देखभाल होने के कारण इनमें किसी प्रकार के नुकसान की गुंजाइश कम ही रहती है।

4. आय व सम्पत्ति का न्यायोचित वितरण—बड़े उद्योगों में उत्पादन लाभ का एक बहुत बड़ा हिस्सा एक पूँजीपति ही हडप जाता है, परन्तु कुटीर एवं लघु उद्योगों में उसी लाभ का अनेक उत्पादन इकाइयों में अधिक उचित रूप से वितरण हो जाता है।

5. विकेन्द्रित अर्थव्यवस्था—केन्द्रित अर्थव्यवस्था में शोषण की गुंजाइश अधिक रहती है, जो कि लोकतंत्र और समाजवाद के सिद्धान्तों के विरुद्ध है। कुटीर और लघु उद्योग-धन्धे अर्थव्यवस्था को विकेन्द्रित बनाये रखते हैं।

6. रोजगार की स्थिति व सुरक्षा—छोटे-छोटे उद्योगों में बेरोजगारी का प्रश्न कम ही आ पाता है। छोटे उद्योगों में कभी भी उत्पादन इतना नहीं होता कि किसी अवधि विशेष के लिए उद्योगों को बन्द करके श्रमिकों को बेरोजगार कर दिया जाए। इसलिए छोटे उद्योगों में रोजगार के स्थायित्व की सुरक्षा रहती है।

7. औद्योगिक शान्ति—बड़े-बड़े उद्योगों में मजदूरों और मिल-मालिकों के बीच संघर्ष के कारण जो औद्योगिक संघर्ष रहता है और अशान्ति रहती है, छोटे-छोटे उद्योगों में आपसी सद्भावना के कारण इस प्रकार की अशान्ति फैलने का अवसर नहीं आता। इसके अतिरिक्त और भी औद्योगिक समस्याओं का प्राय: लोप हो जाता है।

8. सैनिक महत्त्व—युद्ध के समय शत्रु बड़े उद्योगों को नष्ट करने का प्रयत्न करता है। यदि शत्रु हमारे देश पर युद्ध में बड़े उद्योगों पर बम आदि डालकर उनका विध्वंस करने में सफल हो गया, तो देश की अर्थव्यवस्था ही मिट्टी में मिल जायेगी। इसके विपरीत, लघु उद्योगों को नष्ट करना शत्रु के लिए एक दुष्कर कार्य है।

9. कलात्मक वस्तुओं का उत्पादन—कुटीर उद्योगों में अनेक कलात्मक वस्तुओं का उत्पादन होता है जिनका निर्यात करके देश को काफी विदेशी मुद्रा प्राप्त होती है और देश की अर्थव्यवस्था मजबूत होती है।

10. शीघ्र उत्पादन वृद्धि—छोटे-छोटे उद्योगों की स्थापना तथा उनमें उत्पादन शुरू करने में अधिक समय नहीं लगता। इनके विपरीत, बड़े पैमाने के उद्योगों की स्थापना तथा उनमें उत्पादन शुरू करने में वर्षों लग जाते हैं। छोटे-छोटे उद्योगों द्वारा शीघ्र ही उत्पादन में वृद्धि की जा सकती है।

11. देश की आत्म-निर्भरता—लघु उद्योग इस प्रकार का सामान उत्पादित करते हैं जिनको कि विदेशों को निर्यात किया जाता है। इस रूप में ये विदेशी मुद्रा की बचत करते हैं। लघु उद्योगों में उत्पादित सामान का निर्यात करके विदेशी मुद्रा कमाई जाती है।

12. उपभोक्ता वस्तुओं का उत्पादन—उपभोग्य वस्तुओं का उत्पादन विशेषकर कुटीर व छोटे उद्योगों में किया जाता है। इससे मुद्रास्फीति रोकने में सहायता मिलती है।

13. देश की सभ्यता व संस्कृति के अनुरूप—कुटीर उद्योगों में परस्पर सहयोग, सद्भावना, व भ्रातृत्व की भावना बनी रहती है जो कि भारत देश की सभ्यता व संस्कृति के अनुरूप है।

14. राष्ट्रीय आय और प्रति व्यक्ति आय में वृद्धि—कुटीर एवं लघु उद्योगों के विकास से अधिकाधिक लोगों को रोजगार मिलता है, जिससे प्रति व्यक्ति आय में वृद्धि होती है और उसी के फलस्वरूप राष्ट्रीय आय में भी वृद्धि होती है। किसान लोग भी अतिरिक्त समय में कुटीर उद्योगों से अपनी आय में वृद्धि कर सकते हैं।

15. विदेशी मुद्रा अर्जन—लघु उद्योग के निर्मित माल का विदेशों में निर्यात प्रतिवर्ष लगभग 58,500 करोड़ रुपये मूल्य का रहता है जिससे विदेशी विनिमय संकट में सहायता मिलती है। 2000-01 में इसका निर्यात 58,500 करोड़ रु. का रहा। निर्यातों में लघु उद्योगों का भाग लगभग 35% है।

लघु व कुटीर उद्योगों की समस्याएँ

भारत में लघु व कुटीर उद्योगों की प्रमुख समस्याएँ निम्न प्रकार हैं—

1. कच्चे माल की समस्या—भारत में लघु व कुटीर उद्योगों की प्रथम समस्या उन्हें कच्चे माल की प्राप्ति की समस्या है। सीमित साधन होने के कारण उन्हें पर्याप्त व अच्छा कच्चा माल उपलब्ध नहीं हो पाता है। इससे उन्हें बड़े उद्योगों के समक्ष टिके रहने में कठिनाई होती है।

2. आधुनिक यन्त्रों व औजारों का अभाव—भारत में लघु एवं कुटीर उद्योग आधुनिक यन्त्रों व औजारों के दाम ऊँचे होने के कारण उन्हें खरीदने में असमर्थ रहते हैं। इससे उनके उत्पादन में तीव्र वृद्धि नहीं हो पाती है।

3. बीमार इकाइयां—बीमार इकाइयां भी लघु एवं कुटीर उद्योगों की एक अन्य समस्या है। मार्च, 2001 के अन्त में लघु उद्योग क्षेत्र की लगभग 2.05 लाख इकाइयाँ रुग्ण थीं। इनमें बैंकों का 4506 करोड़ रु. फंसा था।

4. अशिक्षित कारीगर तथा तकनीकी लोचहीनता—लघु एवं कुटीर उद्योगों की एक अन्य समस्या कारीगरों की अशिक्षा व उनकी रूढिवादिता है। श्रमिकों का तकीनकी स्तर बहुत नीचा है। नवीन उत्पादन विधियों के प्रति उनका दृष्टिकोण रूढिवादी है। अत: उनमें तकनीकी लोचहीनता लघु एवं कुटीर उद्योगों के विकास में बाधक है।

5. उत्पादन का सीमित क्षेत्र—लघु एवं कुटीर उद्योगों का उत्पादन का क्षेत्र सीमित है।

6. वित्त संबंधी समस्या—लघु एवं कुटीर उद्योगों में कच्चे माल के क्रय, मशीनों, औजारों, कारखानों, गोदाम आदि के लिए वित्तीय साधनों की आवश्यकता होती है। मजदूरी के भुगतान के लिए भी धन की आवश्यकता रहती है। सीमित साधनों के फलस्वरूप इन्हें वित्त संबंधी समस्या का सामना करना पड़ता है।

7. ऊँची लागत—भारत में लघु एवं कुटीर उद्योगों की उत्पादन तकनीकें पुराने हैं। इनमें नवीन वैज्ञानिक पद्धति का प्रयोग बहुत सीमित है। इसमें उत्पादन लागत ऊँची आती है तथा उत्पादन का स्तर भी नीचा रहता है।

8. विपणन की समस्या—उत्पादन की ऊंची लागत, उत्पादन का नीचा स्तर, श्रमिकों की ऋणग्रस्तता, मध्यस्थों का बाहुल्य आदि के कारण कारीगरों को उत्पादन का उचित मूल्य नहीं मिल पाता है।

9. बड़े उद्योगों की प्रतिस्पर्द्धा—बड़े उद्योगों को अनेक प्रकार की आन्तरिक व बाह्य बचतें प्राप्त होती हैं जिससे उनकी उत्पादन लागत लघु व कुटीर उद्योगों से कम बैठती है। इससे लघु व कुटीर उद्योग प्रतिस्पर्द्धा में पिछड जाते हैं।

10. उपभोक्ताओं की अरुचि व संरक्षण का अभाव—उपभोक्ताओं की अरुचि व सरकारी संरक्षण के अभाव में इन्हें अपना अस्तित्व बनाये रखने में बड़ी कठिनाई का सामना करना पड़ता है।

11. कर भार—उत्पादन कर, बिक्री कर, आय कर, अनेक प्रकार के स्थानीय करों के कारण भी इनके सामने संकट उत्पन्न हुआ है।

औद्योगिक नीति की आलोचनाएँ

राष्ट्रीय मोर्चा सरकार ने 31 मई, 1990 को जो औद्योगिक नीति घोषित की वह कई दृष्टि से अर्थव्यवस्था के विकास के अनुकूल थी, लेकिन फिर भी निम्नलिखित आधारों पर उसकी आलोचना की जाती है—

1. असन्तुलित औद्योगिक विकास—इस औद्योगिक नीति में लघु एवं कृषि उद्योगों के विकास पर आवश्यकता से अधिक बल दिया गया, जबड़क दूसरे उद्योगों की उपेक्षा की गयी।

2. शिक्षण एवं प्रशिक्षण पर ध्यान नहीं—इस औद्योगिक नीति में रोजगार के अवसरों में वृद्धि की बात कही गयी, लेकिन अधिकारियों एवं कर्मचारियों के शिक्षण एवं प्रशिक्षण का कहीं भी जिक्र नहीं किया गया। ऐसी दशा में हम उनकी कार्यकुशलता और कुल उत्पादकता में वृद्धि लाने के लिए सोच भी नहीं सकते।

3. केन्द्रीय निवेश अनुदान का जिक्र नही—इस नीति में ग्रामीण एवं पिछड़े क्षेत्रों में कम लागत पर अधिक रोजगार के अवसर उपलब्ध करवाने के लिए लघु एवं कुटीर उद्योगों के लिए एक केन्द्रीय निवेश अनुदान योजना की बात कही गयी, लेकिन अनुदान की राशि की सीमा का कहीं पर भी जिक्र नहीं किया गया, इससे स्थिति अन्धकारमय बन गयी।

4. राजकोषीय रियायतों का खुलकर वर्णन नहीं—इस औद्योगिक नीति में लघु एवं कृषि उद्योगों को राजकोषीय रियायतें देने का प्रावधान रखा गया था, लेकिन इन रियायतों एवं छूटों का वर्णन खुलकर नहीं किया गया। यदि इनका वणऊन खुलकर किया जाता, तो और भी नये उद्यमी औद्योगिक क्षेत्र में प्रवेश कर सकते थे।

5. साख सुविधाओं में वृद्धि पर जोर नहीं—इस नीति में अनेक स्थानों पर यह कहा गया कि लघु एवं कृषि उद्योगों को साख सुविधाएँ उपलब्ध करवायी जाएंगी और पूर्व-निर्धारित उद्देश्यों को पूरा करने के प्रयत्न किये जाएँगे। लेकिन नई वित्तीय संस्थाओं की स्थापना की बात कहीं भी नहीं कही गयी।

6. बड़ी निवेश सीमा बेनामी इकाइयों को जन्म—इस औद्योगिक नीति में लघु उद्योगों को निवेश सीमा में वृद्धि से आशानुकूल लाभ नहीं मिल सकता। इससे बेनामी स्वामित्व के स्थान पर बेनामी उद्योग को पनपने का मौका मिलने की संभावना थी।

7. स्पष्ट दिशा-निर्देश का अभाव—इस औद्योगिक नीति के उद्देश्य तो बहुत आकर्षक थे, किन्तु क्या उत्पादन किया जाये और किनके लिए उत्पादन किया जाये? इसके संबंध में दिशा-निर्देश का अभाव था। सामाजिक प्राथमिकताओं के अनुसार उत्पादन लक्ष्यों की प्राप्ति हेतु विनियोग किस दिशा में किये जायें? न तो यह नीति आवश्यक वस्तुओं के उत्पादन को प्रोत्साहन देने में स्पष्ट थी और न धनिकों के उत्कृष्ट उपभोग की वस्तु को हतोत्साहित करने में।

8. नीति बहुत-कम राजनीति से प्रेरित—इस नीति में यद्यपि व्यावहारिक दृष्टिकोण अपनाया गया था, फिर भी यह सब-कुछ राजनीति से प्रेरित था।

9. उत्पादन वृद्धि एवं रोजगार बढ़ाने के लिए समयबद्ध कार्यक्रम का अभाव—यह केवल राजनीतिक नारा बनकर रह गया। योजनाबद्ध विकास के पिछले अनुभव इसके साक्षी हैं कि उत्पादन एवं रोजगार में आशानुकूल वृद्धि नहीं हो पाई।

निष्कर्ष—इन आलोचनाओं के बावजूद भी यह कहा जा सकता है कि यह औद्योगिक नीति बड़ी सामयिक व व्यावहारिक थी।

भारत सरकार की नवीन औद्योगिक एवं लाइसेंसिंग नीति, 1991 एवं उदारीकरण

स्वतंत्रता प्राप्ति से लेकर 1990 तक भारत सरकार के द्वारा जितनी भी औद्योगिक एवं लाइसेंसिंग नीतियाँ घोषित की गयी हैं वे देश में एक स्वस्थ औद्योगिक वातावरण को बनाने में असमर्थ रही हैं। 1990 में राष्ट्री मोर्चा सरकार के द्वारा भी भी औद्योगिक एवं लाइसेंसिंग नीति घोषित की गयी, लेकिन इस नीति को भी देश में पूरी सफलता प्राप्त नहीं हो सकी। इन समस्त नीतियों का प्रमुख उद्देश्य देश में समाजवादी साज की स्थापना करना था, जिसके लिए सार्वजनिक क्षेत्र की स्थापना पर बल दिया गया, लेकिन व्यवहार में ठीक इसके विपरीत हुआ और निजी क्षेत्र प्रबल होता गया, धन

के संकेंद्रण को प्रोत्साहन मिला और आज सम्पूर्ण भारत में निजीकरण (Privatisation) की बात जोर पकड़तीजा रही है। इन सभी बातों से प्रेरित होकर 24 जुलाई, 1991 को **उद्योग राज्यमंत्री श्री पी.जे. कुरियन** ने संसद में नवीन औद्योगिक एवं लाइसेंसिंग नीति की घोषणा की। इस नीति में औद्योगिकरण को और भी सरल एवं सुलभ बनाया गया है, इसलिए इसे खुली एवं उदार नीति की संज्ञा दी है। इस नीति का प्रमुख उद्देश्य उद्योगों पर लगे लाइसेंस प्रतिबन्धों, नियंत्रणों तथा तानाशाही जैसे वातावरण को समाप्त करना है जिससे देश में नया व्यावहारिक तथा उदार औद्योगिक वातावरण तैयार हो सके और स्वदेशी पूँजी के साथ-साथ विदेशी विनियोग को प्रोत्साहन मिल सके।

1991 की नवीन औद्योगिक एवं लाइसेंसिंग नीति की विशेषताएँ

24 जुलाई, 1991 को भारत सरकार द्वारा जो नवीन औद्योगिक एवं लाइसेंसिंग नीति घोषित की गयी, उसकी प्रमुख विशेषताएँ निम्नलिखित हैं—

1. लाइसेंसो से छुटकारा—इस नवीन औद्योगिक नीति में 18 बड़े उद्योगों को छोडकर शेष सभी उद्योगों को लाइसेंस से मुक्त कर दिया गया है। अब 18 उद्योगों, जो सुरक्षा व यौद्धिक महत्व के हैं के अलावा को अपनी स्थापना एवं विस्तार के लिए किसी भी प्रकार की सरकारी औपचारिकता पूरी करवाने की आवश्यकता नहीं है।

2. प्रत्यक्ष विदेशी विनियोग सीमा—भारत सरकार के द्वारा इस नवीन नीति में प्रत्यक्ष विदेशी विनियोग सीमा 40 प्रतिशत बढ़ाकर 51 प्रतिशत कर दी गयी है। वर्तमान में सरकार इस सीमा को बढ़ाकर 100 प्रतिशत तक करना चाहती है।

3. विदेशी विशेषज्ञों की सेवाओं का उदारतापूर्वक आयात—इस नीति में यह व्यवस्था करदी गयी है कि विदेशों से विशेषज्ञों की तकनीकी सेवाएँ खुलकर आयात की जाएंगी, उनमें उदारता का रुख अपनाया जाएगा, जिससे देश में प्रौद्योगिकी को बढ़ावा मिलेगा।

4. रुग्ण इकाइयों को औद्योगिक एवं पुनर्निर्माण निगम को सौंपना—इस नवीन औद्योगिक नीति के अनुसार बीमार औद्योगिक इकाइयों को पुनः जीवित करने के लिए औद्योगिक एवं पुनर्निर्माण निगम को सौंपा जाएगा और इससे विस्थापित श्रमिकों के हितों की रक्षा के लिए एक सामाजिक सुरक्षा कार्यक्रम प्रारंभ किया जाएगा।

5. एकाधिकार एवं प्रतिबन्धात्मक व्यापार के अन्तर्गत कम्पनियाँ—जो कम्पनियाँ अथवा व्यावसायिक इकाइयाँ MRTP के अन्तर्गत आती हैं उनकी प्रारंभिक सम्पत्ति सीमा समाप्त कर दी गयी है। ऐसा होने से इन कम्पनियों की स्थापना,विस्तार

और विलीनीकरण जैसे प्रतिबन्ध स्वतः ही समाप्त हो जाएंगे तथा भारत सरकार से इस संबंध में किसी भी प्रकार की स्वीकृति लेने की आवश्यकता महसूस नहीं होगी।

6. निजीकरण की प्रवृत्ति को प्रोत्साहन—इस नीति में सरकार सार्वजनिक क्षेत्र के उद्योगों में अपने विनियोग को कम करके जनता के विनियोग को बढ़ावा देगी। ऐसा करने से अर्थव्यवस्था में निजीकरण की भावना को प्रोत्साहन मिलेगा तथा सरकार अपना ध्यान दूसरे अल्पविकसित क्षेत्र की ओर लगावेगी।

7. आठ उद्योगों को सरकारी क्षेत्र में—इस नीति में आठ बड़े व राष्ट्रीय हित के उद्योगों को कडाई के साथ सरकारी क्षेत्र में रखा गया है। इन उद्योगों में निजी हस्तक्षेप कतई पसन्द नहीं है— (i) रेल परिवहन, (ii) गोला बारूद व युद्ध संबंधी सामान के उद्योग, (iii) कोयला व लिग्नाइट, (iv) खनिज तेल, (v) परमाणु शाक्ति उद्योग, (vi) लोहा अयस्क, मैंगनीज अयस्क, क्रोम अयस्क, जिप्सम, गन्धक, स्वर्ण व हीरे संबंधी उद्योग, (vii) ताम्बा, सीसा, जस्ता, टिन, मोलजिनम व लघुफ्रेम का खनन इत्यादि उद्योग, (viii) परमाणु शक्ति उत्पादन का नियंत्रण एवं उद्योग आदेश, 1953 की अनुसूची में विनिर्दिष्ट खनिज संबंधी उद्योग।

8. 18 उद्योगों के लिए अनिवार्य लाइसेंस प्रणाली—इस नवीन औद्योगिक नीति के अनुसार निम्नलिखित 18 उद्योगों को लाइसेंस प्राप्त करना अनिवार्य है। लाइसेंस के बिना ये उद्योग अपना व्यवसाय नहीं कर सकते हैं—

(i) कोयला एवं लिग्नाइट

(ii) खतरनाक रसायन

(iii) औषधि एवं भेषज

(iv) चीनी उद्योग

(v) पशु चर्बी तथा तेल

(vi) पैट्रोलियम तथा इससे संबंधित पदार्थ

(vii) मादक पेयों का आसवन और यचासवन

(viii) तम्बाकू के सिगार एवं सिगरेटें और विनिर्मित तम्बाकू प्रतिस्थापन

(ix) एस्बेस्टस और एस्बेस्टस पर आधारित उत्पादन

(x) अपरिष्कृत खालें, चमड़ा उद्योग इत्यादि।

(xi) रंगीन तथा प्रसाधित बाल वाली खालों संबंधी उद्योग

(xii) मोटरकार, बस, ट्रक, जीप, पेन इत्यादि।

(xiii) समस्त इलेक्ट्रॉनिक एवं रक्षा उपकरण

(xiv) खोई पर आधारित इकाइयों को छोडकर सभी कागजी व अखबारी कागज।

(xv) प्लाईवुड, डेकोरेटिव विनियर्स और लकडी पर आधारित उद्योग।

(xvi) बिजली का मनोरंजन का सामान-वी.सी.आर., कलर टी.वी., सी.डी. प्लेयर्स, टेपरिकार्डर इत्यादि।

(xvii) औद्योगिक विस्फोट सामग्री उद्योग तथा ह्वाइट गुड्स-डिश, वाशिंग मशीनें, एयर-कन्डीशनर्स, घरेलू फ्रिज, माइक्रोवेव ओवन्स इत्यादि।

9. श्रमिक की भागीदारी को बढ़ावा—इस औद्योगिक नीति में रुग्ण औद्योगिक इकाइयों की स्थिति में सुधार लाने के लिए श्रमिकों की सहभागिता व भागीदारी को प्रोत्साहन दिया गया है। इससे श्रम व प्रबन्ध के बीच मधुर संबंध बनेंगे व मिलों की कार्यकुशलता में वृद्धि होगी।

10. वर्तमान रजिस्ट्रेशन योजना समाप्त—इस नवीन नीति के अनुसार उद्योगों के लिए रजिस्ट्रेशन योजना समाप्त कर दी गयी है। अब 18 उद्योगों को छोडकर शेष अन्य उद्योगों को रजिस्ट्रेशन करवाने, लाइसेंस लेने जैसी औपचारिकताएँ पूरी करने की आवश्यकता नहीं है।

11. एकाधिकार प्रतिबन्ध एवं अनुचित व्यवहार कानून को नियमित एवं नियंत्रित—इस नवीन औद्योगिक नीति में एकाधिकार प्रतिबन्ध एवं अनुचित व्यवहार कानून को नियमित एवं नियंत्रित कर दिया गया है। इसके साथ ही आयोग को व्यक्तिगत अथवा सामूहिक रूप से उपभोक्ताओं की शिकायतों की जाँच का अधिकार दिया गया है। इसके लिए MRTP अधिनियम में आवश्यक संशोधन करने की बात कही गयी है जिससे आयोग अपने दण्डात्मक व पूरक अधिकारों का पूरा-पूरा उपयोग करने की स्थिति में हो।

12. सावधि ऋणों के संबंध में—भारतीय वित्तीय संस्थाओं के द्वारा ऋणों को साधारण अंशपत्रों में बदलने या अनिवार्य परिवर्तनीयता धारा अब नवीन योजनाओं के सावधि ऋणों में लागू नहीं होगी।

13. अधिक विस्तार सुविधाएँ—इस नवीन नीति में प्लान्ट एवं मशीनरी में अधिक विनियोजन की आवश्यकता नहीं होने पर विस्तार संबंधी सुविधाएँ देने का प्रावधान रखा गया है, इसके साथ ही वर्तमान इकाइयों के विस्तार को भी लाइसेंस से मुक्त रखा जाएगा।

14. उच्च प्राथमिकता वाले उद्योगों को विशेष सुविधा—इस नीति में उच्च प्राथमिकता वाले उद्योगों को एक करोड़ रुपये तक की लागत के लिए विदेशी तकनीकी समझौतों को स्वतः स्वीकृति प्राप्त होगी, लेकिन इसमें रॉयल्टी की अनिवार्यता रखी गयी है।

15. विदेशी पूँजी निवेश पर छूट—इस नीति के अनुसार यदि स्वदेशी उद्योगों की आवश्यकताओं को पूरा करने के लिए पूँजीगत माल आयात किया जाता है और उसमें विदेशी पूँजी निवेश सम्मिलित है तो उसे स्वीकृति प्राप्त हो जाएगी। इसके साथ ही आवश्यकता पड़ने पर विदेशी मुद्रा नियंत्रण में भी परिवर्तन कर दिया जाएगा।

16. तकनीकी जाँच अनिवार्य नहीं—इस नवीन औद्योगिक नीति में यह व्यवस्था की गयी है कि किसी विदेशी तकनीशियन और स्वदेशी तकनीक की विदेशियों द्वारा जाँच करने की अनुमति नहीं दी जाएगी। रिजर्व बैंक के दिशा-निर्देशों के आधार पर तकनीकी सेवाओं का भुगतान किया जाएगा।

17. समस्त लघु उद्योग लाइसेंस से मुक्त—इस नीति में भारत के समस्त लघु उद्योगों को लाइसेंस व्यवस्था से मुक्त कर दिया गया है, चाहे वे 18 अनिवार्य उद्योगों की श्रेणी में आते हों।

18. प्रत्यक्ष विदेशी पूँजी विनियोजन को प्रोत्साहन—इस नवीन नीति में विभिन्न औद्योगिक क्षेत्रों में औद्योगिक ट्रांसफर का लाभ उठाने की दृष्टि से प्रत्यक्ष विदेशी पूँजी विनियोजन का अंशपूँजी के रूप में स्वागत किया गया है। इसके साथ ही इलेक्ट्रोनिक उपकरण, खाद्य प्रोसेसिंग, होटल उद्योग, पर्यटन उद्योग, इत्यादि में विदेशी पूँजी विनियोजन का प्रतिशत 40 से बढ़ाकर 51 कर दिया गया है। इनके मार्ग में आने वाली बाधाओं को भी दूर किया जाएगा।

19. विदेशी निवेश की सीमा—जिन उद्योगों के लिए विदेशी पूँजीगत माल अनिवार्य है और विदेशी मुद्रा का आसानी से प्रबन्ध हो सकता है या भविष्य में आर्थिक स्थिति सुधरने पर कुल पूँजीगत उपकरणों का कुल मूल्य कर सहित 25 प्रतिशत अथवा 2 करोड़ उरुपये, जो भी अधिकतम हो, स्वीकृति प्राप्त हो जाएगी।

भारत सरकार की औद्योगिक नीति में संशोधन तथा उदारीकरण के प्रभाव (1991-92 से 2000-02 तक)

भारत सरकार के द्वारा औद्योगिक नीति में वर्ष 1991 से लेकर 2001 तक जो आवश्यक संशोधन एवं आर्थिक सुधार लागू किये गये हैं, उनका संक्षिप्त विवेचन निम्नलिखित है—

1. सार्वजनिक क्षेत्र के लिए आरक्षित उद्योगों की संख्या 17 से कम करके मात्र अब 3 रह गयी है—(i) परमाणु ऊर्जा (ii) रेल परिवहन (iii) परमाणु ऊर्जा शक्ति आदेश, 1953 में अनुसूचित खनिज सम्मिलित हैं। 9 मई, 2001 को सुरक्षा उत्पादों में भी निजी क्षेत्र को छूट मिल गई है।

2. लाइसेंस की अनिवार्यता अब 5 उद्योगों के लिए—भारत सरकार ने आवश्यक संशोधनों एवं परिवर्तनों के तहत अब केवल 5 उद्योगों के लिए लाइसेंस की अनिवार्यता रखी है तथा बाकी समस्त उद्योगों को लाइसेंस से मुक्त कर दिया गया है।

3. अनेक उद्योगों को विदेशी पूँजी विनियोग में छूट—सरकार ने अनेक उद्योगों को विदेशी पूँजी विनियोग में छूट प्रदान की है जिससे उनमें पर्याप्त पूंजी विनियोग होने के साथ-साथ संबंधित क्ष्ज्ञेत्र के विकास को बढ़ावा मिल सके।

4. सार्वजनिक क्षेत्र के उपक्रमों में पूँजी निवेश की सुविधा—भारत सरकार ने औद्योगिक नीति में संशोधनों एवं उदारीकरण के तहत सार्वजनिक क्षेत्र के उपक्रमों में पूँजी निवेश की सुविधा प्रदान की है और वित्त वर्ष 1998-99 में लगभग 5000 करोड़ रुपये के विनिवेश की बजट में व्यवस्था की गयी है। 1999-2000 में 10,000 करोड़ रु. के विनिवेश, वर्ष 2000-2001 के बजट में भी 10,000 करोड़ रु. के विनिवेश का लक्ष्य था तथा 2002-03 के बजट में 12 हजार करोड़ रु. के विनिवेश का लक्ष्य है।

5. फिल्म निर्माण को उद्योग का दर्जा—सरकार ने अब फिल्म निर्माण को उद्योग का दर्जा प्रदान कर दिया है जिससे यह उद्योग देश में तेजी से प्रगति कर सके।

खनिज उद्योग क्षेत्रों में भी अप्रवासी भारतीयों तथा समुद्रपार निगमों को शत-प्रतिशत अंशपूँजी में विनियोग की छूट—भारत सरकार द्वारा अपनी उदारीकरण की नीति में 3 खनिज उद्योग क्षेद्यों में भी अप्रवासी भारतीयों और समुद्रपार निगमों को शत-प्रतिशत अंशपूंजी में विनियोग की छूट प्रदान की गयी है।

7. आधारभूत संरचना विकास के लिए प्रमुख क्षेत्रों में निजी क्षेत्र को छूट एवं सुविधाएँ—भारत सरकार ने औद्योगिक नीति में उदारीकरण के फलस्वरूप आधारभूत संरचना के तीव्र विकास के लिए निजी क्षेत्र को प्रमुख क्षेत्रों में सड़क, विद्युत शक्ति, जहाजरानी एवं बन्दरगाह, टेलीकॉम्यूनिकेशन, हवाई अड्डों तथा वायु सेवा में विनियोग तथा संचालन संबंधी छूट प्रदान की है।

8. उद्योगों में विदेशी पूँजी विनियोग में वृद्धि—सरकार ने औद्योगिक नीति में संशोधन एवं उदारीकरण के फलस्वरूप प्रत्यक्ष पूँजी विनियोगों को बढ़ावा देने के लिए अनेक छूट एवं रियायतों की समय-समय पर घोषणा की है।

9. स्वतंत्र प्रशुल्क आयोग—सरकार की उदारीकरण की नीति में प्रशुल्क संबंधी मामलों की देखरेख करने के लिए एक स्वतंत्र प्रशुल्क आयोग की स्थापना देश में की गयी है।

10. निर्यात संवर्द्धन बोर्ड की स्थापना—भारत सरकार ने देश की औद्योगिक नीति में आवश्यक संशोधन कर निर्यातों को प्रोत्साहन देने के लिए एक उच्च अधिकार प्राप्त निर्यात संवर्द्धन बोर्ड की स्थापना की है।

11. व्यक्तिगत आयकर तथा निगमकर दरों में कमी—भारत सरकार ने वर्ष 1997-98 के बजट में व्यक्तिगत आयकर तथा निगम कर की दरों में काफी कमी की है। इस बजट में व्यक्तिगत आयकर की सीमा 40 हजार रुपये बढ़ाकर 50 हजार रुपये कर दी गयी है। ऐसा करने का मुख्य उद्देश्य सरकार द्वारा व्यक्तिगत बचतों को प्रोत्साहन करना है। इससे प्राथमिक पूँजी बाजार को प्रोत्साहन मिलेगा।

12. लाभांश पर लगने वाला आयकर समाप्त—भारत सरकारने अपने बजट वर्ष 1997-98 में अंशधारियों को प्राप्त होने वाले लाभांश पर आयकर को समाप्त कर दिया है। ऐसा करने से देश में उद्योगों में अंशपत्रों में पूँजी विनियोग को प्रोत्साहन मिलेगा।

13. नौ चुने हुए सार्वजनिक उपक्रमों को 'नवरत्न' की संज्ञा—भारत सरकार ने अपनी उदारीकरण की नीति में नौ चुने हुए सार्वजनिक उपक्रमों को 'नवरत्न' की श्रेणी में रखा है तथा उन्हें स्वायत्तता प्रदान की है। इसी श्रेणी में भारत सरकार द्वारा GAIL और MTNL को भी सम्मिलित किया गया है।

14. लाभ कमाने वाले 97 सार्वजनिक उपक्रमों को अपने कार्यों में अधिक स्वायत्तता—भारत सरकार ने औद्योगिक नीति में आवश्यक संशोधन कर लाभ कमाने

वाले देश के 97 सार्वजनिक उपक्रमों को अपने कार्यों में अधिक स्वायत्ता प्रदान की है। ऐसा होने से ये उपक्रम अपने नीति निर्धारण तथा क्रियान्वयन संबंधी कार्यों में अधिक स्वतंत्रता से कार्य कर सकेंगे।

15. लघु उद्योगों के लिए आरक्षित मदों में कमी—भारत सरकार द्वाराअपनी औद्योगिक नीति में समय-समय पर अनेक बार आवश्यक संशोधन किये गये हैं तथा इनमे उदारीकरण की नीति अपनायी गयी है जिनमें लघु उद्योगों के लिए आरक्ष्ज्ञित कई मदों को कम कर दिया गया है। वर्ष 1997-98 के बजट में 15 मदों को आरक्षित सूची से निकाल दिया गया है तथा बड़े उद्योगों के निर्माण की छूट प्रदान कर दी गयी है। सरकार के द्वारा जहाँ वर्ष 1997 तक 873 मदों को लघु उद्योगों के लिए आरक्षित किया गया था। इनकी संख्या निरन्तर घटती जा रही है। अब लघु उद्योगों की आरक्षित मदें घटकर 797 रह गई है। नयी निर्यात-आयात नीति 2000-2001 में लघु क्षेत्र में 58 उद्योगों को आरक्षण सूची से निकाल दिया है। 2002-03 के बजट में भी 50 ऐसे उद्योगों को आरक्षित सूची से निकालने का प्रावधान है।

16. वित्तीय संस्थानों की ब्याज दरों में कमी तीा तरल कोषों में वृद्धि—भारतीय रिजर्व बैंक के द्वारा 12 प्रतिशत से कम करके 7 प्रतिशत, नकद कोषानुपात दर को 15 प्रतिशत से कम करके 8 प्रतिशत तथा तरल कोषानुपात की दर को $38^{1}/_{2}$ प्रतिशत से कम करके 25 प्रतिशत कर दिया गया है, जिसके फलस्वरूप देश में वित्तीय संस्थानों की ब्याज दरों में कमी तथा तरल कोषों में वृद्धि संभव हुई है। ऐसा करने से उधार देय कोषों में भी आवश्यक वृद्धि संभव हुई है।

17. अप्रवासी भारतीयों तथा समुद्रपार निगमों की पोर्टफोलियो विनियोग की अधिकतम सीमा में वृद्धि—भारत सरकार ने अपनी उदारीकरण की नीति में अप्रवासी भारतीयों तथा समुद्रपार निगमों की पोर्टफोलियो विनियोग की अधिकतम सीमा कम्पनी की प्रदत्त पूँजी के 24 प्रतिशत से बढ़ाकर 30 प्रतिशत तक करने की व्यवस्था कर दी है। ऐसा करने के लिए कम्पनी के निदेशक मण्डल की अनुमति तथा आम सभा में निवेश प्रस्ताव पारित करना आवश्यक होगा।

18. अप्रवासी भारतीयों तथा समुद्रपार निगमों द्वारा उद्योगों की सूची का विस्तार—सरकार ने उदारीकरण तथा संशोधन की नीति में अप्रवासी भारतीयों और समुद्रपार निगमों के द्वारा प्रत्यक्ष विदेशी अंश विनियोग से संबंधित सूची का विकास एवं विस्तार किया है, जिसमें भारतीय रिजर्व बैंक के द्वारा स्वयं अनुमति से अंशपूँजी विनियोग का प्रावधान रखा गया है।

19. लघु उद्योगों एवं एनसीलियरी उद्योगों में विनियोग की अधिकतम सीमा में वृद्धि—भारत सरकार ने अपनी उदारीकरण की नीति में देश के लघु उद्योगों तथा एनसीलियरी उद्योगों में संयंत्रों तथा मशीनों में विनियोग की अधिमि सीमा क्रमश: 60 लाख रुपये और 75 लाख रुपये से बढ़ाकर 3 करोड़ रुपये कर दी है। ऐसे ही अति लघु उद्योगों की अधिकतम सीमा को भी 5 लाख रुपये से बढ़ाकर 25 लाख रुपये तक कर दिया गया है। भारत सरकार की इस उदारीकरण की नीति से जहाँ एक ओर इनकी प्रतिस्पर्द्धात्मक क्षमता बढ़ेगी वहीं दूसरी ओर उन्हें अपना आर्थिक आकार बढ़ाने में सहायता प्राप्त होगी। लघु उद्योगों में विनियोग सीमा को अब घटाकर 1 करोड़ रु. कर दिया गया है।

20. 22 उच्च प्राथमिकता प्राप्त उद्योगों में अप्रवासी भारतीयों तथा समुद्रपार निगमों के अंशपूंजी विनियोग पर शत-प्रतिशत छूट—भारत सरकार द्वारा अपनी उदारीकरण की नीति में 22 उच्च प्राथमिकता प्राप्त उद्योगों में अप्रवासी भारतीय और समुद्रपार निगमों के अंशपूंजी विनियोग पर शत-प्रतिशत की छूट प्रदान की गयी है। इन उद्योगों में 9 उच्च प्राथमिकता प्राप्त उद्योग मेटरलॉजिकल और इन्फ्रास्ट्रक्चर क्षेत्र के 13 अन्य प्राथमिकता क्षेत्र के उद्योग सम्मिलित हैं जिनमें अभी तक क्रमश: 74 प्रतिशत और 51 प्रतिशत अंशपूँजी विनियोग की छूट थी।

21. सीमा शुल्क की उच्चतम दर को 35% से घटाकर 30% कर दिया गया है और 2002-03 के बजट में इसकी 4 दरों को घटकार 2004-05 में केवल दो ही दरें 10% व 20% रखने का निर्णय लिया गया है।

22. उत्पादन शुल्क की 11 दरों को घटाकर दो युक्ति संगत दरों में बदल दिया है और उनमें सरलीकरण को बढ़ावा दिया जा रहा है।

23. हथकरघा वस्त्रों पर उत्पादन शुल्क की छूट 2002-03 में भी जारी रखी गयी है।

24. उद्योगों पर 2 लाख रु. से अधिक की उधारियों पर न्यूनतम ब्याज की सीमा समाप्त कर दी गयी है।

25. पूंजी निधियों को नये उपक्रमों में निवेश सीमा 5% से बढ़ाकर 20% कर दी गयी है।

26. 2002-03 के बजट में लाभांश पर कर अब निवेशकों पर लगेगा।

27. लघु उद्योगों हेतु क्रेडिट कार्ड पर गारन्टी योजना—15 अगस्त, 2000 से लागू इस योजना के तहत लघु उद्योगों पर बिना सिक्यूरिटी के ऋण की सुविधा मिल गयी है।

नवीन औद्योगिक नीति का आलोचनात्मक मूल्यांकन

भारत सरकार द्वारा 1991 में जो उपर्युक्त नवीन औद्योगिक नीति घोषित की गयी है। वह बहुत ही सरल, सादगी और साहसिक कदम को प्रदर्शित करती है। इसमें 18 बड़े उद्योगों के अलावा सभी बड़े व लघु एवं कुटीर उद्योगों को लाइसेंस से मुक्त किया गया, सार्वजनिक क्षेत्र के महत्व को काम करके निजीकरण को बढ़ावा दिया गया, विदेशी निवेश को प्रोत्साहित किया गया, साथ ही विदेशी तकनीकी सेवाओं के आयात को भी प्रोत्साहित किया गया। इसे भी अब घटाकर केवल 5 उद्योगों तक सीमित कर दिया गया है। वर्ष 1992-93 में औद्योगिक उदारीकरण का रुख देश में औद्योगिक विकास के लिएपूरी तरह सराहनीय रहा। लगभग सभी बड़े-बड़े उद्योगपतियों द्वारा इस नीति का स्वागत किया गया। इससे स्वदेशी व अन्तर्राष्ट्रीय प्रतिस्पर्द्धा को बढ़ावा मिलेगा, उत्पादन व रोजगार में स्वतः वृद्धि होगी।

फिक्की के अध्यक्ष **एस.के. बिड़ला** ने इस नई नीति पर सन्तोष व्यक्त करते हुए उन्मुक्त बाजार प्रणाली एवं अन्तर्राष्ट्रीय प्रतिस्पर्द्धा के लिए उपयोगी बताया है। **एशोचेम** के अध्यक्ष **मजूमदार** ने भारतीय अर्थव्यवस्था को उन्मुक्त करने की दिशा में एक सार्थक कदम बताया है। **पी.एच.डी. चेम्बर ऑफ कॉमर्स** के अध्यक्ष के अनुसार नई नीति से न केवल विदेशी विनियोजन आकर्षिक होगा, बड़ल्क औद्योगिक उत्पादन व प्रतिस्पर्द्धा को भी बढ़ावा मिलेगा। लाइसेंस प्रणाली की समाप्ति से भ्रष्टाचार समाप्त होगा। नौकरशाही व राजनैतिक हस्तक्षेप पर लगाम लगेगी। **ए.आई.एम.ओ.** के अध्यक्ष **श्री कालन्जी** के अनुसार लाइसेंसिंग से मुक्ति तथा नियन्त्रणों का समापन आद्योगिक उत्पादन को बढ़ावा देने वाला सही कदम है। दूसरी ओर इस नीति के आलोचकों का यह कहना है कि इस नीति से पूँजीवाद को प्रोत्साहन मिलेगा, अन्तर्राष्ट्रीय वित्त संस्थाओं का हस्तक्षेप बढ़ेगा और स्वदेशी उद्योगों की स्वतंत्रता समाप्त होगी। निष्कर्ष के रूप में हम यह कह सकते हैं कि यह नीति भारतीय अर्थव्यवस्था में औद्योगिक विकास में प्रत्यक्ष योगदान देगी।

▣▣▣

18

ग्रामीण श्रेत्र में श्रम

औद्योगिक सम्बन्ध का अभिप्राय मुख्य रूप से श्रमिकों एवं औद्योगिक नियोक्ताओं के बीच पाये जाने वाले सामान्य संबंधो के जाल से है।

अन्तर्राष्ट्रीय श्रम संगठन के अनुसार, ''औद्योगिक संबंध या तो सरकार एवं नियोक्ताओं तथा श्रमिक संघों के मध्य अथवा विभिन्न व्यावसायिक संगठनों के मध्य संबंध है।''

वी. अग्निहोत्री के मतानुसार, ''औद्योगिक संबंध शब्द श्रमिकों/कर्मचारियों एवं प्रबन्धकों के बीच उन संबंधों को व्यक्त करता है जो प्रत्यक्ष्चा या अप्रत्यक्ष रूप में श्रमिक संघ तथा नियोक्ता के बीच संबंधों के फलस्वरूप उत्पन्न होते हैं।''

जॉन डनलप के अनुसार, ''औद्योगिक संबंधों का अभिप्रय श्रमिकों, प्रबन्धकों तथा सरकार के अन्तर्सम्बन्धों से है जो एक-दूसरे को प्रभावित करते हैं और औद्योगिक सम्बन्धों का ढाँचा तैयार करते हैं।''

19वीं शताब्दी में भारत में औद्योगिक संघर्ष की कोई विशेष समस्या नहीं थी। 1877 में एम्प्रेस मिल, नागपुर और 1882 में बम्बई (मुम्बई) की सूती मिलों की

हड़तालों, दो ही ऐसे उदाहरण मिलते हैं, जिनसे लगता है कि 19वीं शताब्दी के अन्तिम वर्षों में भारत में औद्योगिक संघर्ष का बीजारोपण हो चुका था। प्रथम विश्व युद्ध के दौरान कीमतों में वृद्धि होने, परन्तु मजदूरी में वृद्धि न होने के कारण मजदूरों ने साम्यवादी प्रभाव में आकर 1920 में हड़ताल आयोजित की। फिर तो उद्योगों में हड़तालों का ताँता लग गया। केवल 1930 से 1937 तक कुछ औद्योगिक शांति का काल रहा। द्वितीय विश्व युद्ध के समय भारत सुरक्षा कानून ने हड़तालों और तालाबड़न्दयों पर रोक लगा दी तथा समझौते के लिए अनिवार्य पंचनिर्णयों की व्यवस्था कर दी गई। स्वतन्त्रता के पश्चात् भी हड़तालों और तालाबड़न्दयों की काफी घटनाएँ हुई। हड़तालों और तालाबड़न्दयों से श्रम दिवसों की हानि होती है जिसकी कि कभी पूर्ति नहीं की जा सकती। उदाहरण के लिए, 1999 के वर्ष में ही 540 हड़तालों और 387 तालाबन्दी से लगभग 268 लाख मानव-दिवसों की हानि हुई है।

औद्योगिक संघर्ष के कारण

भारत में होने वाले औद्योगिक संघर्षों के निम्नलिखित कारण हैं—

1. मालिक-मजदूरों के विरोधी हित—कारखानों से प्राप्त होने वाले लाभ में से अधिकाधिक हिस्सा लेने के लिए मिल-मालिकों और मजदूरों में संघर्ष होता है। मालिक अधिक लाभ प्राप्त करना चाहते हैं, परन्तु मजदूरी वे बहुत कम देते हैं। श्रमिक वर्ग इसके विपरीत अपने लिए अधिकाधिक सुविधाएँ प्राप्त करने की माँग करते हुए कारखाने के लाभ का अच्छा हिस्सा लेना चाहता है। इस प्रकार मिल-मालिक एवं मजदूरों के दो परस्पर विरोधी हित होते हैं, जिससे कि उद्योगों में संघर्ष को जन्म मिलता है—(अ) मिल-मालिकों द्वारा मजदूरों का शोषण करने की प्रवृत्ति, तथा (ब) मजदूरों द्वारा मजदूरी में वृद्धि की माँग।

2. मजदूरों द्वारा काम के घण्टे कम करने पर बल—मजदूर चाहते हैं कि उनके काम करने के घण्टे कम किये जायें, जबड़क मालिक मजदूरों से अधिक घण्टों तक काम लेना चाहते हैं। इससे संघर्ष को जन्म मिलता है।

3. छुट्टियों की मांग—कम घण्टे काम करने के अतिरिक्त मजदूर छुट्टियों की माँग करते हैं, जिनको कि मिल-मालिक या तो देना ही नहीं चाहता है और यदि उसको देना भी पड़े, तो वह कम से कम देना चाहते हैं। इससे श्रमिकों में असन्तोष बढ़ता है और औद्योगिक संघर्ष बढ़ते हैं।

4. काम करने की दशाओं में सुधार की माँग—कारखानों में वातावरण दूषित होता है, जो स्वास्थ्य के लिए हानिकारक होता है। श्रमिक अपने लिए सस्ते दर पर

सामान देने वाले जलपान गृहों, चिकित्सालयों आदि को खोलने पर बल देते हैं, जिसको करने में मिल–मालिक आनाकानी करते हैं। इससे भी श्रमिकों में असन्तोष बढ़ता है और औद्योगिक संघर्ष की उत्पत्ति होती है।

5. बोनस की माँग—श्रमिक यह सोचते हैं कि कारखानों से प्राप्त होने वाला लाभ उसके श्रम का ही फल है, अत: उनको लाभ्ज्ञ में से अधिक से धिक हिस्सा मिलना चाहिए इनको प्राप्त करने के लिए श्रमिक बोनस की माँग करते हैं जिसे मिल–मालिक देना नहीं चाहते। इससे मिल–मालिकों तथा श्रमिकों के बीच विवाद व संघर्ष हो जाता है।

6. श्रमिक संघों को मिल–मालिकों द्वारा मान्यता न देना—कई बार मिल–मालिक श्रमिक संघों को मान्यता नहीं देते और श्रमिकों के नेताओं का अपमान कर देते हैं जिससे बात ही बात में विवाद एक बड़े संघर्ष का रूप ले लेता है।

7. श्रमिकों को निलम्बित कर देना या उनकी छँटनकी कर देना—जब कभी मिल–मालिक किसी श्रमिक या श्रमिकों को निलम्बित कर देते हैं या उनकी छँटनी कर देते हैं तो ऐसे कार्यों के विरोध स्वरूप मजदूर मिल–मालिकों के विरुद्ध खड़े हो जाते हैं।

8. कारखानों का आधुनिकीकरण—आजकल नई–नई मशीनों का आविष्कार हो रहा है जिससे कि मानवीय श्रम के स्थान पर मशीन काफी सस्ती लागत पर सामान तैयार करने लगती है। मशीनों के कारण होने वाली मानवीय श्रम की बचत मिल–मालिक के लिए तो लाभकारी है, परन्तु श्रमिक वर्ग के लिए अहितकर है। इसी अहित के कारण भी उद्योगों में संघर्ष पैदा होता है। सन् 1955 में सूती वस्त्र मिलों में नई आधुनिक मशीनों के लगाने के विरोध में करीब 45,000 श्रमिकों ने 80 दिन की लम्बी हड़ताल की थी।

9. साम्यवादी विचारधारा का प्रभाव—1917 की रूसी क्रान्ति का प्रभाव मजदूरों पर पड़ा है। साम्यवादी विचारधारा, जिसका कि जन्मदाता रूस है, पूँजीपतियों की कट्टर विरोधी है। साम्यवादी विचारधारा मजदूरों में असन्तोष जाग्रत कर औद्योगिक संघर्ष को जनम देती है।

10. राजनैतिक दलों का स्वार्थ—भारत में प्रमुख राजनैतिक दलों ने अपने–अपने श्रमिक संघ बना लिए हैं जो अपने स्वार्थों की पूर्ति हेतु औद्योगिक संसार में संघर्ष कराया करते हैं। इससे औद्योगिक शांति भंग होती है।

औद्योगिक विवादों के निपटारे व औद्योगिक संघर्षों के रोकथाम की व्यवस्था

सरकार ने औद्योगिक संघर्षों के कारण देश को होने वाली अपार हानि को देखा है, अत: औद्योगिक विवादों को निपटा कर औद्योगिक शान्ति बनाये रखने के लिये समय-समय पर अनेक कानूनी व्यवस्थाएँ की गयी हैं। संक्षेप में, हम उनका वर्णन निम्नलिखित प्रकार से कर सकते हैं—

1. 1929 का औद्योगिक विवाद कानून—औद्योगिक विवादों का निपटारा करने के लिए यह सबसे पहला महत्त्वपूर्ण कार्य था।

(i) इस अधिनियम के अनुसार सार्वजनिक जन-उपयोगी उद्योगों, जैसे—रेल, डाक-तार, बिजली, पानी आदि में हड़ताल करने के लिए 14 दिन की अग्रिम सूचना देना अनिवार्य कर दिया।

(ii) इसके साथ ही साथ सार्वजनिकसेवा और अन्य औद्योगों में भी यह व्यवस्था कर दी गयी।

(iii) औद्योगिक विवादों को निपटाने के लिए अस्थायी जाँच अदालतों की स्थापना की गई जो कि अपना प्रतिवेदन समझौता बोर्डों को देते थे। समझौता बोर्ड दोनों पक्षों को पास लाकर उनमें समझौता कराने का प्रयास करते थे और अपने प्रयासों में सफल न होने पर उसकी सूचना सरकार को देते थे।

(iv) इस अधिनियम के अन्तर्गत सरकार ने यह अधिकार ले लिया कि वह ऐसी हड़तालों को, जो सामाजिक दृष्टि से अहितकर हों, अवैधानिक घोषित कर सकती थी।

इस अधिनियम के दोषों की ओर देखें तो पता चलता है कि बोर्डों के फैसले लागू करने के लिए कोई व्यवस्था नहीं थी। इसके अतिरिक्त इस अधिनियम में स्थायी औद्योगिक न्यायालयों के गठन के लिए भी कोई व्यवस्था नहीं थी।

2. भारत सुरक्षा अधिनियम—द्वितीय विश्व युद्ध के दौरान भारत में उस समय की ब्रिटिश सरकार ने भारत सुरक्षा अधिनियम के अन्तर्गत हड़तालों एवं तालाबड़न्दयों पर रोक लगा दी। इससे उस काल में औद्योगिक शान्ति बनी रही।

3. औद्योगिक विवाद अधिनियम, 1947—फरवरी, 1947 में पारित औद्योगिक विवाद अधिनियम में निम्नलिखित व्यवस्थाएँ की गईं—

(i) **कार्य समितियाँ**—प्रत्येक फैक्टरी में, जहाँ 100 से अधिक श्रमिक कार्य करते हों, एक कार्य समिति बनाई जाये जो मालिक-मजदूरों के दिन-प्रतिदिन के झगड़ों को निबटावे।

(ii) **समझौता अधिकारी**—समझौता अधिकारी नियुक्त किये जायें जो कि दोनों पक्षों में विवाद की स्थिति में समझौता करा देवें।

(iii) समझौता बोर्ड और जाँच अदालतों की स्थापना की जाए।

(iv) **औद्योगिक अदालतों की स्थापना**—इस प्रकार की अदालत में उच्च न्यायालयों के दो या इससे कम न्यायाधीश होते हैं। मालिक-मजदूरों में परस्पर समझौता न होने पर सरकार औद्योगिक विवाद को इस न्यायालय को सौंप देती है। इस न्यायालय का निर्णय सर्वोच्च होता है तथा इसका निर्णय दोनों पक्षों को मानना अनिवार्य है।

(v) सार्वजनिक उपयोगिता वाले उद्योगों में यह अनिवार्य कर दिया गया कि हड़ताल करने के लिये श्रमिक उससे 6 सप्ताह पहले नोटिस देंगे।

इस अधिनियम ने श्रमिकों के हड़ताल करने का अधिकार ही छीन लिया। पंच-निर्णय को लागू करने की अनिवार्यता के आगे श्रमिकों को कुछ करने के लिए रह ही नहीं गया।

4. औद्योगिक विवाद (श्रम अपील अदालत) अधिनियम, 1950—इस अधिनियम के अनुसार, 1950 में श्रम अपील अदालतों की स्थापना की गई, जिनमें औद्योगिक अदालतों व समझौता बोर्डों के फैसलों के विरुद्ध अपीलें की जा सकती हैं। 1956 के अधिनियम में श्रम अपील अदालतों की व्यवस्था को समाप्त कर दिया।

5. 1956 का औद्योगिक विवाद अधिनियम—इस अधिनियम की मुख्य बातें निम्नलिखित हैं—

(i) 500 रु. प्रतिमाह तक पाने वाले सभी कर्मचारी 'मजदूर' कहलायेंगे।

(ii) श्रम अपील अदालतें समाप्त कर दी जायें।

(iii) **श्रम अदालतों की स्थापना**—जो मजदूरों को हटाने से सम्बड़न्धत विवादों, हड़तालों की वैधानिकता आदि पर विचार करेंगी।

(iv) **औद्योगिक अदालतें**—जो मजदूरी, काम के घण्टे, बोनस, छँटनी आदि के प्रश्नों को तय करेंगी।

(v) **राष्ट्रीय न्यायाधिकरण** की नियुक्ति केन्द्रीय सरकार द्वारा की जायेगी, जो कि राष्ट्रीय महत्त्व के उद्योगों के औद्योगिक विवादों को तय करेगी।

(vi) सरकार को औद्योगिक फैसले बदलने का अधिकार होगा।

6. 1958 की अनुशासन संहिता—भारतीय श्रम सम्मेलन ने मई, 1958 में अपने सोलहवें सम्मेलन में एक औद्योगिक अनुशासन संहिता तैयार की, जिसकी मुख्य बातें निम्नलिखित थीं—

(i) मालिक व मजदूर एक-दूसरे के अधिकारों व कर्त्तव्यों को समझने की कोशिश करेंगे।

(ii) किसी भी औद्योगिक विवाद में एक-पक्षीय कार्यवाही नहीं की जायेगी।

(iii) बिना उपयुक्त नोटिस के हड़ताल या तालाबन्दी नहीं हो सकेगी।

(iv) न तो मिल-मालिक मजदूर संघों की कार्यवाही में किसी प्रकार का हस्तक्षेप करेंगे और न मजदूर कारखाने कीसम्पत्ति को नुकसान पहुँचायेंगे और धीमी गति से काम करने का रवैया अपनायेंगे।

(v) प्रचलित पद्धति या व्यवस्था से ही मामलों को सुलझाया जायेगा।

(vi) पंच फैसलों को अविलम्ब स्वीकार किया जायेगा।

इस अनुशासन संहिता को लगू करने एवं उसका मूल्यांकन करने के लिए एक कार्यान्वयन समिति बनाई गई, जो यह देखेगी कि अनुशासन संहिता के विरुद्ध कोई कार्य तो नहीं किया जा रहा है।

7. 1962 का औद्योगिक शान्ति प्रस्ताव—1962 में चीन के भारत पर आक्रमण के समय **श्री गुलजारीलाल नन्दा** की अध्यक्षता में श्रमिक संगठनों एवं मालिकों के संगठनों की एक सभा बुलाई गई, जिसमें एक औद्योगिक शान्ति प्रस्ताव पास करने के साथ-साथ अधिकतम उत्पादन के लक्ष्य को स्वीकार किया गया। इस औद्योगिक शान्ति प्रस्ताव की निम्न पाँच बातें हैं—

(i) अधिकमत उत्पादन के लिए अनुकूल वातावरण बनाये रखना।

(ii) औद्योगिक शान्ति कायम रखना।

(iii) पारी में काम करना तथा गैर हाजिरी कम करना।

(iv) मूल्य स्थिरता की आवश्यकता पर बल।

(v) बचत बढ़ाने की आवश्यकता पर बल।

दिसम्बर, 1971 में पाकिस्तान के आक्रमण के समय राष्ट्रपति तथा प्रधानमन्त्री द्वारा तीन वर्ष तक हड़ताल न करने की अपील की गई थी।

8. आपातलकाल में औद्योगिक सम्बन्ध—26 जून, 1975 को देश में आपात स्थिति की घोषणा कर दी गई, जो मार्च, 1977 तक रही। इस काल में भारत में औद्योगिक सम्बन्धों को शान्तिपूर्ण बनाये रखने के लिए निम्नलिखित कार्य किये गये—

(i) 'राष्ट्रीय शीर्ष संस्था' की स्थापना की गई जिनमें श्रम संघों व मालिकों के 22 सदस्य हैं।

(ii) विभिन्न उद्योगों में औद्योगिक शानित बनाये रखने तथा उत्पादन वृद्धि के लिए **'राष्ट्रीय औद्योगिक समितियाँ'** गठित की गई।

(iii) न्यूनतम मजदूरी भुगतान अधिनियम में संशोधन करने की उसकी राशि, क्षेत्र व उसमें परिवर्तन करने की अवधि वर्तमान के 5 वर्षों से घटाकर 3 वर्ष कर दी गई।

(iv) बोनस भुगतान को लाभ से जोड़ा गया।

(v) बन्धक मजदूरों को स्वतन्त्र कर दिया गया और इस प्रथा का उन्मूलन किया गया।

(vi) श्रमिकों की प्रबन्ध में भागीदारी को विस्तृत किया गया।

(vii) मजदूरी भुगतान अधिनियम के अन्तर्गत संशोधन से 1000 रु. वेतन पाने वाले कर्मचारियों को शामिल कर लिया गया, जबड़क पहले यह सीमा 500 रु. वालों तक थी।

(viii) कारखानों में छँटनी, तालाबन्दी, हड़ताल व ले-ऑफ बिना सरकार की पूर्वानुमति करने पर अवैधानिक व दण्डनीय घोषित कर दिये गये।

9. श्रम संघ एवं औद्योगिक विवाद (संशोधन) बिल, 1988—यह बिल भी औद्योगिक सम्बन्धों के दृष्टिकोण में एक महत्त्वपूर्ण बिल था, लेकिन श्रमिक संघों के भारी विरोध के कारण इस बिल को स्वीकृति प्राप्त नहीं हो सकी थी। इसके अलावा अभी कुछ वर्ष पूर्व भारत सरकार ने बोनस भुगतान अधिनियम में आवश्यक संशोधन करके बनोस भुगतान के लिए वेतन सीमा 1600 रुपये प्रतिमाह से बढ़ाकर 2500 रुपये प्रतिमाह कर दी है। समाचार पत्रों के कर्मचारियों को भी सरकार के द्वारा अन्तरिम

राहत की घोषणा कर दी गयी है।

श्रमिक संघ का अर्थ

श्रमिक संघ का अर्थ उस संगठन से होता है, जो उद्योगपतियों के शोषण से बचाते हुए श्रमिकों के अधिकारों व हितों की रक्षा करने के उद्देश्य से संगठित किया जाता है। **पिड़नी** और **वैब** के अनुसार, "श्रमिक संघ श्रमिकों के ऐसे स्थायी संगठन को कहते हैं जिसका उद्देश्य काम की दशाओं को बनाये रखना और उनमें सुधार करना होता है।" संक्षेप में, हम कह सकते हैं कि श्रमिक संघ श्रमिकों द्वारा स्वेच्छा से बनाये गये संगठन को कहते हैं, जो श्रमिकों के हितों के संरक्षण के उद्देश्य से बनाये जाते हैं।

श्रमिक संघ के कार्य

श्रमिक संघ के कार्य दो प्रकार के होते हैं—

(i) संघर्षात्मक कार्य—श्रमिक संघ श्रमिकों के हितों के लिए जैसे श्रमिकों की मजदूरी बढ़ाने, काम के घण्टे कम करने, काम की दशाओं में सुधार करने, श्रमिकों को उद्योगों के प्रबन्ध आदि में हिस्सा दिलाने के लिए संघर्ष करता है। एक रूप में श्रमिकों को उद्योगपतियों द्वारा शोषण किये जाने के विरुद्ध संघर्ष करना है।

(ii) कल्याणकारी कार्य—श्रमिक संघ का दूसरा कार्य रचनात्मक है और आजकल इस पर अधिक बल दिया जा रहा है। श्रमिक संघ मजदूरों के लिए उनकी शिक्षा, चिकित्सा व मनोरंजन आदि की सुविधाओं का विस्तार करके श्रमिकों की कार्य-कुशलता में वृद्धि करते हैं। श्रमिक संघ के इस कार्य से मजदूरों में अनुशासन की भावना बढ़ती है। श्रमिक संघ अपने मजदूरों के हितों के लिए जो कार्य करते हैं या उद्योगपतियों तथा सरका से संघर्ष करते हैं। श्रमिक संघ के ऐसे कार्यों को ही श्रमिक संघ आन्दोलन कहा जाता है।

भारत में श्रमिक संघ आन्दोलन की प्रगति

श्रमिक संघ बनाने का वास्तविक प्रयास प्रथम विश्व युद्ध की समाप्ति पर 1918 में प्रारम्भ हुआ। विश्व युद्ध ने महँगाई तो बढ़ा दी, परन्तु मजदूरों की मजदूरी न बढ़ने से उनमें असन्तोष की लहर फैल गई। रूस की 1917 की क्रान्ति ने भारत में भी श्रमिकों को संगठित होने के लिए उत्साहित किया। मजदूरों को सुविधाएँ दिलाकर उनकी दशा सुधारने के लिए हड़ताल एक प्रभावशाली साधन समझा गया। जैसे-जैसे हड़तालों को सफलता मिलती गई, अनेक श्रमिक संघ बनते चले गये। परन्तु अधिकांश

श्रमिक संघ हड़ताल करने के उद्देश्यों की पूर्ति होते ही समाप्त हो जाते थे। 1920 में श्रमिकों का प्रथम भारतीय संगठन अखिल भारतीय ट्रेड यूनियम कांग्रेस (All India Trade Union Congress) (AITUC) की स्थापना हुई।

1926 का श्रमिक संघ कानून—1926 का श्रमिक संघ कानून भारत में श्रमिक संघ आन्दोलन की पहली प्रमुख घटना थी। इस कानून से रजिस्टर्ड श्रमिक संघों को बहुत-से अधिकार मिल गये। उन पर मुकदमा नहीं चलाया जा सकता था। उनको चल व अचल सम्पत्ति के अधिकार मिल गये। परन्तु रजिस्टर्ड संघों को नियमानुसार कार्य करना पड़ता था। उन पर कई जिम्मेदारियाँ डाल दी गयीं और अनेक प्रतिबन्ध लगा दिये गये। प्रतिवर्ष उनको अपने हिसाब की जाँच करवानी पड़ती थी। अपनी प्रबन्ध समिति के सदस्यों के नाम सरकार के पास भेजने पड़ते थे, कुछसमय बाद श्रमिक संघों के नेताओं में आपसी फूट पड़ गई। साम्यवादियों ने, जो कि उग्रवादी थे, AITUC पर नियन्त्रण कर लिया और उदार दल वालों ने एक और संघ बना लिया। द्वितीय महायुद्ध काल में औद्योगिक अशान्ति बढ़ने से श्रमिक संघ आन्दोलन को प्रोत्साहन मिला।

स्वतन्त्रता प्राप्ति से पूर्व श्रमसंघों का विकास—सन् 1939 में द्वितीय विश्व युद्ध प्रारम्भ हुआ था। युद्धोत्तर काल में महँगाई बढ़ गयी थी। महँगाई बढ़ने के कारण श्रमिक असन्तोष बढ़ गया और श्रमिकों ने अनेक हड़तालें कीं और श्रमिक संघों की संख्या व सदस्यता में भारी वृद्धि हुई। जहाँ 1939-40 में रजिस्टर्ड संघों की संख्या 667 थी तथा सन् 1947-48 में बढ़कर 2766 हो गयी तथा 1939-40 में संघों में सदस्य संख्या 5.11 लाख थी, वह 1947-48 में बढ़कर 16.68 लाख हो गयी थी। इस प्रकार स्वतन्त्रता प्राप्ति से पहले ही श्रमिक संघों का विकास हो चुका था।

1947 के बाद श्रमिक संघ आन्दोलन—स्वतन्त्रता प्राप्ति के बाद श्रमिक संघ आन्दोलनों ने बहुत उन्नति की। देश के विभाजन के कारण मजदूरों की दशा बिगड़ गई और देश में बहुत-सी हड़तालें हुई। 1948 में श्रमिक संघ कानून में संशोधन किया गया, जिसके अनुसार मिल-मालिकों को श्रमिक संघों को मान्यता देना अनिवार्य हो गया। यदि कोई मिल-मालिक मान्यता प्राप्त श्रमिक संघ के प्रतिनिधियों से बातचीत करने से इनकार करें, तो उस पर 1,000 रुपये तक का जुर्माना किया जा सकता है। स्वतन्त्रता प्राप्ति के बाद श्रमिक संघों एवं उनके सदस्यों की संख्या दोनों में काफी वृद्धि हुई। भारत में अब लगभग 63 हजार से अधिक रजिस्टर्ड श्रमिक संघ हैं, जिनकी सदस्य संख्या 230 लाख के लगभग है।

6 श्रमिक संघों की सदस्य संख्या 8 लाख से अधिक होने के कारण वे ही अखिल भारतीय श्रमिक संघ कहलाने योग्य हैं। जैसा निम्नलिखित तालिका से स्पष्ट है—

केन्द्रीय श्रम संघों की सदस्यता

श्रमसंघ	सदस्य संख्या (लाख में)
1. भारतीय मजदूर संघ (BMS)	40.81
2. इण्डियन नेशनल ट्रेड यूनियन कांग्रेस (INTUC)	54.36
3. सेन्टर ऑफ इण्डियन ट्रेड यूनियन (CITU)	23.80
4. ऑल इण्डिया ट्रेड यूनियन कांग्रेस (AITUC)	29.74
5. हिन्द मजदूर सभा (HMS)	43.56
6. (लेनिनवादी) यूनाइटेड ट्रेड यूनियन कांग्रेस (UTUC)	11.89
7. यूनाइटेड ट्रेड यूनियन कांग्रेस (UTUC)	7.85
8. नेशनल फ्रंट ऑफ इण्डियन ट्रेड यूनियन (NFTIU)	7.61
9. नेशनल लेबर संगठन	6.61
10. ट्रेड यूनियन को-ऑर्डिनेशन सेन्टर	5.13

सबसे अधिक संख्या में श्रमिक संघ पश्चिमी बंगाल में हैं। इसके बाद केरल और महाराष्ट्र का स्थान है।

श्रमिक संघों की यह उन्नति तीन कारणों से हुई—(i) श्रमिक अपने रहन-सहन को ऊँचा करने की आवश्यकता महसूस करने लगे, जो कि संगठित समूहों के बिना कठिन था। (ii) केन्द्रीय श्रमिक संस्थाएँ श्रमिकों को संगठित करने का प्रयत्न कर रही हैं। (iii) केन्द्रीय तथा राज्य सरकारों ने श्रमिक संघों को बल देने वाले कई कानून पास किये। स्वतन्त्रता प्राप्ति के बाद ही कांग्रेस ने भारतीय स्तर के एक श्रमिक संघ Indian National Trade Union Congress (INTUC) की स्थापना 1948 में की।

भारतीय श्रमिक संघों की समस्याएँ

भारतीय श्रमिक संघों की कुछ समस्याएँ हैं जो इनकी सफलता के मार्ग में बाधक हैं, इनको हम भारतीय श्रमिक संघों की त्रुटियाँ या दोष भी कह सकते हैं।

इनके कारणों से श्रमिक आन्दोलन की प्रगति बड़ी धीमी रही है। ये समस्याएँ निम्नलिखित हैं—

1. अनपढ़ और अशिक्षित श्रमिक—भारत में अधिकांश श्रमिक अनपढ़ और अशिक्षित हैं। अपनी ही समस्याओं को समझ न सकने के कारण श्रमिक आन्दोलन में वे अपने उत्तरदायित्व को निभाने में असफल रहते हैं। अशिक्षित होने के कारण उन श्रमिकों में यही समझ नहीं हो पाती कि उनका मूल हक क्या है। उन्हें अपनी समस्याओं का पूरी तरह से ज्ञान नहीं हो पाता है और साथ ही वे श्रमिक आन्दोलन की भावना से भी डरते हैं, क्योंकि उन्हें संगठन की शक्ति का ज्ञान ही नहीं हो पाता है।

2. श्रमिकों में जाति, धर्म, भाषा, प्रान्तीयता आदि की विभिन्नताएँ—इन विभिन्नताओं के कारण सभी श्रमिक एकसूत्र में नहीं बँध पाते और यह श्रमिक आन्दोलन की सफलता में एक रोड़ा बनकर खड़ा हो जाता है। मिल-मालिक इन विभिन्नताओं से लाभ उठाने की कोशिश करते हैं।

3. श्रमिकों में अपने अधिकारों के प्रति उदासीनता—भारतीय श्रमिक काफभ समय से गुलामों जैसी जिन्दगी बिता रहे हैं, इससे उनमें मानसिक दासता-सी छा गई है। उससे उनको अधिकारों के प्रतिसचेत करना भी कठिन हो गया है। दासता की भावना धीरे-धीरे निकलती जा रही है और उनमें अधिकारों के प्रति चेतना जागृत हो गई है।

4. श्रमिक संघों की कमजोर वित्तीय स्थिति—भारत में अधिकांश श्रमिक संघों के आर्थिक साधन इनते कम होते हैं कि न तो वे हड़ताल के दिनों में अपने मजदूरों को आर्थिक मदद दे सकते हैं और न उनके लिए कोई रचनात्मक कार्य कर सकते हैं। श्रमिकों को स्वयं कम मजदूरी मिलने के कारण वे श्रमिक संघ को पर्याप्त चन्दा भी नहीं दे पाते।

5. सीमित सदस्य संख्या—किसी भी संस्था की शक्ति उसके सदस्यों की संख्या होती है। भारत में केवल 24 प्रतिशत श्रमिक, श्रम संघों के सदस्य हैं।

6. छोटे श्रमिक संघ—भारत में अनेक श्रमिक संघ छोटे-छोटे आकार के हैं। ऐसे संघों के पास धन का अभाव होने के साथ-साथ भी व्यवस्थित एवं मजबूत नहीं होता। अत: वे मालिकों को प्रभावित करने में असमर्थ रहते हैं।

7. बाहरी नेतृत्व—श्रमिकों के अशिक्षित एवं साधनहीन होने के कारण श्रमिक संघों का नेतृत्व ऐसे लोगों के हाथों में होता है, जो श्रमिक नहीं होते। ये नेता श्रमिकों के हितों का पूरा ख्याल नहीं रखते, बड़ल्क अवसर पाकर श्रमिकों का अहित करके

अपने तुच्छ व्यक्तिगत स्वार्थ पूरे कर लेते है। श्रमिकों के बीच से नेता बनने पर श्रमिक संघ आन्दोलन सफलता के चरणों पर सहज पहुँच सकेगा।

8. श्रमिकों की प्रवास प्रवृत्ति—काफी मात्रा में ऐसे श्रमिक होते हैं, जिनको स्थायी श्रमिक नहीं कहा जा सकता। ये लोग खेतों पर काम न होने के समय शहरों में आकर श्रमिक बन जाते हैं और फिर गाँवों में खेतों पर काम शुरू होने पर पुन: गाँव वापस चले जाते हैं। ऐसे श्रमिकों को श्रमिकों के हित या श्रमिक आन्दोलन की सफलता से कोई सरोकार नहीं होता है। इससे भी श्रमिक संघ आन्दोलन को धक्का पहुँचता है।

9. विभिन्न श्रमिक संघों में आपीस फूट—श्रमिक संघों में आपसी फूट पाई जाती है। एक ही उद्योग में यहाँ तक कि एक ही औद्योगिक संस्थान में दो या दो से अधिक श्रमिक संघ होते हैं जो कि आपस में ही एक-दूसरे का विरोध कर लड़ते हैं। ऐसा होने पर सर्वाधिक लाभ नियोजकों को होता है और कई बार उन संगठनों में आपसी फूट नियोजकों की एक नीति होती है जिसका प्रतिकूल प्रभाव श्रमिकों पर ही पड़ता है।

10. श्रमिक संघों पर राजनीतिक प्रभाव—श्रमिक संघों पर राजनीतिक प्रभाव के कारण राजनीतिक उद्‌देश्यों की पूर्ति के लिए श्रमिक संघों को मोहरा बना लिया जाता है, जिसमें श्रमिकों के कल्याण जैसी बात कम ही रहती है।

11. रचनात्मक कार्यों का अभाव—भारत में अधिकतर श्रमिक संघ अपनी वित्तीय स्थिती खराब होने के कारण अपने श्रमिक सदस्यों के लिए कोई रचनात्मक कार्य, जैसे—उनकी शिक्षा, चिकित्सा, मनोरंजन आदि की व्यवस्था नहीं कर पाते, जिससे उनकी अज्ञानता दूर नहीं होने के साथ-साथ उनकी कुशलता में भी वृद्धि नहीं हो पाती।

12. भर्ती का गलत तरीका—उद्योगों में श्रमिकों की भर्ती मध्यस्थों के द्वारा होती है, जो कि सरदार या जाँवर कहलाते हैं। ये सरदार श्रमिक संघों के विरोधी होते हैं। अधिकांशतया सरार मिल-मालिकों या नियोजकों के वफादार होते हैं और खुर का फायदा लेकर शेष श्रमिकों को उनको पूरा हक ना लेने पर बाध्य करते हैं।

13. मिल-मालिकों के हथकण्डे—मिल मालिक श्रमिक संघों से बहुत डरते हैं, अत: वे श्रमिक संघों को कमजोर बनाने, उनको नष्ट करने तथा उनमें फूल डालने के सभी हथकण्डों का प्रयोग किया करते हैं। इससे श्रमिक संघ आन्दोलन को आघात लगता है।

14. सरकारी दृष्टिकोण—स्वतन्त्रता से पूर्व श्रमिकों के प्रति सरकारी दृष्टिकोण ने भी श्रमिक संघ के हितों को चोट पहुँचाई है।

श्रमिक संघों को प्रभावशाली बनाने के लिए सुझाव

श्रमिक संघों को प्रभावशाली बनाने के लिए निम्न सुझाव हैं—

1. श्रमिक संघ अधिनियम में अनुकूल परिवर्तन—सरकार को श्रमिक संघों को प्रभावशाली बनाने के लिए श्रमिक संघ अधिनियम में परिस्थितियों के अनुकूल परिवर्तन करने चाहिए। सार्वजनिक उद्योगों में श्रम संघों को प्रबन्ध व लाभ में हिस्सा देना चाहिए तथा उनके रचनात्मक कार्यों को बढ़ावा देने के लिए अनुदान व आर्थिक सहयोग देना चाहिए।

2. सरकार द्वारा प्रोत्साहन—सरकार द्वारा श्रमिक संघों को प्रभावशाली बनाने के लिए यथासम्भव प्रोत्साहन दिया जाना चाहिए।

3. श्रमिक संघों द्वारा रचनात्मक कार्य—श्रमिक संघों को अपना कार्यक्षेत्र केवल हड़ताल तक ही सीमित नहीं रखना चाहिए, बड़ल्क उन्हें श्रमिकों की शिक्षा, स्वास्थ्य, मनोरंजन और आवास आदि की व्यवस्था सुधारने की ओर भी ध्यान देना चाहिए।

4. कार्यकर्त्ताओं का प्रशिक्षण—श्रमिक संघों के कार्यकर्त्ताओं के प्रशिक्षण के लिए विशेष प्रशिक्षण संस्थाओं की स्थापना करनी चाहिए।

5. पारस्परिक फूट की समाप्ति—श्रमिक संघों की आपसी फूट से यह आन्दोलन बेहद कमजोर हो जाता है, अत: उनमें आपसी पारस्परिक फूट को विभिन्न उपायों द्वारा समाप्त करना चाहिए।

6. उद्योगपतियों द्वारा मान्यता—उद्योगपतियों को श्रम संघों के प्रति अपनी विरोधी नीति का परित्याग कर औद्योगिक शान्ति व उत्पादन वृद्धि के लिए स्वस्थ उदार नीति अपनानी चाहिए। उन्हें श्रम संघों को मान्यता प्रछान करनी चाहिए।

7. शिक्षा का प्रसार—श्रमिकों में शिक्षा का प्रसार करना चाहिए जिससे उनको अपने हित-अहित को सोचने की शक्ति स्वयं ही मिल सके। यदि सभी श्रमिक शिक्षित हों तो वे एक हो जाएँगे और नियोजकों को मनमानी करने का मौका नहीं मिल पायेगा। अत: श्रमिक संघों को प्रभावशाली बनाने के लिए श्रमिकों का शिक्षित होना अनिवार्य है।

8. एक उद्योग में एक ही संघ—श्रम संघों की प्रभावशीलता के लिए एक उद्योग में एक ही श्रम संघको मान्यता मिलनी चाहिए। एक ही उद्योग में एक से अधिक श्रम संघ होने पर वे अपनी परस्पर विरोधी विचारधारा के आधार पर एक-दूसरे का विरोध करते रहते हैं और असफल रहते हैं।

9. राजनीति से दूर करना—श्रमसंघों की प्रभावशीलता के लिए उन्हें राजनीति से दूर रखना चाहिए। परन्तु आज के माहौल में चूँकि श्रम संघ आन्दोलन राजनीति से सर्वथा अछूता नहीं रह सकता, अतः कम से कम उसे दलगत राजनीति का मोहरा बनाना व उनके द्वारा अपने राजनीतिक स्वार्थों की पूर्ति का प्रयास करने की प्रवृत्ति का तो अन्त होना ही चाहिए।

10. आर्थिक दशा सुधारना—प्रभावशाली श्रम संघों के लिए उनकी आर्थिक दशा में सुधार किया जाना चाहिए। इसके लिए सदस्यों से चन्दे की नियमित वसूली, मालिकों व सरकार द्वारा सहायता देने की व्यवस्था होनी चाहिए।

देश में उत्पादन में वृद्धि अत्यन्त आवश्यक है और इसके लिए औद्योगिक शान्ति होना अनिवार्य है। यदि श्रमिकों में असन्तोष व्याप्त रहेगा, तो वे ठीक प्रकार से कार्य नहीं करेंगे, जिससे उत्पादन कम होगा। श्रमिक संघ मजदूरों के हितों की रक्षा करते हैं और इस प्रकार कीउनकी कार्यक्षमता में वृद्धि कर उत्पादन बढ़ाने में सहायक होते हैं। किन्तु भारीय श्रमिक संघ राजनतिक दलों व स्वार्थी नेताओं के प्रभुत्व में हैं तथा श्रमिक संघों में ही पारस्परिक फूट है, जिससे पूँजीपति श्रमिकों का शोषण करने में सफल हो जाते हैं। श्रमिक संघों को भी चाहिए कि वे मजदूरों के हितों की रक्षा के लिए संघर्ष तो करें, लेकिन हड़तालों, धीरे काम करो आदि का सहारा बार-बार न लें, क्योंकि ऐसा करने से देश का और उनका स्वयं का ही अहित होता है।

भारत में औद्योगिक सम्बन्ध

यह कटु सत्य है कि भारत में औद्योगिक सम्बन्ध विभिन्न प्रकार के सन्देह एवं अविश्वास से परिपूर्ण हैं। इस प्रकार के औद्योगिक सम्बन्धों के कारण ही औद्योगिक संघर्षों का जन्म होता है। आधुनिक बड़े पैमाने की उत्पत्ति से युग में श्रम संघर्ष सामान्य बन गये हैं। औद्योगिक संघर्षों से उत्पादन गिरता है, श्रमिकों की कार्यकुशलता घटती है, परस्पर वैमनस्य से विरोध बढ़ता है और समूची उत्पादन क्षमता पर बुरा प्रभाव पड़ता है। भारत में औद्योगिक समाज में औद्योगिक सम्बन्धों में श्रमिकों एवं नियोक्ता के सम्बन्धों को सम्मिलित किया जाता है। व्यवसाय में सफलता प्राप्त करने हेतु यह

समझना आवश्यक है कि श्रम एक वस्तु न होकर एक मानव मात्र है। भारत में इन सबका कारण मालिकों व श्रमिकों के बीच तनाव ही रहा है, जिसका कारण भाषा, जाति आदि की भिन्नता भी रही है। प्रबन्धकों व मालिकों ने भी श्रमिकों पर अनेक प्रकार के अत्याचार किये हैं, जिनसे उनमें मधुर संबंध हो ही नहीं पाये, जिसके अनेक कारण रहे हैं, जैसे—मजदूरी, बोनस, महंगाई भत्ता, कार्य और रोजगार की दशाएँ, कार्य के घण्टे, निरीक्षकों तथा मध्यस्थों द्वारा दुर्व्यवहार, अनुचित बर्खास्तगी, एक या अधिक श्रमिकों को पुनः काम पर लगाने की माँग, छुट्टियाँ व वेतन सहित अवकाश, निर्वाचन निर्णय को कार्यान्वित करने में देर करना आदि। प्रबन्धकों ने भी श्रमिकों पर अनेक अत्याचार तो किये ही हैं, साथ ही उन्होंने श्रमिक संघों को मान्यता देने से इन्कार कर दिया है। जिससे भारतीय औद्योगिक सम्बन्धों में सन्देह का वातावरण रहा है। प्रबन्धकों एवं श्रमिकों में परस्पर अविश्वास ही बना रहा है, इन सबके पीछे सामाजिक, आर्थिक, मनोवैज्ञानिक तथा राजनीतिक कारण भी रहे हैं। मधुर औद्योगिक संबंध न होने के कारणों से ही मालिकों एवं श्रमिकों के बीच अविश्वास का वातावरण बना रहा है।

औद्योगिक संघर्षों के दुष्प्रभाव—इस प्रकार के औद्योगिक संबंधों से श्रमिकों में काम के प्रति लगाव भी नहीं रहता है। इससे श्रमिकों में अनेक कटु भावनाएँ भर जाती हैं। औद्योगिक संघर्षों के इस दुष्प्रभाव से सम्पूर्ण अर्थव्यवस्था ही अस्त-व्यस्त हो जाती है, जिसका विवेचन इस प्रकार कर सकते हैं—

(i) इस प्रकार के कटु औद्योगिक सम्बन्धों से श्रमिकों में कार्य संलग्नता की बजाय कार्य में अरुचि उत्पन्न हो जाती है, परिणामस्वरूप उत्पादन में कमी आ जाती है।

(ii) इससे श्रमिकों को भी हानि होती है। उनको हड़ताल के समय का वेतन नहीं मिलता है, उनका श्रम व्यर्थ जाता है, आय घटती है, निराशा बढ़ती है।

(iii) इस परिस्थिति से उद्योगपतियों को लाभ की बजाय हानि तो होती ही है। साथ ही ब्याज, टूट-फूट व प्रशासन व्यय का भार भी उठाना पड़ता है।

(iv) समाज में दूषित वातावरण अनैतिकता को जन्म देता है। अतः औद्योगिक सम्बन्धों में पारस्परिक कटुता, सन्देह व वैमनस्यता की स्थिति होती है, तो उससे श्रमिकों में किसी भी प्रकार के संलग्नता की भावना जागृत नहीं होती।

अच्छे औद्योगिक सम्बन्धों की स्थापना हेतु सुझाव

औद्योगिक शान्ति की स्थापना के लिए, औद्योगिक उत्पादन बढ़ाने के लिए औद्योगिक संघर्षों की रोकथाम आवश्यक है। मालिकों व श्रमिकों में मधुर संबंध कायम रखना अनिवार्य है, इसके लिए निम्न सुझाव दिये जा सकते हैं—

1. श्रमिकों की प्रबन्ध एवं पूँजी में भागीदारिता को बढ़ावा—प्रबन्ध एवं पूँजी में श्रमिकों की भागीदारी को बढ़ाकर अच्छे औद्योगिक संबंध स्थापित किये जा सकते हैं।

2. एक औद्योगिक इकाई में एक श्रमिक संघ—अभी तक एक उद्योग में कई श्रमिक संघ कार्यरत हैं, इससे प्रतिनिधित्व के निर्धारण में बाधा आती है। इसके लिए सामूहिक सौदेबाजी को बढ़ावा दिया जाना चाहिये। एक औद्योगिक इकाई में एक संघ की अवधारणा को मूर्त रूप दिया जाना चाहिए। इससे मधुर औद्योगिक सम्बन्धों की स्थापना में सहायता मिलेगी।

3. मजदूर-मालिक के दृष्टिकोण में परिवर्तन—अच्छे औद्योगिक सम्बन्धों की स्थापना के लिए मजदूर व मालिक को अपने दृष्टिकोणों में परिवर्तन लाना चाहिए। अब तक उनमें शोषक एवं शोषित का दृष्टिकोण गहरे रूप में जमा हुआ है। वे एक-दूसरे को अपने हितों का विरोधी मानते हैं। दोनों को एक-दूसरे को अपना मित्र व हितैषी मानकर चलना चाहिए।

4. ऐच्छिक समझौतों एवं पंचनिर्णय के अमल पर जोर—औद्योगिक विवादों के निपटारे में ऐच्छिक समझौतों एवं पंचनिर्णय के अमल पर जोर दिया जाना चाहिए। आवश्यकता होने पर सरकार द्वारा नैतिक दबाव डाला जाना चाहिए।

5. एक समग्र नीति का अनुसरण—औद्योगिक शान्ति, मजदूरी, उत्पादकता, बोनस तथा अन्य अनेक औद्योगिक मसले परस्पर एक-दूसरे से जुड़े हुए मसले हैं। इनके निराकरण के लिए देश में एक व्यापक एवं समग्र नीति का अनुसरण आवश्यक है।

6. औद्योगिक सम्बन्ध आयोगों की स्थापना—अच्छे औद्योगिक सम्बन्धों की स्थापना के लिए केन्द्रीय तथा राज्यती स्तर पर औद्यागिक सम्बन्ध आयसोगों की स्थाना की जानी चाहिए।

7. श्रमिक संघों का पंजीकरण—श्रमिक संघों के पंजीकरण में आनेवाली बाधाओं को दूर किया जाना चाहिए ताकि सामूहिक सौदेबाजी के लिए प्रतिनिधि संस्था का मार्ग प्रशस्त हो सके।

8. प्रेरक नेतृत्व—नेतृतव वह क्षमता है जिसके द्वारा अनुयायियों के एक समूह से वांछित कार्य, इच्छापूर्वक एवं बिना दबाव कराये जा सकते हैं। एक उपक्रम का प्रबन्ध अच्छे मधुर सम्बन्ध तथा उत्पादकता बढ़ाने वाले तभी सफल हो सकता है, जबड़क उसमें कुशल नेतृत्व की क्षमता हो।

9. प्रभावी सन्देशवाहन—सन्देशवाहन से आशय उन समस्त साधनों से होता है, जिनको एक व्यक्ति अपनी विचारधारा को दूसरे व्यक्ति के मस्तिष्क पर डालने के लिए या समझने के लिए अपनाता है। पर यह वास्तव में दो व्यक्तियों के मस्तिष्क के बीच की खाई को पाटने वाला पुल है। इसके अन्तर्गत कहने, सुनने तथा समझने की एक वैज्ञानिक प्रक्रिया सदैव चालू रहती है। यह प्रभावी सन्देशवाहन, उपक्रम के साधनों के प्रभावी उपयोग के लिए अत्यन्त आवश्यक होता है।

10. प्रभावी पर्यवेक्षण—प्रभवी पर्यवेक्षण का उद्देश्य श्रमिकों को अच्छा और अधिक काम की प्रेरणा देना तथा उनके व्यक्तिगत गुणों को स्वीकृति प्रदान करना होता है। एक कुशल पर्यवेक्षक श्रमिकों की कार्यकुशलता बढ़ने में सहायता देता है। इससे भी मधुर औद्योगिक सम्बन्धों में सहायता मिलती है।

19

ग्रामीण विकास मृदा अपरदन

मृदा कृषि एवं वन सम्पदा का आधार है। यह पैतृक चट्टानों, बहते जल, चट्टान चूर्ण, रासायनिक क्रिया, वनस्पति, अपघटक एवं अनेक कीटाणु व जीवाणुओं की सम्मिलित क्रिया-प्रतिक्रिया का योग है। मिट्टी का उपजाऊपन भी इन्हीं की अनुकूलता या कमी से प्रभावित होता है। भारत एवं विश्व के अधिकांश विकासशील ऊष्ण व अर्द्धऊष्ण देशों की मिट्टियाँ अनेक समस्याओं से ग्रसित है। मिट्टी की जो भी समस्या है उसमें से सबसे प्रधान, दुष्प्रभावी एवं घातक मृदा अपरदन की समस्या हैं। मृदा अपरदन के लिये प्राकृतिक, जैविक एवं मानवीय सभी कारण उत्तरदायी है। इनमें सबसे बड़ा कारण मानव स्वयं ही है। क्योंकि मानव को अपने अनेक उद्देश्यों आर्थिक, सामाजिक एवं सांस्कृतिक अनुकूलताओं की प्राप्ति के लिए मिट्टी की सबसे अधिक आवश्यकता रहती है। मिट्टी के कटाव को ही मृदा अपरदन या भूक्षरण (Soil erosion) कहते हैं। जब विशेष या सामान्य कारणों से किसी स्थान की मिट्टी विघटित व अपघटित होने के पश्चात् उसकी ऊपरी परत अपना स्थान छोड़कर बहने या परिवहित होने लगती है तो उसे मिट्टी का अपरदन कहते हैं किन्तु भारत में एवं विश्व के अधिकांश ऊष्ण व अर्द्धऊष्ण प्रदेशों में वर्तमान में लगभग यही स्थिति है।

मृदा अपरदन के प्रकार

मृदा अपरदन मुख्यतः निम्न प्रकार के होते हैं :-

1. जलीय अपरदन (Water erosion):- जल द्वारा अनेक प्रकार के अपरदन होता रहता है। बहता हुआ जल भूतल पर सभी भागों में अपरदन का सशक्त एवं तत्काल प्रभावी कारक है।

(i) पृष्ठीय अपरदन (Sheet erosion) :- यह मृदा अपरदन की प्रथम अवस्था है। इसमें मिट्टी उर्वरता पपड़ी उखड़ने के साथ प्रारम्भ होता है। तत्पश्चात् उखड़ी परतें हवा या पानी के द्वारा हटाई जाती रहती हैं। जिस मिट्टी में जैव पदार्थों की कमी होती हैं अथवा जल धारण सरलता से होता हैं। जुते खेतों, वनस्पति रहित भू-भागों अधिक चराये गए क्षेत्रों, ढ़ालू भागों व स्थानान्तरणशील कृषि प्रदेशों में पृष्ठीय अपरदन को अनुकूल दशायें मिलती हैं।

(ii) अल्पसरित अपरदन (Rillin or slope erosion) :- पृष्ठीय अपरदन से आगे की अवस्था अल्पसरित अपरदन की है। जब पृष्ठीय अपरदन की उपेक्षा कर दी जाये और अपरदन की पूर्व की भांति चलता रहे तो जल संकरी नालियों में बहने लगता है। इस प्रकार संकरी नालियों का बनना ही अल्पसरण हैं। जहाँ धरातल का ढाल 3 प्रतिशत से अधिक होता है वहाँ इस प्रकार का अपरदन अधिक होता है। ढाल की दिशा के समानान्तर जुताई करने से अल्पसरण को अच्छा अवसर मिल जाता है।

(iii) अवनालिका अपरदन (Gully erosion) :- अल्पसरण से अवनालिका अपरदन का विकास होता है। इस अपरदन का प्रभाव केवल मिट्टी तक ही सीमित नहीं रहता बल्कि पैतृक चट्टान में भी अवनालिकायें एवं गहरी खाइयाँ बन जाती है। यह अपरदन का सबसे अधिक खतरनाक रूप है। इस प्रकार का अपरदन जिस भू-क्षेत्र पर होता है, वह कृषि के लिए अनुपयुक्त हो जाता है। अवनालिकायें अंग्रेजी के 'V' तथा 'U' आकार में बनती हैं।

(iv) नदी तटीय अपरदन (Riverian erosion) :- यह वर्षा काल में नदियों में प्रायः अधिक पानी बहता है जिससे उसके किनारे कटते रहते हैं। गहरा करता करता है जिससे मिट्टी के कटाव में तेजी आती है। नदी जल में घुले मिट्टी के कारण धारदार यन्त्र की भांति कटाव में सहायक होते हैं।

(v) भू-स्खलन अपरदन (Land-Slide erosion):- पर्वतीय क्षेत्रों में मृदा अपरदन का भयानक रूप भू-स्खलन है। यह वर्षा ऋतु में मिट्टी में गहराई तक

पहुँचने वाली नमी के दबाव के कारण किसी भ्रंश रेखा के सहारे भूखण्ड के नीचे खिसकने के साथ होता है।

(vi) वर्षा बूंदों द्वारा अपरदन (Splash erosion) :- मूसलाधार वर्षा के समय बूंदाघात से भी मिट्टी अपरदन होता है। वैज्ञानिकों के अनुसार 90 प्रतिशत भूक्षरण वर्षा की बूंदों से होता है तथा शेष 10 प्रतिशत पानी के बहाव से। वृक्ष विहीन सतह पर वर्षा बूंदें अधिक तेजी से प्रहार करती है जिससे मिट्टी उखड़कर दूर तक फैल जाती है और बाद में पानी में घुलकर बहाव के साथ बह जाती है।

2. वायु द्वारा अपरदन (Wind erosion) :- अर्द्ध शुष्क वन रहित एवं मरूस्थलीय प्रदेशों में वायु तेजी से निरन्तर बहती रहती है। इससे बालू मिट्टी भारी मात्रा में भूमि से रगड़ खाती हुई एवं वायु के साथ उड़कर बहती रहती है। जिससे मरूभूमि एवं सीमावर्ती क्षेत्रों की ऊपरी उपजाऊ परत बह जाती है तथा अनुपजाऊ बालू का ढेर बस्तियों के आस-पास बिखर कर उसे बसाव के अयोग्य क्षेत्र बना देता है।

3. हिमानी द्वारा अपरदन (Glaciated erosion) :- हिमाच्छादित भागों में मृदा अपरदन हिमनदी द्वारा होता है। गुरूत्वाकर्षण के कारण जब हिम ढाल के सहारे सहारे फिसलती हुई आगे बढ़ती है तो तली को घिसती रहती हैं। परिणाम स्वरूप तली की मिट्टी का कटाव होता है। हिमाचल प्रदेश में 4000 मीटर से अधिक ऊँचे भागों में इस प्रकार की मृदा अपरदन देखने को मिलता है।

4. समुद्री तटीय अपरदन (Marine erosion):- समुद्र तट या बड़ी झीलों के तट पर लहरें निरन्तर भूमि को काटती रहती है इसलिए तट परअनेक प्रकार की कटाव की आकृतियाँ,चबूतरे व दलदल आदि पाये जाते हैं। इससे भूमि में क्षार बढ़ता है एवं ऐसी भूमि अनुपजाऊ बनी रहती है। इसी भाँति हिमानियाँ भी सीमित मात्रा में बर्फीले प्रदेशों में कटाव करती है। जहाँ हिमानियाँ समाप्त हो जाती है वहां बर्फ व जल से मिश्रित कटाव के चबूतरे एवं अन्य रचनाएँ भी बनती हैं। अन्ततः यह पानी बहकर किसी नदी में मिल जाता है।

5. जीवों द्वारा अपरदन (Animal erosion)- विधि प्रकार के जीव बिल खोदकर मिट्टी खाकर, मिट्टी में अपघटन की क्रिया करके एवं भेड बकरियाँ गहराई तक चराई करके तथा अन्य कारणों से मिट्टी को ढीला करती रहती है इससे उस क्षेत्र की मृदा तेजी से जल या पवन द्वारा वहां से उडाई या बहाई जा सकती है। इससे भूमि की ऊपरी उपजाऊ सतह शीघ्र नष्ट हो जाती है। ऐसा विशेषकर अर्द्धशुष्क प्रदेशों में, ढालू घास के मैदानों में एवं वन रहित पशुचारण के क्षेत्रों में होता रहता है, क्योंकि भेड-बकरियाँ जड़ों

तक चराई करके मिट्टी के कणों को ढीला बनाकर उन्हें शीघ्र अपरदन योग्य बनाती रहती है।

6. मानवीय कारणों से भूमि अपरदन (Human erosion) – मानव अनेक प्रकार से भूमि को अपरदन योग्य बनाता है। वह खान खोदकर, वन काटकर, घास के मैदानों को कृषि भूमि में बदलकर, खेतों को जोतकर व खुला छोडकर वह भूमि को अपरदन योग्य बनाता है। इसी भाँति नगरों से निकला मैला जल, उद्योगों का अम्लीय जल, प्रदूषित जल व ठोस मैला पदार्थ सभी मिलकर मिटटी में अनुपयोगी अम्लीय एवं क्षारीय प्रभाव बढाते रहते हैं। इससे भी उपजाऊ मिट्टी तेजी से अनुपजाऊ या बंजर बन जाती है ।उपरोक्त विभिन्न कारणों से उपजाऊ मृदा नष्ट हो जाती है। मृदा अपरदन निरन्तर होने वाली प्रक्रिया है जिसके द्वारा हजारों हेक्टेयर भूमि प्रतिवर्ष नष्ट होती रहती है। अपरदन के द्वारा स्थानान्तरित मृदा विभिन्न जल स्त्रोतों में एकत्रित होने के कारण भयंकर स्थिरति उत्पन्न हो जाती है। नदियों का उथला होना है। नदियों, नालों के किरनारों तथा समीपवर्ती मृदा में, मृदा क्षरण के द्वारा लम्बे –चौड़े दरारें एवं गड्ढे बन जाते हैं। ऐसे स्थानों पर कृषि क्रियाये असम्भव हो जाती है। अपरदन के कारण विभिन्न प्रकार के पोषक तत्व जल के साथ घुल कर नष्ट होते रहते हैं, जिससे मृदा उत्पादन शक्ति क्षीण हो जाती है। पूर्ण अपरदित मृदा भौतिक, रासायनिक एवं जैविक दृष्टिकोण से फसलोत्पादन के अयोग्य हो जाती है और उसमें खेती करना अर्थहीन एवं व्ययशील प्रक्रिया हो जाती है।

आर्थिक दृष्टिकोण से मृदा अपरदन एवं अत्यन्त हानिकारक प्रक्रिया है। अपरदन के कारण राजमार्ग, रेलमार्ग एवं अन्य सार्वजनिक स्थान का काफी अंश नष्ट होता रहता है, जिसे सुधार में करोड़ों रूपये व्यय होतें हैं। पास्थितिक असन्तुलन में भी मृदा अपरदन का महत्वपूर्ण स्थान है। इसके भयंकर प्रभाव से अकिन्चन भू–दृश्य (Poor landscape) प्रक्षेत्र परित्याग, भूमि के बन्धक रखने का निषेध एवं हतोत्साह आदि होना भी सम्भव है। यही कारण है कि मृदा अपरदन जैसे अभिशाप का निवारण करना हमारा पुनीत एवं अनिवार्य कर्तव्य है। मृदा अपरदन को रोकने के लिये जिन विधियों एवं पक्रियाओं को प्रयोग में लाया जाता है, **भूमि संरक्षण** (soil conservation) कहलाता है।

मृदा संरक्षण की विधियाँ

मृदा संरक्षण की विधियाँ निम्नलिखित हैं –

सस्य विज्ञान सम्बन्धी विधियाँ (Agronomical Methods)-सस्य विज्ञान सम्बन्धी विधियों को जैविक विधियॉ भी कहते हैं । इन विधियों में मनुष्यों द्वारा उगायी जाने वाली फसलों से मृदा को प्राकृतिक वनस्पति के रूप में सुरक्षा प्रदान करने का प्रयत्न किया जाता है। जैविक विधियों में प्रमुख रूप ससे प्रचलित विधियॉ निम्नलिखित हैं –

(i) पट्टीदार खेती-इस विधि का प्रयोग प्रवाह युक्त जल के वेग को मन्द करने के लिये किया जाता है । इसके अन्तर्गत अपरदन को रोकने वाली फसलें एवं अपरदन रोधी पतीदार फसलों को समोच्च रेखाओं पर पंक्तियों के एकान्तर क्रम में उगाया जाता है । ढाल मृदा को ढाल के विपरीत बहुत सी पट्टियों में विभाजित कर लिया जाता है । पट्टियाँ ढाल के साथ ससमकोण पर बनायी जाती है । इसमें पंक्ति फसल (Row crop) तथा ढकने वाली फसल (Cover crop) उगायी जाती है जिससे मृदा अपरदन काफी सीमा तक कम हो जाता है ।

(ii) फसल चक्र (Crop Rotation)- मृदा संरक्षण के लिये फसल चक्र बनाते समय फलीदार एवं घस वाली फसलों का समावेश आवश्यक है, जिससे न केवल मृदा उर्वरता की वृद्धि होती है, बल्कि इन फसलों के द्वारा मृदा को सुरक्षा प्राप्त होती है और अपरदन रूकता है।

(iii) खादों का प्रयोग (Application of manure) - कार्बनिक खादों, जैसे - गोर, कम्पोस्ट, हरी खादों का प्रयोग करने पर मृदा उर्वरता की वृद्धि के साथ मृदा के भौतिक गुणों में सुधार होता है जिससे मृदा का गठन, संरचना, जल धारण क्षमता, चिपचिपापन बढ़ता है और मृदा अपरदन में कमी आती है।

▣▣▣

20

ग्रामीण विकास में पर्यावरण की अनिवार्यता

सौभाग्य से, यह नयी वास्तविकता इस सदी के नये विकास से अधिक सकारात्मकता से जुड़ी है। अब हम विश्व में पहले की अपेक्षा सूचना व सामग्री का शीघ्रतर प्रेषण कर सकते हैं। हम संसाधनों का अल्प विनियोग करके अधिक अनाज व अधिक सामग्री का उत्पादन कर सकते हैं। हमारा विज्ञान और तकनीकी ज्ञान, हमें प्राकृतिक तंत्र को गहनता से देखने और बेहतर तरीके से समझने की क्षमता देता है। अंतिरक्ष से हम पृथ्वी का उस एक जीव की भांति दर्शन व अध्ययन - सकते है जिसका स्वास्थ्य उसके अन्य सभी भागों के स्वास्थ्य पर निर्भर होता है। हम मानवीय क्रियाओं के साथ प्राकृतिक नियमों का सामंजस्य करने तथा क्रियाविधि को उन्नत बनाने की क्षमता रखते हैं। इन स्थितियों में हमारी सांस्कृतिक एवं अध्यात्मिक धरोहर ही हमारे आर्थिक लाभ एवं जीवनाधिकार को सम्बल प्रदान कर सकती है। आयोग यह विश्वास करता है कि मानव अपने भविष्य को अधिक समृद्ध, अधिक न्यायोचित और अधिक सुरक्षित बना सकता हैं। हमारा ? सबका भविष्य नामक हमारा यह प्रतिवेदन सदा बढते हुए पर्यावरणीय क्षय व निर्धनता की भविष्यवाणी नहीं है और न ही सदा घटते हुए संसाधनों के बीच सदा

अधिक होते प्रदुषित संसार की कठिनाइयों का विचरण है। बजाय, इसके, हम आर्थिक विकास के नवयुग की संभावनाएँ देखते हैं जो कि समुचित विकास की नीतियों पर आधारित हों और पर्यावरणीय संसाधनों के आधारों का विस्तार करें। हम विश्वास करते है कि व्यापक गरीबी में डूबे हुए विकासशील विश्व के एक बड़े भाग को राहत पहुँचाने के लिए ऐसी वृद्धि अत्यन्त आवश्यक हैं। भविष्य के लिए, आयोग की आज्ञा राजनैतिक निर्णयों की क्रियान्विति पर निर्भर हैं जिनके द्वारा समुचित मानवीय प्रगति और मानवीय उत्तरजीविका को सुनिश्चित करने के लिए अब पर्यावरणीय संसाधनों का व्यवस्थापन प्रारंभ होगा। हम कोई भविष्यवाणी नहीं कर रहे हैं बल्कि चेतावनी जारी कर रहे हैं। कि विज्ञान के सर्वोत्तम एवं नवीनतम प्रमाणों पर आधारित एक अत्यावश्यक चेतावनी, कि प्राकृतिक संसाधनों को आज और भावी पीढ़ी के लिए सुरक्षित बनाये रखने का आवश्यक निर्णय लेने का समय आ गया है। हम क्रियान्वयन हेतु कोई विस्तृत कार्य योजना नहीं अपितु एक मार्ग प्रस्तुत कर रहे हैं जिससे कि विश्व की जनता सहयोग की परिधि को बढ़ा सके। पर्यावरण शब्द दो शब्दों परि+आवरण से मिलकर बना है जिसका अर्थ परि=चारो ओर, आवरण-घेरा यानि हमें चारो और से घेरने वाला पर्यावरण ही है। प्राचीन काल में मानव बहुत सीधा-साधा जीवन व्यतीत करता था, उस समय पर्यावरण के बारे में इतना सब नहीं समझता था। लेकिन मानव ने जब से उत्पादन क्षमता बढाई है, विश्त में पर्यावरण की एक नई समस्या उभरकर हमारे सामने आई है। मनुष्य ने पर्यावरण को जब तक अपने हिस्सेदार की तरह समझकर अनुकूल रखा तो लाभ भी लिया। लेकिन जब से मानव ने पर्यावरण के साथ अल्पावधि लाभ हेतु इसके साथ छेड़छाड़ की ओर अदूरदर्शिता से प्राकृतिक सम्पदाओं का उपयोग किया और उसे नष्ट किया तभी से वातावरण में अवांछित परिवर्तन हुए जिसके बारे में मानव ने कभी सोचा नहीं और यह हानि उठानी पड़ी है।

मानव ने बिना सोच-विचार के अपनी सुविधा हेतु मोटर-वाहनों का प्रयोग औद्योगीकरण,कृषि,जनसंख्या वृद्धि, बढ़ती आवश्यकताएँ, वनों की कटाई, वन्य जीवों का शिकार, प्लास्टिक उद्योग, परमाणु परीक्षण आदि से वातावरण में अनचाहे परिवर्तन हुए है और हमारी भूमि, जल व वायु के भौतिक, रासायनिक व जैविक गुणों में ऐसा परिवर्तन हुआ है जो कि पूरी मानव सभ्यता के लिए अलाभकारी सिद्ध हुआ है।

पर्यावरण की प्रकृति निरन्तर परिवर्तनशील रही हैं जिसके अर्न्तगत वर्तमान में पर्यावरण का अध्ययन विज्ञान एवं समाज विज्ञानों की विभिन्न शाखाओं में किया जा रहा है। फलस्वरूप इसकी प्रकृति बहुविषयी (Multidisciplinary)हो गई हैं। प्रारम्भ में पर्यावरण का अध्ययन प्राकृतिक विज्ञानों में ही किया जाता था लेकिन पर्यावरण के घटकों

के तीव्रगति से दोहन से पर्यावरण की सुरक्षा एवं पारिस्थितिक तंत्र के सन्तुलन को बनाये रखने के लिए इसके अध्ययन का क्षेत्र विस्तृत किया गया ताकि प्राकृतिक विज्ञानों के साथ-साथ प्राकृतिक उपक्रमों एवं मानवीय क्रियाकलापों का अध्ययन समाज विज्ञानों में भी किया जा सके। इस दृष्टि से वर्तमान में समाजशास्त्र, राजनीतिविज्ञान, इतिहास एवं साहित्य में भी पर्यावरण अध्ययन का समावेश किया गया है। इसके कारण पर्यावरण अध्ययन की प्रकृति बहुविषयी बन गई है। ये सभी विषय मिलकर पर्यावरण में मानव की भूमिका एवं इसके क्रियाकलापों से तद्जनित भूदृश्य (Landscape) को समझने में सहायता करते है।

विज्ञान एवं समाज विज्ञानों की विभिन्न शाखाओं में किये गये पर्यावरण के विशेष पक्षों के अध्ययन द्वारा इसकी स्पष्ट व्याख्या सम्भव हुई है। प्रारम्भ में विज्ञान त्रिषय में केवल पर्यावरण की संघटनात्मक प्रकृति का अध्ययन किया जाता था जो विभिन्न शाखाओं के विषय क्षेत्र तक ही सीमित था। उदाहरणार्थ, वनस्पति विज्ञान में वनस्पति एवं जलवायु, जल मृदा आदि पर्यावरणीय तत्वों के सम्बन्धों का अध्ययन किया जाता था। इस आधार पर विभिन्न जीवो (Biomes) का अध्ययन इसमें सम्मिलित किया गया। इसी प्रकार प्राणीशास्त्र में विश्व के जीव-जन्तुओं की विविध जातियों (Species) के विकास, स्थानान्तरण एवं वर्तमान वितरण का अध्ययन किया जाता है। रसायनशास्त्र में रासायनिक विश्लेषणों तथा भौतिक शास्त्र में तापीय एवं रेडियोधर्मिता तकनीकी का अध्ययन किया जाता हैं।

मानव पर्यावरण का प्रमुख घटक है, जो अपने कार्यों द्वारा इसे परिवर्तित करता है तथा स्वंय भी प्रभावित होता है। स्पष्ट है कि पर्यावरण सदैव परिवर्तनशील रहता है, जिसमें मानवीय एवं प्राकृतिक दोनों शक्तियों की भूमिका रहती है। यह निर्धारित करना कठिन हैं कि पर्यावरण में होने वाला कोई भी परिर्वतन पूर्ण रूप से प्राकृतिक कारकों का परिणाम है, या मानवीय योगदान है। इस प्रकार पर्यावरण किसी स्वतन्त्र कारक का प्रभाव न होकर विभिन्न कारकों (जैविक-अजैविक) का अन्तःक्रियात्मक प्रभावकारी योग है, जो स्वंय परिवर्तनशील रहते हुए प्रत्येक कारक को भी प्रभावित करता है। पर्यावरण के कारक विभिन्न श्रृंखलाओं (Chains) पारिस्थितिकीय चक्रों तथा तंत्रों (Systems) के द्वारा परस्पर एक-दूसरे से संयोजित रहते हुए सन्तुलन की दशा को बनाये रखते हैं।

पर्यावरण एक खुला तन्त्र है, जो सदैव परिवर्तनशील रहता हैं। इसके विभिन्न अजैविक घटकों के मध्य जीवों का परस्पर सहवास होता है, क्योंकि पर्यावरण तथा जीव एक-दूसरे से जुड़े हुए हैं। ये जीव पर्यावरणीय परिवर्तनों के प्रकृति अनुकूलन कर

लेते हैं। जीव अनुकूलन करके ही पर्यावरण से अनुक्रिया करते हैं, जिसके परिणामस्वरूप जीवमण्डलीय पारिस्थितिक तन्त्र इनसे प्रभावित होता है। पर्यावरण की प्रकृति विषय के विकास के साथ परिवर्तित होती रही हैं। इसमें प्रारम्भ में केवल भौतिक संघटकों को ही सम्मिलित किया गया जिसका गाउडी ने पुरजोर समर्थन किया लेकिन बाद में जैविक संघटकों को भी सम्मिलित किया गया तथा इनमें मानव को केन्द्रीय स्थान दिया गया।

पर्यावरण और पारिस्थतिकीय परिभाषाएँ

अंग्रेजी भाषा के Ecology शब्द की व्युत्पत्ति ग्रीक भाषा के Oikos तथा Logos दो शब्दों से हुई है। Oikos का अर्थ होता है- 'आवास का स्थान' (Habitation) तथा Logos का अर्थ होता है-अध्ययन (Study of)। इस प्रकार Ecology का शाब्दिक अर्थ-आवास के स्थान का अध्ययन या आवास का अध्ययन होता है।

जर्मन के जन्तु वैज्ञानिक हीकेल (Haeckel) ने सर्वप्रथम सन् 1866 में पारिस्थितिकी की ज्ञान की पृथक शखा के रूप में पहचान की। हीक्ल महोदय ने पारिस्थिकी के लिये Oeckologic शब्द का प्रयोग प्राणियों के कार्बनिक व अकार्बनिक पर्यावरण के साथ सम्बन्धों से अर्थ में किया।

एनसाइक्लोपीडिया ऑफ एनवायर्नेमेण्टल साइंस के अनुसार- ''पारिस्थितिकी मानव के अन्य प्राणियों तथा समस्त पर्यावरण के साथ सन्तुलन की एक आदर्श अवस्था है।''

ए.जी.टेंसले के अनुसार- ''पर्यावरण के जैविक एवं अजैविक तत्त्वों के सकल अन्तर्ग्रथित स्वरूपों का ही परिणाम पारिस्थितिकी तंत्र है। वर्तमान में पारिस्थितिकी तंत्र पारिस्थितिकी विज्ञान के अध्ययन का महत्त्वपूर्ण पहलू भी है।''

जीव विज्ञान के पेंग्विन (Pengwin) **शब्दकोश** के अनुसार-''पारिस्थितिकी जीव व वनस्पति समूहों के अपने आस-पास के सजीव व अजीव पर्यावरणीय कारकों के साथ सम्बधों का अध्ययन हैं।''

जोर्स के अनुसार- ''किसी विशेष इकाई में घटित पर्यावरण के तत्वों एवं सम्पूर्ण जीवों के मध्य जटिल घटनाओं को पारिस्थितिकी कहा जाता है।''

ओडम के अनुसार- ''पारिस्थितिकी वह आधारभूत इकाई है जिससें जैविक और अजैविक वातावरण एक-दूसरे पर अपना प्रभाव डालते हुऐ पारस्परिक अनुक्रिया से ऊर्जा और रासायनिक पदार्थो के निरन्तर प्रवाह से तंत्र की कार्यात्मक गतिशीलता बनाये रखते हैं।'' दूसरे शब्दों में किसी भी समुदाय के जैविक सदस्यों और उनके अजैविक

वातावरण में ऊर्जा प्रवाह और खनिज पदार्थ चक्र को पूरा करने के लिये लगातार रचनात्मक और कार्यात्मक पारस्परिक अनुक्रियायें होती रहती हैं, इन्हीं अनुक्रियाओं के सम्पूर्ण प्रभाव को पारिस्थितिकी कहते हैं।

टेलर के अनुसार– पारिस्थितिकी समस्त प्राणियों के पर्यावरण के साथ सम्बन्धों के अध्ययन का विज्ञान है।

टुर्क एवं **विट्स** के अनुसार– जीवित तन्त्रों तथा पर्यावरण के बीच सम्बन्धों का अध्ययन पारिस्थितिकी विज्ञान है।

फिलिप हेण्डलर के अनुसार– पारिस्थितिकी जीवों तथा उनके पर्यावरण के परस्पर सम्बन्धों का विज्ञान है।

पारिस्थितिकी की सुस्पष्ट, संक्षिप्त तथा व्यापक रूप में स्वीकृत परिभाषा निम्नवत् है–

पारिस्थितिकी प्राणी जगत व वनस्पति जगत के मध्य तथा उनके पर्यावरण के साथ सम्बन्धों का अध्ययन है।

पर्यावरण से अभिप्राय एक ऐसी परिवृति (Set of Surroundings) से है जो जन्तु तथा वनस्पति समुदाय को प्रभावित करती है, इस परिवृति में भौतिक तत्वों की प्रधानता होती है। पर्यावरण अंग्रेजी शब्द Environment का भाषान्तर पुनरूक्ति हैं जो दो शब्दों Environ तथा ment के सामंजस्य से उत्पन्न हुआ हैं, जिनका अर्थ क्रमश: Encircle या Enclose है अर्थात आसपास (Surrounding) से घेरे हुए। कतिपय पारिस्थितिक वैज्ञानिकों (Ecologists) ने पर्यावरण के लिए Environment शब्द के स्थान पर Habitat या Milieu शब्द का प्रयोग किया हैं जिसका अभिप्राय समस्त परिवृत्ति से है। ए.एन. स्ट्रेहलर (1976) के अनुसार मनुष्य का अस्तित्व जीव-जन्तुओं तथा पादप समुदाय के साथ संभव माना है। पार्क (Chris Park) के अनुसार, "पर्यावरण उन दशाओं का योग कहलाता है जो मानव को निश्चित समयावधि में नियत स्थान पर आवृत्त करती है।" जर्मन वैज्ञानिक **फिटिंग** (Fitting) के अनुसार, "पर्यावरण जीवों के परिवृत्तीय कारकों का योग (The totality of millien factors of an organisation) है। इसमें जीवन की परिस्थितियों के सम्पूर्ण तथ्य आपसी सामंजस्य से वातावरण बनाते हैं।"

टेंसले (Tansley 1926) नामक प्रसिद्ध पादप परिस्थितिविद् ने बताया हैं कि प्रभावकारी दशाओं का वह सम्पूर्ण योग पर्यावरण कहलाता हैं, जिसमें जीव-जन्तु रहते हैं।

पर्यावरण भौतिक तथा जैविक परिस्थितियों का सम्मिलित आवरण है, जो सम्पूर्ण जीवमण्डल को घेरे हुए है तथा जीव-जन्तुओं तथा पेड़-पौधों की उत्पत्ति तथा वृद्धि को सीमित करता है। विश्व शब्दकोश (The Universal Encyclopedia) में पर्यावरण की परिभाषा निम्न रूप से दी हैं - ''पर्यावरण उन सभी दशाओं, प्रणालियों तथा प्रभावों का योग हैं जो जीवों व उनकी प्रजातियों के विकास, जीवन एवं मृत्यु को प्रभावित करता हैं।'' डॉ. डेनिस ने पर्यावरण को परिभाषित करते हुए लिखा हैं कि ''मनुष्य के सम्बन्ध में पर्यावरण से अभिप्राय भूतल पर मानव के चारों ओर फैले उन सभी भौतिक स्वरूपों से हैं। जिनसे वह निरन्तर प्रभावित होता रहता है।'' अतः पर्यावरण भौतिक एवं जैविक संकल्पना हैं जिससे पृथ्वी के अजैविक तथा जैविक संघटको को, समाहित किया जाता है।

पर्यावरण का विषय क्षेत्र

पर्यावरण अध्ययन की विषय वस्तु में पर्यावरण एवं परिस्थितिकी के विविध घटकों, इनके पारिस्थितिकीय प्रभावों, मानव पर्यावरण अर्न्तसम्बन्धों आदि का अध्ययन सम्मिलित किया जाता है। साथ ही इसमें पर्यावरणीय अवनयन, प्रदूषण, जनसंख्या, नगरीयकरण, औद्योगीकरण तथा इनके पर्यावरण पर प्रभावों, संसाधन उपयोग एवं पर्यावरण संकट, पर्यावरण संरक्षण एवं प्रबन्धन के विभिन्न पक्षों का भी अध्ययन किया जाता हैं।

वर्तमान में पर्यावरण अध्ययन का क्षेत्र व्यापक हो गया है जिसमें जीवमण्डलीय वृहद् पारिस्थितिक तन्त्र के तीनों परिमण्डलों, स्थलमण्डल, जलमण्डल एवं वायुमण्डल के संघटन एवं संरचना का अध्ययन सम्मिलित हैं। पर्यावरण में स्थल, जल, वायु एवं जीवमण्डल के अर्न्तसम्बन्धों का अध्ययन किया जाता है जिसमें सम्पूर्ण मानवीय क्रियाओं का निधार्रण होता है। इस प्रकार पर्यावरण भौतिक तत्त्वों का ऐसा समूह हैं जिसमें विशिष्ट भौतिक शक्तियाँ कार्य करती हैं एवं इनके प्रभाव दृश्य एवं अदृश्य रूप में परिलक्षित होते हैं।

20 वीं शताब्दी के अन्तिम दशकों में पर्यावरण की प्रकृति में पर्यावरण के भौतिक एवं जैविक घटकों को सम्मिलित रूप से अध्ययन किया जाने लगा तथा इनकी प्रभावकारी दशाओं का पारिस्थितिकीय विश्लेषण भी आरम्भ हुआ। वर्तमान में पर्यावरण की प्रकृति परिवर्तित स्वरूप में अग्रसर हो रही हैं तथा निम्नलिखित तथ्यों के अध्ययन को समावेशित किया जा सकता हैं:-

(1) स्थानिक प्रणाली–(Spatial System)– एक प्रदेश का पर्यावरण दूसरे प्रदेश के भूगोल से प्रभावित होता है तथा उसे प्रभावित करता हैं। क्योंकि विभिन्न परस्पर स्थानिक सम्बन्ध रखते हैं।

(2) स्थानिक विश्लेषण–(Spatial Analysis)– स्थानिक विश्लेषण के द्वारा किसी भौगोलिक प्रदेश के पर्यावरण की अवस्थितिय भिन्नताओं को समझा जा सकता है।

(3) पारिस्थितिक प्रणाली–(Ecological System)– इसमें मानव एवं पर्यावरण के पारस्परिक प्रभावों के अध्ययन के साथ ही मानव द्वारा अपनाये अनुकूलन तथा रूपान्तरण का भी अध्ययन किया जाता है।

(4) पारिस्थितिकय विश्लेषण–(Ecological Analysis)– इसमें किसी भौगोलिक प्रदेश के पर्यावरण के तत्वों और मनुष्य के मध्य जैविक एवं आर्थिक सम्बन्धों के समाकलित अध्ययन का मूल्यांकन किया जाता है।

(5) प्राकृतिक आपदाओं का अध्ययन–(Study of Natural Disasters)– ज्वालामुखी, भूकम्प, बाढ़, सूखा, चक्रवातीय तूफान आदि को पर्यावरणीय अध्ययन में महत्व मिला हैं।

(6) पर्यावरण में मानवकृत परिवर्तनों की भविष्यवाणी के लिए वैज्ञानिक (भौगोलिक) विकास(The Development of Scientific (Geographic) forecasts of Anthropogenic Changes in the environment) – को भी महत्त्व मिला हैं।

(7) प्रादेशिक समिश्र विश्लेषण–(Regional Complexes Analysis)– इसके द्वारा किसी पर्यावरण की क्षैत्रिय भिन्नताओं की प्रादेशिक इकाइयों में पारिस्थिक विश्लेषण और स्थानिक विश्लेषण दोनों का समिश्र अध्ययन होता हैं।

(8) जैवमण्डल का अध्ययन–(Study of Biosphere)– वर्तमान समय में जैवमण्डलीय वृहद् पारिस्थिक तंत्र का पर्यावरण के अभिन्न घटक के रूप में अध्ययन किया जाता है।

पर्यावरण के घटक

पर्यावरण में जीवों का अस्तित्व कायम रहता है, यह पर्यावरण अनेक तत्वों से मिलकर बना है, इन कारकों का प्रभाव जीवधारियों पर परिलक्षित होता है। पर्यावरणीय कारकों के प्रभाव के परिणामस्वरूप जीवधारियों में प्रयुक्त क्रिया-कलापों के कई अनुकूलन उत्पन्न हो जाते है जिससे वे जीव जीवित रह पाते हैं। पर्यावरण को अनेक

कारकों के अन्तर्गत वर्गीकृत किया जा सकता है। उदाहरणार्थ- मिट्टी, जल, वायु, जलवायु के तत्व आदि। अत: मनुष्य को प्रभावित करने वाले बाह्य बलों या परिस्थिति को पर्यावरण के कारक कहते हैं। दूसरे शब्दों में पर्यावरण का प्रत्येक भाग या अंग जो प्रत्यक्ष या अप्रत्यक्ष से जीव-जन्तुओं के जीवनकाल को प्रभावित करते हैं, उसे कारक कहते हैं।

प्रसिद्ध पर्यावरणविद् डौबेनमिर (1959) ने पर्यावरण के सात तत्त्व- जल, मिट्टी, वायु, ताप, प्रकाश, अग्नि तथा जैविक तत्त्व आदि बताये हैं।

प्रसिद्ध वनस्पतिवेत्ता ओस्टिंग (**Osting 1948**) ने पर्यावरण के निम्न घटक वर्णित किये हैं-

(1) पदार्थ या तत्व (Materials)-मृदा एवं जल

(2) दशायें (Conditions)-तापक्रम एवं प्रकाश

(3) बल(Forces)-वायु एवं गुरूत्व

(4) जीव जगत (Organism)-वनस्पति एवं जीव-जन्तु

(5) समय (Time)

1 उच्चावच

पृथ्वी पर धरातलीय आकृतियाँ पर्यावरण के प्रभाव की सीमा निर्धारित करती हैं, मुख्य रूप से धरातलीय आपकृतियों का प्रभाव जलवायु पर दृष्टिगत होता है तथा जलवायुवीय दशाओं के आधार पर ही भौतिक एवं सांस्कृतिक वातावरण की प्रकृति निश्चित होती है। धरातलीय भूआकृतियों को मुख्य रूप से तीन भागों में वर्गीकृत किया जा सकता है। पर्वत, पठार तथा मैदान। पृथ्वी के धरातल का 26% भाग पर्वत, 33% भाग पठार तथा 41% भाग मैदानी है। जबकि भारत का 29.3 % भाग पर्वतीय 27.77 % भाग पठारी तथा 43 % मैदानी है। पर्वतीय भाग असम होते हैं तथा जलवायु भी कठोर होती है। यहाँ प्रत्येक आर्थिक क्रिया सुगमतापूर्वक सम्पादित नहीं हो सकती है, यहाँ पर पारिस्थितिकीय सन्तुलन अच्छा पाया जाता है। पर्वतों पर घुमक्कड़ पशुचारण (Nomadic herding), एकत्रीकरण (Food gathering), शिकार तथा स्थानान्तरित कृषि मुख्य व्यवसाय हैं। पठारी भाग धरातल के मुख्य भू-आकार हैं। इनके द्वारा पृथ्वी का एक विशाल भाग आवृत्त है। यह क्षेत्र धरातल से एकदम ऊँचा उठा हुआ समतल सतह वाला भाग होता हैं, जहाँ चाटियों का अभाव पाया जाता हैं। पठार क्षेत्र भी मानव जीवन के लिए कठोर परिस्थितियाँ प्रदान करता है। मैदानी भाग मानव जीवन के लिए अनुकूल परिस्थितियाँ

उपलब्ध करता है। विदित हैं कि विश्व की प्रमुख सभ्यताएँ मैदानों में ही विकसित हुई हैं। मैदानी क्षेत्रों में आर्थिक व्यवसायों के लिए भी अनुकूल दशायें उपलब्ध हैं। विश्व की प्रमुख सभ्यताएँ सिंधु गंगा, मिश्र में नील नदी, इराक में मैसोपोटामियां चीन में ह्वांगों, मेक्सिकों में माया तथा पीरू में इंका आदि विकसित हुई हैं।

2. अवस्थिति

अवस्थिति एक ऐसा महत्वपूर्ण कारक है जिसका पर्यावरण के अंग के रूप में भौगोलिक अध्ययन किया जाता है। अवस्थिति स्थित होती है, परन्तु समय के साथ उसकी सापेक्षिक महत्ता परिवर्तित होती रहती है। अवस्थिति का महत्व स्पष्ट करते हुए हटिंग्टन महोदय ने बताया है कि, ग्लोब-आकृति की गतिशील पृथ्वी पर अवस्थिति भूगोल को समझने के लिए कुंजी है। भूगोलशास्त्र में अवस्थिति को अग्र तीन रूपों में वर्णित किया गया है–

(i) ज्यामितिय अवस्थिति (Geometric Location)

(ii) सामुद्रिक एवं स्थलीय स्थिति (Oceanic and Continental Location)

(iii) निकटवर्ती देशों के सन्दर्भ में स्थिति (Vicinal Location)

(i) ज्यामितिय अवस्थिति (Geometric Location)– यह किसी भौगोलिक प्रदेश की अक्षांश व देशांतरीय स्थिति होती है जिसके द्वारा उक्त प्रदेश की भू-सन्दर्भ (Geo-reference) में जानकारी प्राप्त होती है। उदाहरण के लिए, भारत के राजस्थान राज्य की भूसन्दर्भ स्थिति 23°3' से 30°12'उत्तरी अक्षांश व 69°30' से 78°17' पूर्वी देशान्तरों के मध्य है। इसी प्रकार भारत को भूसन्दर्भ (Georeference) स्थिति 8°4' से 37°6' उत्तरी अक्षांश तथा 68°7' से 97°25' पूर्वी देशान्तरो के मध्य है। ग्रीक विद्वानों ने सम्पूर्ण पृथ्वी को ज्यामितिय आधार पर तीन प्रमुख ताप कटिबन्धों में विभाजित किया है जो क्रमशः ऊष्ण कटिबन्धीय 23°30' उत्तरी से 23°30' दक्षिणी अक्षांश, उपोष्ण कटिबन्ध 23°30' उत्तरी से 66°30' व 23°30'दक्षिण से 66°30' दक्षिण अक्षांश व शीत कटिबन्ध 66°30' से 90° उत्तरी व 66°30' से 90° दक्षिणी अक्षांशों के मध्य विस्तृत है। उपरोक्त अवस्थिति कारक का प्रत्यक्ष प्रभाव मृदा, कृषि तथा वनस्पति संसाधन पर परिलक्षित होता है। ज्यामितिय अवस्थिति का मानव पर प्रभाव के बारे में प्रसिद्ध भूगोलवेत्ता बोदिन (Bodin) ने कहा है कि उत्तरी क्षेत्रों के मनुष्य शारीरिक शक्ति सम्पन्न एवं दक्षिणी क्षेत्रों के तकनीकी ज्ञान में एवं उच्च व्यवसायी हैं, जबकि मध्यवर्ती क्षेत्रों के मनुष्य राजनीति के नियंत्रण में श्रेष्ठ माने गये हैं स्थिति प्रमुखतया जलवायु को नियन्त्रित कर मानव द्वारा सम्पादित आर्थिक क्रिया-कलापों को प्रभावित करती हैं।

3. जैविक कारक

विभिन्न जीव-जन्तु और मनुष्य के आर्थिक कार्यों को प्रभावित करते हैं, जन्तुओं में गतिशीलता की दृष्टि से वनस्पति से श्रेष्ठता होती हैं। वे अपनी आवश्यकताओं के अनुसार प्राकतिक वातावरण से अनुकूलन (Adapation)कर लेते हैं। जीव-जन्तुओं में स्थानान्तरणशीलता का गुण होने के कारण वे अपने अनुकूल दशाओं वाले पर्यावरण में प्रवास (Migration) भी कर जाते हैं। फिर भी इन पर पर्यावरण का प्रत्यक्ष प्रभाव दृष्टिगत होता हैं। समान दशाओं वाले वातावरण के प्रदेशों में जन्तुओं में भिन्नता मिलती हैं। मरूस्थलीय वातावरण के जन्तुओं में भिन्नता मिलती हैं, उदाहरणार्थ थार एवं अरब के ऊँटों में भिन्नता मिलती हैं।

4. जलवायु

जलवायु पर्यावरण को नियंत्रित करने वाला प्रमुख कारक हैं, क्योंकि जलवायु से प्राकृतिक वनस्पति, मिट्टी, जलराशि तथा जीव-जन्तु प्रभावित होते हैं। कुमारी सैम्पलने कहा हैं कि "पर्यावरण के सभी भौगोलिक कारकों में जलवायु सर्वाधिक महत्वपूर्ण घटक है। सभ्यता के आरम्भ और उद्भव में जहाँ तक आर्थिक विकास का सम्बन्ध रहता हैं, जलवायु एक वृहत् शक्तिशाली तत्त्व हैं।" जलवायु मानव की मानसिक एवं शारीरिक क्रियाओं पर प्रभाव डालती हैं। प्रो. एल्सवर्थ हटिंग्टन के अनुसार, "मानव पर प्रभाव डालने वाले तत्वों में जलवायु सर्वाधिक प्रभावशाली हैं क्योंकि यह पर्यावरण के अन्य कारकों को भी नियंत्रित करता हैं।" पृथ्वी पर मानव चाहे स्थल पर या समुद्र पर, मैदान में पर्वत पर, वनों में, या मरूस्थल में कहीं पर भी रहे व अपने आर्थिक कार्य करे, उसे जलवायु प्रभावित करती हैं। जलवायु के पाँचों तत्व क्रमशः वायुमण्डलीय तापमान (Temperature) एवं सूर्यताप (Insolation), वायुभार (Atmospheric pressure), पवनें (Winds), आर्द्रता (Humidition), तथा वर्षा (Precipitation) आदि मानव को प्रभावित करतें हैं। तापमान जलवायु के महत्वपूर्ण कारक के रूप में वनस्पति को सर्वाधिक प्रभावित करता हैं।

5. प्राकृतिक वनस्पति

प्राकृतिक वनस्पति जलवायु उच्चावच तथा मृदा के सामंजस्य से पारिस्थितिकीय अनुक्रम (Ecological Succession) के अनुसार अस्तित्व में आती हैं। प्राकृतिक वनस्पति पर्यावरण के महत्वपूर्ण कारक के रूप में पारिस्थितिक तंत्र को सर्वाधिक प्रभावित करती हैं, जिसे जलवायु सर्वाधिक नियंत्रित करती हैं। अन्य कारकों में जलापूर्ति (Water Supply), प्रकाश (Light), पवनें (Winds) तथा मृदायें (Soils)प्रमुख हैं,

जो प्राकृतिक वनस्पति के विकास को प्रभावित करते हैं। वनस्पति के कुछ प्रमुख समुदाय होतें हैं, जिन्हें पादप साहचर्य (Plant association) कहते हैं। प्राकृतिक वनस्पति के चार प्रमुख वर्ग माने गये हैं-(i) वन (ii)घास प्रदेश (iii) मरूस्थलीय झाड़ियाँ तथा (iv) टुण्ड्रा वनस्पति। वनों मे ऊष्ण कटिबन्धीय चौड़ी पत्ती वाले सदाबहार वन (Tropical Evergreen Broad Leaved Forest), ऊष्ण कटीबन्धीय चौंड़ी पत्ती के पर्णपात्ती वन (Tropical Deciduous Broad Leaved Forest), शीतोष्ण चौड़ी पत्ती के पर्णपाती वन(Tropical Deciduous Broad Leaved Forest), शीतोष्ण मिश्रित वन (Temperate Mixed Forest)तथा शीतोष्ण शंकुधारी वन (Temperate Coniferous Forest) प्रमुख हैं। जन्तुओं के सामान्य वर्ग पर्यावरणीय लक्षणों के अनुसार ही विकसित होते हैं। जैसे घास के मैदान में चरने वाले (Grazing) पशु रहते हैं, जबकि वनों में मुख्य रूप से पेड़-पौधों की टहनियाँ खाने वाले (Brolosing) पशु रहते हैं, पृथ्वी पर जीव जन्तुओं का वितरण वनस्पति की प्रभावशीलता के अनुसार हैं, जिसे जलवायु, मृदा, उच्चावच आदि तत्व नियंत्रित करते हैं। पृथ्वी पर विभिन्न प्रकार की जलवायु दशाओं एवं वनस्पति जगत के प्रकार के अनुसार चार प्रदेशों के जन्तु पाये जाते हैं-

(i) **वनों के जन्तु** (Forest Animals)-ऊष्ण कटिबन्धीय वर्षा प्रचुर सघन वनों में वृक्षों पर रहने वाले जन्तु इस वर्ग में सम्मिलित हैं। यहाँ वानर,छिपकली, पक्षी, विभिन्न प्रकार के सर्प तथा कीट-पतंगे प्रमुख हैं। कांगो, अमेजन जैसी नदियों में घड़ियाल, मगरमच्छ आदि जलचर रहते हैं। मानसूनी तथा उषोष्ण कटिबन्धीय वनों में हाथी, गैंडा, जिराफ, हिरन, भैंसा, भेंड़िया, सियार तथा लोमड़ी आदि थलचर पाये जाते हैं।

(ii) **घासभूमि के जन्तु** (Grassland Animals)-ऊष्ण तथा शीतोष्ण घास प्रदेशों में चरने वाले हिरन, जंगली चौपाये, नील गाय, जंगली भैंसा(Bison), स्प्रिंगवांक आदि शाकाहारी जीव प्रमुख हैं। इनका भक्षण करने वाले माँसाहारी जीवों (Carnivores) में तेंदुआ, चीता, शेर प्रमुख हैं।

(iii) **मरूस्थलों के जन्तु**(Desert Animals)-मरूस्थलों में मरूभिद् (Xerophyte) वनस्पति मिलती हैं जिसमें काँटेदार झाड़ियाँ, बबूल, नागफनी वर्ग के पौधे मुख्य हैं। यहाँ खरगोश, लोमड़ी, छिपकली, सर्प आदि जंगली तथा गधे, घोड़े, भेड़, बकरी आदि पालतू जानवर मिलते हैं।

(iv) **टुण्ड्रा के जन्तु** (Tundra Animals)-शीत दशाओं वाले इस क्षेत्र में मस्क, कैरिब, हिरण, खरगोश, ध्रुवीय भालू, कुत्ते, रेण्डियर आदि मिलते हैं।

6. मृदा कारक

मृदा धरातलीय सतह का ऊपरी आवरण हैं जो सेंटीमीटर से लेकर एक-दो मीटर तक गहरी होती है। मृदा की रचना मूल पदार्थ (Parent material) में परिवर्तनों के परिणामस्वरूप होती हैं, जो विभिन्न प्रकार की जलवायु में जैविक कारकों के सम्पर्क से एक निश्चित अवधि में निर्मित होती हैं। मृदा निर्माण में उच्चावच (Relief) तथा ढाल की भी महत्वपूर्ण भूमिका होती हैं। मृदा में वनस्पति एवं जीव--जन्तुओं के अवशेष मिलते रहते हैं, जिसे जैव तत्व (Humus) कहते हैं। जैव तत्व के कारण मृदा का रंग काला होता हैं। मानव अपनी क्रियाओं द्वारा मृदा को निरन्तर प्रभावित करता रहता हैं। पृथ्वी पर शाकाहारी एवं मांसाहारी, जीव-जन्तु प्रत्यक्ष-अप्रत्यक्ष रूप से मृदा पर निर्भर राहते हैं, शाकाहारी अपना भोजन कृषि द्वारा तथा मांसाहारी शाकाहारीयों द्वारा प्राप्त करते हैं। अतः मानवीय उपयोग की दृष्टि से मृदा आवरण किसी भी देश की मूल्यवान प्राकृतिक सम्पदा होती हैं।

पर्यावरण का महत्त्व

1. पर्यावरण के अध्ययन के द्वारा हमें वन, वृक्ष, नदी--नाले आदि का हमारे जीवन में क्या महत्व हैं, इसकी उपयोगिता की जानकारी होती हैं।

2. पर्यावरण अध्ययन से पर्यावरण के प्रति चेतना जागृत होने, सकारात्मक अभिवृत्तियाँ तथा पर्यावरण के प्रति भावनाओं का विकास होता हं।

3. वर्तमान में विश्व में बढ़ते पर्यावरणीय प्रदूषण की जानकारी, इसके प्रभाव तथा सामान्य जनता के प्रदुषण के प्रति उत्तरदायित्व तथा कर्त्तव्य आदि के बारे में पर्यावरण अध्ययन अपना महत्वपूर्ण योगदान रखता हैं।

4. पर्यावरण अध्ययन आधुनिक समय में सर्वसाधारण को पर्यावरणीय समस्याओं की जानकारी, इनके बारे में विस्तृत विश्लेषण तथा समस्याओं के समाधान में उपयोगी योगदान प्रदान करता हैं।

5. पर्यावरणीय अध्ययन का महत्व उन क्षेत्रों में अधिक हैं जहाँ शिक्षा एवं ज्ञान का उच्च स्तर पाया जाता हैं। अज्ञान तथा अशिक्षा वाले क्षेत्रों में पर्यावरणीय सुरक्षा तथा संरक्षण के प्रति जनसाधारण में उदासीनता पायी जाती हैं।

6. पर्यावरण अध्ययन के द्वारा जनसाधारण को विभिन्न प्रदूषणों की उत्पत्ति, उनसे होने वाली हानि तथा संरक्षण के प्रति जनसाधारण में उदासीनता पायी जाती हैं।

7. शहरीकरण एवं नगरीयकरण की प्रवृत्ति से उत्पन्न समस्याओं के बारे में ज्ञान प्राप्त होता हैं।

8. वर्तमान समय में परिवर्तन के विभिन्न साधनों की बढ़ती संख्या के कारण प्रदुषण का स्तर तीव्र गति से बढ़ता जा रहा हैं। पर्यावरणीय अध्ययन का परिवहन द्वारा उत्पन्न प्रदूषण की रोकथाम में विशेष महत्व हैं।

9. हमारी संस्कृति जिसके अहिंसा, जीवों के प्रति दयाभाव, प्रकृति-पूजन आदि मुख्य मूलाधार हैं, पर्यावरण अध्ययन संस्कृति के इन मूलाधारों के संरक्षण में सहायक हैं।

10. औद्योगिकरण से उत्पन्न पर्यावरणीय प्रदूषण को रोकने तथा इससे उत्पन्न समस्याओं के समाधान में पर्यावरणीय अध्ययन का महत्वपूर्ण योगदान हैं।

11. वर्तमान समय की विश्व की मुख्य समस्या जनसंख्या वृद्धि हैं। पर्यावरण अध्ययन हमें जनसंख्या नियन्त्रण के विभिन्न उपायों के बारे में जानकारी प्रदान करता हैं।

पर्यावरण का प्रश्न मनुष्य के असित्व से उसी प्रकार जुड़ा है, जिस प्रकार आर्थिक विकास की उन्नति। अत: आर्थिक विकास के प्रयासों में इस बुनियादी तथ्य को ध्यान में नहीं रखते तो वे प्रयास वस्तुत: विकास को नहीं अपितु विनाश को ही आमंत्रित करते है। जिस वन सम्पदा से मानव को विभिन्न प्रकार से लाभ उसके विकास हेतु होते रहे है, उन्हें नजरअंदाज कर उनसे होने वाले लाभ से वंचित रह जायेंगे। आज व्यक्ति अपनी तात्कालिक आवश्यकताओं की पूर्ति हेतु वनों का शोषण करने में बिल्कुल नहीं हिचकिचाता।

विकास के नाम पर यही सब करने की बात नहीं इससे विनाश अवश्य-भावी है, क्योंकि 'इकोनोमी' और 'इकोलोजी' की परस्पर घनिष्ठता की समझ देशवासियों को नहीं है। प्राचीन धर्म ग्रंथों में उल्लेख उपलब्ध है कि भारतीयों का तो प्रकृति से गहरा संबंध रहा है। हमारी संस्कृति का मूल आयाम है कि हम पोषण करते हैं परन्तु शोषण व बिध्वंस नहीं करते। दोहन से पूर्व और उपरान्त पोषण से संतुलन बना रहता है। लेकिन दोहन बगैर पोषण से शोषण होकर विध्वंस जैसी स्थिति बन जाती है। आज हम निरंतर वनों का दोहन नहीं शोषण करने में लगे हुए हैं जिससे मनुष्य एवं वन सम्पदा में असंतुलन द्रुतगति से बढ़ रहा है।

आज आवश्यकता इस बात की है कि वन और वनों से प्राप्त होने वाली उपयोगिता को दृष्टि में रखते हुए जनसाधारण के दृष्टिकोण व अभिवृत्तियों को ऐसे ढंग से विकसित करें कि वन-प्रकृति उपादेयता के प्रति रुचि बढ़े। यदि हमने प्रकृति को अपने से अलग-थलग करने का प्रयास किया तो बढ़ते हुए इस प्राकृतिक-असंतुलन के परिणाम देश के

लिए अत्यंत घातक सिद्ध हो सकते हैं। अत: वनों एवं प्रकृति के इस बहुआयामी स्वरूप के बारे में शिक्षित करते हुए संतुलित रखने हेतु दृष्टिकोण का विकास करना वांछित है।

वनों को सुरक्षित रखते हुए उनसे प्राप्त होने वाले विभिन्न प्रकार के लाभों के बारे में जनसाधारण को शिक्षित-दीक्षित एव सचेत करने के उपागम से ही हम इन्हें सुरक्षित रखने के उदेश्य की पूर्ति करने में सफल हो सकते हैं। कानून एवं व्यवस्था के अधिनियमों के साथ-ही-साथ स्थानीय जनसमुदायों को वनों के संरक्षण एवं उसके विकास के महत्त्व को हदयंगम करवाने की परम आवश्यकता है।

भारतीय, पश्चिम के भौतिक विकास की अंधी दौड़ और चकाचौंध से भारतीय मूल्यों मे प्रतिकूल स्वार्थी बनता ही जा रहा है। अपनी विभिन्न प्रकार की तात्कालिक आवश्यकताओं की पूर्ति करने हेतु वन-साधनों का निर्दयता से शोषण करने में संलग्न होता जा रहा है। समय रहते इस प्रकार वनों के शोषण को अविलंब रोकने हेतु प्रभावी जनमत के निर्माण करने की महती आवश्यकता है, जिससे वन सुरक्षित रह सकें और हम और हमारी आने वाली पीढ़ी इसका दोहन कर उपयोग कर सके। इस पुनीत कार्य हेतु जनसाधारण को शिक्षित करने से ही उद्देश्यों की पूर्ति संभव है। इस प्रसंग में हमें पर्यावरण व उनकी शिक्षा स्थानीय लोगों एवं वनों के समीप रहने वाले समाज को वनों से व्यावहारिक लाभ के बारे में ज्ञान प्रदान कर, उनमें प्राचीन मूल्यों के अन्तर्गत ही सोचने की अभिवृत्तियों का सफल विकास किया जाना चाहिए, ताकि वे वनों के साथ शोषण करने की प्रवृत्ति को स्वयं ही त्याग सकें।

बीसवी शताब्दी के मध्य में हमने हमारे ग्रह पृथ्वी को अंतरिक्ष से प्रथम बार देखा। इतिहासवेत्ता इस घटना का जनमानस पर उतना व्यापक प्रभाव अंत में ही अनुभव कर पाये जितना कि पृथ्वी ब्रह्मण्ड का केन्द्र नहीं है, यह कहकर सोलहवीं शताब्दी में कोपरनिकस ने मानव की स्वकल्पना को भंग कर एक क्रान्ति पैदा कर दी थी। अंतरिक्ष से हमें पृथ्वी एक छोटी व कोमल गेंद-सी दिखाई देती है जिस पर मानवीय कृत्तियों व कृत्यों का नहीं अपितु बादलों, महासागरों, हरयाली व मृदा के शिल्प सौन्दर्य का आधिपत्य हैं। इस प्राकृतिक वातावरण में मानव के क्रि या कलापों के सुसंचालन की मानवीय अक्षमता के कारण ही मूलत: सौर मण्डल में परिवर्तन आ रहे हैं। ऐसे अनेक परिवर्तनों में जीवन के लिए चेतावनी भरे संकट निहित होते हैं। इस नयी हकीकत से हम पलायन नहीं कर सकते। इसलिए हमें इसे स्वीकारना व नियंत्रित करना पडे गा।

सौभाग्य से, यह नयी वास्तविकता इस सदी के नये विकास से अधिक सकारात्मकता से जुड़ी है। अब हम विश्व में पहले की अपेक्षा सूचना व सामग्री का शीघ्रतर प्रेषण कर

सकते हैं। हम संसाधनों का अल्प विनियोग करके अधिक अनाज व अधिक सामग्री का उत्पादन कर सकते हैं। हमारा विज्ञान और तकनीकी ज्ञान, हमें प्राकृतिक तंत्र को गहनता से देखने और बेहतर तरीके से समझने की क्षमता देता है। अंतिरक्ष से हम पृथ्वी का उस एक जीव की भांति दर्शन व अध्ययन कर सकते है जिसका स्वास्थ्य उसके अन्य सभी भागों के स्वास्थ्य पर निर्भर होता है। हम मानवीय क्रियाओं के साथ प्राकृतिक नियमों का सामंजस्य करने तथा क्रियाविधि को उन्नत बनाने की क्षमता रखते हैं। इन स्थितियों में हमारी सांस्कृतिक एवं अध्यात्मिक धरोहर ही हमारे आर्थिक लाभ एवं जीवनाधिकार को सम्बल प्रदान कर सकती है। आयोग यह विश्वास करता है कि मानव अपने भविष्य को अधिक समृद्ध, अधिक न्यायोचित और अधिक सुरक्षित बना सकता हैं। हमारा सबका भविष्य नामक हमारा यह प्रतिवेदन सदा बढते हुए पर्यावरणीय क्षय व निर्धनता की भविष्यवाणी नहीं है और न ही सदा घटते हुए संसाधनों के बीच सदा अधिक होते प्रदुषित संसार की कठिनाइयों का विचरण है। बजाय, इसके, हम आर्थिक विकास के नवयुग की संभावनाएँ देखते हैं जो कि समुचित विकास की नीतियों पर आधारित हों और पर्यावरणीय संसाधनों के आधारों का विस्तार करें। हम विश्वास करते है कि व्यापक गरीबी में डूबे हुए विकासशील विश्व के एक बड़े भाग को राहत पहुँचाने के लिए ऐसी वृद्धि अत्यन्त आवश्यक हैं।

भविष्य के लिए, आयोग की आज्ञा राजनैतिक निर्णयों की क्रियान्विति पर निर्भर हैं जिनके द्वारा समुचित मानवीय प्रगति और मानवीय उत्तरजीविका को सुनिश्चित करने के लिए अब पर्यावरणीय संसाधनों का व्यवस्थापन प्रारंभ होगा। हम कोई भविष्यवाणी नहीं कर रहे हैं बल्कि चेतावनी जारी कर रहे हैं। कि विज्ञान के सर्वोत्तम एवं नवीनतम प्रमाणों पर आधारित एक अत्यावश्यक चेतावनी, कि प्राकृतिक संसाधनों को आज और भावी पीढ़ी के लिए सुरक्षित बनाये रखने का आवश्यक निर्णय लेने का समय आ गया है। हम क्रियान्वयन हेतु कोई विस्तृत कार्य योजना नहीं अपितु एक मार्ग प्रस्तुत कर रहे हैं जिससे कि विश्व की जनता सहयोग की परिधि को बढ़ा सके।

विश्व को चुनौती

सफलताएँ एवं असफलताएँ-

सफलता व आशाजनक चिन्ह देखने वाले अनेक बिन्दु पा सकते हैं, जैसे शिशु-मृत्यु की दर में कमी, जीवन-संभावना की वृद्धि, शिक्षित वयस्कों का विश्व में बढ़ता अनुपात, विद्यालयी बालकों का बढ़ता अनुपात और जनसंख्या वृद्धि की तुलना में विश्व में बढ़ता अन्न उत्पादन। किन्तु इन उपलब्धियों के उत्पादक साधनों ने ऐसी प्रवृत्तियाँ दी हैं

जिन्हें यह धरती और इसके निवासी लम्बे समय तक सहन नहीं कर सकते। इन प्रवृत्तियों को परम्परागत रूप से विकास की असफलताएँ और मानवीय पर्यावरण के व्यवस्थापन की कमियाँ कहा जाता है। विकास का एक पक्ष यह है कि पूर्ण संख्या के आधार पर पहले की अपेक्षा अभी विश्व के अधिक लोग भूखे सोते है और इनकी संख्या निरन्तर बढ रही है। इसी प्रकार संख्यात्मक दृष्टि से शिक्षा की सुविधा, शुद्ध पेय जल की उपलब्धता, सुरक्षित व मजबूत घर, प्रति व्यक्ति ईंधन की मात्रा में कमी हो रही है। धनी और निर्धन देशों के बीच खाई घटने की अपेक्षा बढती जा रही है और इस बात की बहुत कम संभावना हैं कि वर्तमान प्रवृत्तियाँ और संस्थागत व्यवस्थाएँ इस प्रक्रिया को उलट सकेंगी।

कुछ पर्यावरणीय प्रवृत्तियाँ ऐसी भी हैं जो पृथ्वी के मौलिक परिर्वतनों के प्रति सावधान करती है और मानव सहित अनेक जीव-प्रजातियों के जीवन को सचेत करती हैं। प्रतिवर्ष 60 लाख **हैक्टयर्स** उपजाऊ शुष्क भूमि अनुपयोगी रेगिस्तान में बदल जाती हैं। तीन दशक बाद, यह भूमि लगभग सऊदी अरब के क्षेत्रफल के बराबर होगी। प्रतिवर्ष 110 लाख हैक्टयर्स वन नष्ट किये जा रहे हैं और तीन दशक में यह भूमि लगभग भारत के क्षेत्रफल के समान होगी। इस वन का अधिकतर भाग निम्न श्रेणी के खेतों में बदला जाता हैं जो किसानों की आजीविका के लिए अपर्याप्त सिद्ध होते हैं। यूरोप में अम्लीय वर्षा से वन व झीलों का विनाश हो रहा है और राष्ट्र की वास्तु-कला व कलात्मक धरोहर नष्ट हो रही है। इससे वृहद क्षेत्र की मृदा अम्लीय हो जाती है जिसके सुधार की कोई उपयुक्त संभावना नहीं है। जीवाश्मिक ईधन के दहन से वायुमण्डल में कार्बन-डाइ-आक्साइड की मात्रा बढ रही है जो विश्व के तापमान को धीर-धीरे बढा रही है। आगामी शताब्दी के आरंभ में, यह ग्रीन हाउस प्रभाव विश्व के औसत तापमान को इतना बढा सकता है कि हमें कृषि उत्पादन के क्षेत्र बदलने पड़े, समुद्री जल स्तर बढकर तटीय नगरों में बाढ ला दे तथा राष्ट्रीय अर्थव्यवस्था चरमरा जाये। अन्य औद्योगिक गैसों से पृथ्वी के सुरक्षा कवच ओजोन को इतना खतरा है कि मानव व जन्तुओं में तेज़ी से कैंसर रोग बढ़ेगा तथा महासागरों की खाद्य-श्रृंखला तथा भू-जल स्तर को इतना विषैला बना देते हैं कि उन्हे शुद्ध ही न किया जा सके।

राष्ट्रीय सरकारों एवं बहुआयामी संस्थानों में यह अनुभूति बढ़ रही है कि पर्यावरणीय समस्याओं तथा आर्थिक विकास के मसलों को पृथक करना असंभव है। अनेक प्रकार के विकास कार्य आधारभूत पर्यावरणीय संसाधनों को ही नष्ट कर देते हैं और पर्यावरणीय अध: पतन से आर्थिक विकास अवरूद्ध हो जाता है। विश्व की पर्यावरणीय समस्याओं का एक प्रमुख कारण एवं प्रभाव गरीबी है। इसलिए विश्व की गरीबी और अन्तर्राष्टीय विषमता के कारणों का विस्तृत परिदृश्य में दिग्दर्शन किये बिना पर्यावरणीय समस्याओं

का समाधान खोजने का प्रयास व्यर्थ सिद्ध होगा। खाद्यान्नों की पूर्ति हेतु पूरे देश की कृषकों पर ही निर्भर रहना पड़ता है। बढ़ी हुई जनसंख्या की पूर्ति हेतु हमें कृषि पैदावार में वृद्धि करनी पड़ेगी। भारतीय कृषक आर्थिक दृष्टि से बहुत कमजोर है। यही कारण है कि कृषि पैदावार में वृद्धि उस अनुपात में नहीं हो रही है जितनी होनी चाहिए। यदि हमारे किसान भाइयों को विभिन्न प्रकार की पैदावार व खाद्यान्न लगाने के बारे में सही प्रकार से सूचना एवं नये ज्ञान को प्रदान किया जाता है तो फसलों में निश्चित रूप से वृद्धि होगी ही। अतिवृष्टि, कमवृष्टि या टिडियों व कीड़ों द्वारा नष्ट हो जाना आदि कारण रहते हैं। अत: इस प्रश्न के निदानात्मक एवं उपचारात्मक कार्यक्रम राष्ट्रीय एवं अन्तर्राष्ट्रीय स्तर की संस्थाओं द्वारा संचालित होते हैं, उसका पूर्ण लाभ उठाने हेतु उत्प्रेरित किया जाना चाहिए। अन्तर्राष्ट्रीय बाजार में जिस प्रकार की फसल की अधिक मांग हो उसे पैदा किया जाय जिससे अपनी पैदावार अधिक रकम में निर्यात कर कम पैसों में अन्य वस्तुओं की पूर्ति की जा सके । इससें भारतीय किसानों से गरीबी का नाता दूर हो सकेगा।

ग्रामीण समाज का सामाजिक एवं आर्थिक विकास बहुत कुछ ऊर्जा पर निर्भर करने लगा है। अत: ग्रामीण जनता को अनौपचारिक रूप से शिक्षित किया जाय और प्रदूषण नियंत्रण के लिए सौर-ऊर्जा, बायोगैस, निर्धूम चूल्हें, पवन चक्कियों आदि ऐसे विकल्पों को काम में लेने हेतु प्रोत्साहित करें जिससे भौतिकवादी युग में उनकी भौतिक स्थिति में भी बढ़ोतरी हो सके। वनों के नष्ट करने की समस्या को गंभीरता से लेते हुए हमें शैक्षिक कार्यक्रमों की व्यूह-रचना करने की महती आवश्यकता है। उन कार्यक्रमों के अन्तर्गत वनों के आस-पास रहने वाले समाज को सामाजिक कार्यक्रमों के संगठन व संचालन कर उन्हें वनों से लाभ एवं परम्परागत हमारे नाते-रिश्तों के संबंध में अवबोधन कराने का सफल प्रयास करें। जंगलों को समाप्त करने से वर्तमान एवं भविष्य में होने वाले भयंकर आर्थिक, सामाजिक एवं व्यक्तिगत खतरों के बारे में अवगति प्रदान कर उनमें रुचि एवं अभिवृत्तियों का सफलता से विकास करें कि वे वनों से भावात्मक सहसंबंध स्थापित कर सकें।

इस प्रकार से पर्यावरण का महत्त्व समाज के लिए अत्यन्त उपयोगी माना गया है। पर्यावरण शिक्षण मानव जीवन के लिए लाभप्रद हैं, इसीलिए कोठारी आयोग ने शिक्षण जगत में पर्यावरण की शिक्षा को अनिव्रार्य करने की सिफारिश की हैं।

□□□